Nginx HTTP 서버

Nginx HTTP 서버

HTTP 서버를 사용한 고성능 웹 서비스 구축

끌레망 네델꾸 지음 박성철 · 구인본 옮김

에이콘

에이콘출판의 기틀을 마련하신 故 정완재 선생님 (1935-2004)

| 지은이 소개 |

끌레망 네델꾸 Clément Nedelcu

프랑스에서 태어나 영국, 프랑스, 중국의 대학교에서 공부했다. 동중국의 여러 대학교에서 컴퓨터 과학, 프로그래밍, 시스템 관리를 강의한 후에 프랑스에서 기술 컨설턴트로 일했다. 웹, .NET 소프트웨어 개발은 물론 리눅스 서버 관리 전문가다. 2005년부터 여가를 이용해 여러 웹 사이트의 주 네트워크를 관리했고, 결국 엔진엑스를 쓰게 됐다.

작업 기간 내내 지원을 아끼지 않은 아내 줄리와 아들 레오, 그리고 가족과 친구들에게 고마움을 표하고 싶다. 특히 업투박스(Uptobox)의 귀나엘 오베를링거(Gwenaöl Oberlinger), 마틴 피오르드발드(Martin Fjordvald), 클리프 웰스(Cliff Wells), 맥심 도닌(Maxim Dounin), 그리고 프리노드(Freenode)의 #nginx IRC 채널의 친구 모두에게 감사드린다.

| 기술 감수자 소개 |

아메트 우메로프 Amet Umerov

러시아의 호스팅 제공 서비스 회사에서 리눅스 시스템 관리자로 일한다. 세바스토폴 주립 대학교에서 컴퓨터 과학과 공학을 공부해 학사 학위를 받았다.

리눅스, 가상화, 엔진엑스 외에 다른 유용한 기술과 도구를 사용한 경험이 있다. 엔진엑스의 단순하고 모듈화된 특성이 캐시, 정적 파일 처리, 부하 분산 등으로 리버스 프록시를 구성하는 데 엔진엑스가 가장 유연한 해법이 되게 만든다고 믿는다.

최근 버튜오조Virtuozzo 기반의 컨테이너와 가상 머신을 생성하고 관리하는 지침을 오픈 소스 프로젝트로 만들었다.

| 옮긴이 소개 |

박성철

8비트 애플II 호환기로 시작해 지금까지 30년 넘게 SW 개발 주변을 겉도는 경도 은둔형 외톨이다. 평생 혼자 살 운명이었으나 천사를 만나 가장 역할을 부여받고 용인 한적한 산기슭에서 아들 하나와 함께 행복한 가정을 꾸리고 있다. 지금은 '우아한형제들'에서 멋진 개발자들과 세상을 더 낫게 만드는 즐거운 퀘스트를 수행 중이다. 소프트웨어 개발에 대한 인식을 바꾸고 개발 현장을 개선하는 데 관심이 많다.

구인본

어릴 적 동네 오락실 게임을 보며 게임을 하기보단 게임의 내부 로직을 상상하곤 했다. 대학에서 애플리케이션을 동적 분석해 버그를 탐지하는 연구를 했다. 이후 에듀테크 스타트업에서 온라인 학습시스템을 개발하기도 했다. 지금은 '우아한형제들'에서 라이더와 고객을 연결하는 플랫폼 팀에서 일하고 있다. 함께 일하는 동료들에게 좋은 영향을 주는 사람이 되길 원한다.

| 옮긴이의 말 |

인터넷이 대중화되고 닷컴 붐이 한창이던 1999년에 컴퓨터 세상에 큰 영향을 미친 화두 하나가 던져졌습니다. <C10K 문제>라고 부르는 주제입니다.

그전까지 컴퓨터 산업계는 어떻게 일을 빨리 처리하느냐에 주로 초점을 맞추고 있었습니다. 하드웨어는 고성능 연산을 통해 더 큰일을 더 빨리 처리하도록 발전했고 소프트웨어도 그런 문제를 푸는 데 맞춰 만들어졌습니다. 그런데 인터넷이 보급되면서 큰일을 빨리 처리하기보다는 아주 단순한, 예를 들어 네트워크로 정적 파일을 전송하는 일 같이 큰 연산 성능이 필요 없는 작업을 아주 많은 사람에게 동시에 제공하도록 처리하는 게 중요해졌습니다.

<C10K 문제>는 이런 관점에서 당시 소프트웨어 기술이 하드웨어 성능을 충분히 활용하고 있지 못하고 있다고 지적함으로써 이를 위해 해법을 탐구하고 제시하는 것이 목적이었습니다. <C10K 문제>는 많은 기술자에게 영감을 줬고 이에 반응해 여러 시도가 있었습니다. `lighttpd` 같이 즉각적으로 만들어진 기술도 있었고 토네이도Tornado처럼 10여 년이 지난 후에 만들어진 기술도 있습니다. 이제는 주류 플랫폼이 된 노드.jsNode.js도 <C10K 문제>에 반응한 산물이라고 볼 수 있습니다. 21세기에 만들어진 대부분의 인터넷 관련 기술에 <C10K 문제>가 직간접적인 영향을 줬고 방향성을 제시해 비동기, 이벤트 구동, 반응형 같은 개념이 적극적으로 보급되고 적용됐습니다.

이 책에서 다루는 엔진엑스도 <C10K 문제>에서 영감을 받은 프로젝트 중 하나입니다. 엔진엑스가 대중에게 알려진 것은 최근이지만 프로젝트의 시작은 2004년, <C10K 문제>가 업계에 던져지고 얼마 되지 않아서입니다. `lighttpd`처럼 비동기 처리로 최대한 많은 일(파일을 고객에게 전송하는 일)을 효율적으로 처리하고자 시작된 프로젝트였던 것입니다.

그렇게 시작한 엔진엑스 프로젝트가 점차 인정받아 인터넷 세상의 주류로 편입되고 이제는 아파치와 대등한 위치에서 경쟁하게 됐습니다. 어떤 통계에서는 이미 시장 점유율에서 아파치를 앞서기도 했으며 이 성장세는 더욱 빨라지고 있습니다. 비교적 인지도가 높고 오래 운영되고 있는 웹 서버들은 아직 아파치를 많이 사용하지만 엔진엑스로 교체하는 빈도가 높아지고 있으며 마이크로서비스 붐을 타고 엔진엑스는 더 적극적으로 활용되고 있습니다.

이 책은 엔진엑스의 폭넓은 지식을 다양한 관점에서 제공합니다. 컴파일해서 기본적인 웹 서버를 설정하는 안내, 각종 모듈의 설정법, PHP와 파이썬과 연동하는 방법, 아파치처럼 구성하거나 아파치를 대체하는 방법, 본격적인 서비스를 제공하는 데 필요한 고급 주제, 사례집 등 한 권의 책으로 최대한 여러 사람의 필요를 충족시키고자 한 노력이 엿보입니다.

책을 번역하는 동안 이 책에서 다룬 기술들이 대부분 버전업됐고 SPDY 같은 기술은 HTTP/2로 대체됐습니다. 책 출판 시점에 맞게 각종 기술의 버전과 내용을 가급적 최신 내용으로 손보고 실행되는지 확인했으니 읽고 활용하는 데 문제가 없을 것입니다.

아무쪼록 이 책이 많은 분에게 큰 도움이 됐으면 합니다.

| 차례 |

6장 아파치와 엔진엑스 연동 271

| 들어가며 |

웹 서버 시장에서 아파치Apache가 오랫동안 확고한 선두를 지키고 있다는 것은 아주 잘 알려진 사실이다. 2015년 10월, 조사에 의하면 월드와이드웹의 35% 정도가 25년된 이 오픈소스 애플리케이션으로 제공되고 있다. 하지만 같은 보고서에서 최근 몇 년 사이에 엔진엑스Nginx라는 새로운 경쟁자가 부상하고 있음이 드러났다. 엔진엑스는 러시아에서 만든 경량 HTTP 서버다. 2009년 이후로 그토록 많은 서버 관리자가 엔진엑스로 교체한 이유는 무엇일까? 이 조그마한 소프트웨어 조각이 대용량 웹사이트를 운영할 만큼 충분히 성숙하긴 했는가?

먼저 엔진엑스는 생각보다 나온 지 얼마 안 되는 기술이 아니다. 2002년에 독립 개발자 이고르 시소에프Igor Sysoev가 매우 사용량이 많은 러시아 웹 사이트인 램블러Rambler에 쓰려고 처음 시작한 프로젝트다. 램블러는 2008년 9월, 하루에 5억이 넘는 HTTP 요청을 받았다. 엔진엑스는 이제 레딧Reddit, 위키백과Wikipedia, 워드프레스WordPress, 드롭박스Dropbox 등 웹에서 가장 인기 있는 일부 웹 사이트를 제공하는 데 사용된다. 엔진엑스는 기능이 많으면서도 매우 효율적이고 가볍다는 것이 입증됐다. 이 책의 각 장을 통해 엔진엑스의 많은 기능을 알게 되고, 왜 많은 관리자가 아파치를 버리면서까지 점차 이 신생 HTTP 서버를 믿기로 했는지 이해하게 될 것이다.

엔진엑스가 다른 경쟁 기술보다 효율적인 몇 가지 측면이 있다. 무엇보다 엔진엑스는 빠르다. 비동기 소켓을 사용하기 때문에 엔진엑스는 받은 요청 수만큼 자식 프로세스를 생성하지 않는다. 코어당 한 프로세스만으로도 수천 개의 연결을 처리하는 데 충분하므로 CPU 부하와 메모리 사용량이 적다. 또한 엔진엑스는 사용하기 매우 용이하다. 아파치 같은 다른 웹 서버보다 구성 파일을 읽고 조작하기 훨씬 쉽다. 두어 줄만으로 가상 호스트 설정을 마칠 수 있다.

마지막으로 서버 관리자는 모듈^{module} 구조를 좋아한다. 엔진엑스는 BSD 방식의 라이선스로 출시되는 완전한 오픈소스 프로젝트일 뿐 아니라 모듈이라는 강력한 플러그인 시스템도 따라온다. 기본 배포 파일에 매우 다양한 모듈이 포함돼 있고 다수의 외부 모듈을 온라인으로 다운로드할 수 있다.

전반적으로 엔진엑스는 속도, 효율성, 강력한 기능을 결합해 성공적인 웹 서버의 완벽한 요소를 제공한다. 오늘날 엔진엑스는 최고의 아파치 대안으로 보인다.

이 책의 구성

1장, 엔진엑스 설치에서는 엔진엑스를 다운로드하고 필요에 맞게 컴파일하는 초기 단계를 알아본다.

2장, 기본 엔진엑스 구성에서는 엔진엑스 구성 구조와 구문의 핵심을 다룬다.

3장, HTTP 구성에서는 간단한 정적 사이트를 제공할 수 있는 HTTP 서버 구성 요소의 구성을 소개한다.

4장, 모듈 구성에서는 표준 엔진엑스 패키지에서 사용할 수 있는 다양한 모듈을 깊이 다룬다.

5장, 엔진엑스와 PHP/파이썬 통합에서는 엔진엑스로 동적 콘텐츠를 제공하는 백엔드 프로그램을 설정하는 포괄적인 지침을 다룬다.

6장, 아파치와 엔진엑스 연동에서는 동일 아키텍처에서 기존 웹사이트와 서비스를 개선하는 데 두 서버 애플리케이션이 어떻게 협업할 수 있는지 설명한다.

7장, 아파치에서 엔진엑스로 이전에서는 서버나 웹 인프라스트럭처를 아파치에서 엔진엑스로 완전히 전환하는 데 필요한 핵심 정보를 알아본다.

8장, 부하 분산과 최적화에서는 부하가 심한 사이트를 관리하는 서버 관리자에게 유용한 단서를 제공한다.

9장, 사례 연구에서는 엔진엑스를 다루는 가장 일반적인 작업을 포함해서 몇 가지 실제 사례의 실무 접근법을 살펴본다.

10장, 문제 해결에서는 엔진엑스를 설정하거나 운영하면서 만나는 가장 흔한 문제를 다룬다.

준비 사항

엔진엑스가 0.7.52 버전부터 윈도우에서도 동작하기는 하지만, 리눅스나 BSD에서 주로 사이트를 운영하는 편이다. 이 책은 다양한 과정을 설명하면서 독자가 데비안, 우분투, 센트OS[CentOS] 등 유명 배포본의 리눅스 운영체제에서 웹 사이트를 운영한다고 가정한다.

대상 독자

초기 설정 단계와 고급 주제를 모두 다루는 이 책은 기존 웹 서버 소프트웨어를 교체하든지, 지금까지 사용하는 애플리케이션에 새 도구를 통합하는 등 인프라스트럭처를 최적화할 방법에 관심 있는 웹 관리자에게 적합하다. 웹 사이트 운영 중 방문자와 운영체제로 아파치의 한계를 느꼈다면 이 책이 바로 필요한 책이다.

편집 규약

이 책에는 몇 가지 유형의 텍스트가 사용된다.

텍스트 안의 코드: 텍스트 내에 코드가 포함된 유형으로, 데이터베이스 테이블 이름, 사용자 입력란 등이 이에 포함된다. 예를 들어 다음과 같다.

"시스템에 `service` 명령이 없다거나"

코드 블록은 다음과 같이 표기한다.

```
include /file/path.conf;
include sites/*.conf;
```

코드 블록의 특정 부분을 강조할 때에는 관련 행이나 항목을 굵게 표기한다.

```
user nginx nginx;
master_process on;
worker_processes 4;
events {
    worker_connections 1024;
    use epoll;
}
```

커맨드라인 입력이나 출력은 다음과 같이 표기한다.

```
# cp /usr/local/nginx/conf/nginx.conf /home/user/backups/nginx.conf.bak
```

고딕체: 새로운 용어, 중요한 단어, 화면에 나타난 단어 등의 표시에 사용한다. 화면상의 메뉴나 대화상자에 나타난 텍스트가 이에 해당한다. 예를 들어 다음과 같이 표시한다.

"이미 패키지가 시스템에 설치됐다면 **Nothing to do** 같은 메시지를 받을 것이다."

경고나 중요한 내용은 이와 같이 나타낸다.

팁이나 요령은 이와 같이 나타낸다.

독자 의견

독자로부터의 피드백은 항상 환영한다. 이 책에 대해 무엇이 좋았는지 또는 좋지 않았는지 소감을 알려주길 바란다. 독자 피드백은 앞으로 더 좋은 책을 발행하는 데 매우 중요하다.

일반적인 피드백을 우리에게 보낼 때는 간단하게 feedback@packtpub.com으로 이메일을 보내면 되고, 메시지의 제목에 책 이름을 적으면 된다.

여러분이 전문 지식을 가진 주제가 있고, 책을 내거나 책을 만드는 데 기여하고 싶다면 www.packtpub.com/authors에서 저자 가이드를 참고하길 바란다.

고객 지원

팩트출판사의 구매자가 된 독자에게 도움이 되는 몇 가지를 제공하고자 한다.

예제 코드 다운로드

이 책에서 사용된 예제 코드는 http://www.packtpub.com/support를 방문해 이메일을 등록하면 파일을 직접 받을 수 있으며, 이 링크를 통해 원서의 Errata도 확인할 수 있다. 에이콘출판사의 도서정보 페이지인 http://www.acornpub.co.kr/book/nginx-http-server3e에서도 예제 코드를 다운로드할 수 있다.

정오표

내용을 정확하게 전달하고자 최선을 다했지만, 실수가 있을 수 있다. 팩트출판사의 도서에서 문장이든 코드든 간에 문제를 발견해서 알려준다면 매우 감사하게 생각할 것이다. 독자의 참여를 통해 다른 독자에게 도움을 주고, 다음 버전의 도서를 더 완성도 높게 만들 수 있다. 오탈자를 발견한다면 http://www.packtpub.com/submiterrata를 방문해 책을 선택하고, 구체적인 내용을 입력해주길 바란다. 보내준 오류 내용이 확인되면 웹사이트에 그 내용이 올라가거나 해당 서적의 정오표 부분에 그 내용이 추가될 것이다. http://www.packtpub.com/support에서 해당 도서명을 선택하면 기존 정오표를 확인할 수 있다.

한국어판의 정오표는 에이콘출판사의 도서정보 페이지 http://www.acornpub.co.kr/book/nginx-http-server3e에서 찾아볼 수 있다.

저작권 침해

인터넷에서의 저작권 침해는 모든 매체에서 벌어지고 있는 심각한 문제다. 팩트출판사에서는 저작권과 사용권 문제를 매우 심각하게 인식한다. 어떤 형태로든 팩트출판사 서적의 불법 복제물을 인터넷에서 발견한다면 적절한 조치를 취할 수 있도록 해당 주소나 사이트명을 알려주길 부탁한다. 의심되는 불법 복제물의 링크는 copyright@packtpub.com으로 보내주길 바란다. 저자와 더 좋은 책을 만들려는 팩트출판사의 노력을 배려하는 마음에 깊은 감사의 뜻을 전한다.

질문

이 책과 관련해 질문이 있다면 questions@packtpub.com으로 문의하길 바란다. 최선을 다해 질문에 답하겠다. 한국어판에 관한 질문은 이 책의 옮긴이나 에이콘출판사 편집 팀(editor@acornpub.co.kr)으로 문의해주길 바란다.

01

엔진엑스 설치

1장은 엔진엑스가 동작하도록 설정하는 데 필요한 단계를 밟는 것으로 시작한다. 웹 서버가 원활히 동작하게 하려면 이 과정이 매우 중요하다. 엔진엑스의 설치에는 라이브러리와 도구가 필요하고, 실행 파일을 컴파일할 때는 매개변수도 결정해야 한다. 시스템의 특성에 따라 바꿔야 할 구성 값도 몇 가지 있다.

1장에서 다루는 내용은 다음과 같다.

- 엔진엑스 실행 파일을 컴파일하는 데 필요한 사전 구성 요소의 다운로드와 설치
- 엔진엑스 소스코드 다운로드
- 엔진엑스 컴파일 옵션 구성
- init 스크립트로 애플리케이션 제어

- 시작할 때 자동으로 엔진엑스를 구동하도록 시스템 구성
- 엔진엑스 플러스 플랫폼이 제공하는 기능 개요 확인

사전 구성 요소 설정

이 책에서는 Yum^얌^이나 Aptitude^앱티튜드^, Yast^야스트^ 같은 패키지 관리자를 사용해 설치하는 대신 엔진엑스의 소스코드를 다운로드해서 직접 컴파일할 것이다. 이렇게 선택한 이유는 두 가지다. 첫째, 엔진엑스 패키지가 없는 리눅스 배포본 저장소가 있기 때문이다. 게다가 저장소에서 자동으로 엔진엑스를 다운로드해 설치할 수 있더라도 너무 오래된 버전인 경우가 흔하다. 둘째, 중요한 컴파일 옵션을 다양하게 활용해서 엔진엑스를 구성(configure, 환경설정)해야 하기 때문이다. 결국 수작업으로 설정하기로 했으므로 시스템 컴파일 과정에 필요한 몇 가지 도구와 라이브러리를 미리 설치해야 한다.

컴파일할 때 선택할 부가 모듈에 따라 미리 설치해야 할 도구와 라이브러리가 달라진다. 설치 과정을 통해 GCC, PCRE, Zlib, OpenSSL 같은 공통적인 도구나 라이브러리를 안내받게 될 것이다.

사용하는 운영체제가 저장소에서 엔진엑스 패키지를 설치할 수 있도록 제공하고 저장소의 버전과 거기에 기본으로 딸려오는 모듈이 모든 요구 사항에 부합한다면 1장을 전부 무시하고 다음 명령을 실행하기만 해도 된다. 그렇더라도 가능하면 버그와 보안 문제가 수정된 최신 버전의 소스코드를 구해 빌드하기를 권한다. 데비안(Debian) 기반의 운영체제에서는 다음 명령을 실행한다.

```
apt-get install nginx
```

레드햇(Red Hat) 기반의 운영체제에서 사용할 명령은 다음과 같다.

```
yum install nginx
```

각 운영체제의 저장소가 아닌 공식 엔진엑스 웹 사이트 https://www.nginx.org에서도 이미 컴파일된 패키지를 구해 설치할 수 있다.

GCC

엔진엑스는 C로 작성된 프로그램이기 때문에 GCC 같은 컴파일러 도구를 먼저 OS에 설치해야 한다. GCC^GNU Compiler Collection, 그누 컴파일러 모음^를 이미 설치했을 수도 있지만 그렇지 않다면 더 진행하기 전에 설치해야 한다.

GCC는 C, C++, 자바(Java), 에이다(Ada), 포트란(FORTRAN) 등 다양한 언어를 지원하는 자유 오픈소스 컴파일러 모음이다. GCC는 리눅스 세상에서 가장 일반적으로 사용되는 컴파일러 모음이고 윈도우 버전도 있다. GCC는 x86, AMD64, 파워PC(PowerPC), 암(ARM), 밉스(MIPS) 등 수많은 프로세서를 지원한다.

먼저 다음 명령을 실행해서 OS에 GCC가 설치됐는지 확인한다.

```
[alex@example.com ~]$ gcc
```

다음과 같은 결과를 얻는다면 GCC가 OS에 올바로 설치돼 있으니 다음 절은 무시하고 넘어가도 된다는 뜻이다.

```
gcc: fatal error: no input files
```

다음과 같은 문구가 표시됐다면 컴파일러를 설치해야 한다.

```
~bash: gcc: command not found
```

GCC는 패키지 관리자의 기본 저장소를 사용해서 설치할 수 있다. 패키지 관리자는 사용하는 배포본에 따라 레드햇 기반 배포본의 yum, 데비안과 우분투의 apt, 수세 리눅스^Suse Linux^의 yast 등 다양하다. 모든 패키지 관리자는 root 권한이 필요하므로 root 계정으로 로그인하거나 sudo로 실행해야 한다.

다음은 GCC 패키지를 다운로드해서 설치하는 일반적인 절차다.

```
[root@example.com ~]# yum groupinstall "Development Tools"
```

소프트웨어 패키지를 설치하는 데 apt-get을 사용한다면 다음 명령을 실행한다.

```
[root@example.com ~]# apt-get install build-essential
```

구문이 다른 패키지 관리자를 사용한다면 man 유틸리티로 문서를 찾을 수 있다. 어떤 방법으로 사용해도 패키지 관리자는 GCC가 의존하는 패키지와 함께 GCC를 올바로 다운로드해 설치한다. 이 명령은 GCC만 설치하지는 않는다. 이 명령은 코드 헤더 파일과 다른 컴파일 도구처럼 소스로 애플리케이션을 빌드하는 데 일반적으로 필요한 패키지도 모두 다운로드해서 설치한다.

PCRE 라이브러리

엔진엑스를 컴파일하는 데 PCRE(펄 호환 정규 표현식Perl Compatible Regular Expression의 약자) 라이브러리가 필요하다. 엔진엑스의 URL 재작성rewrite 모듈과 HTTP 핵심 모듈은 PCRE를 (나중에 살펴볼) 정규식 구문에 사용한다. pcre와 pcre-devel라는 두 가지 패키지를 설치해야 한다. 첫 번째 패키지는 라이브러리의 컴파일된 버전을 제공한다. 두 번째 패키지는 프로젝트를 컴파일하는 데 필요한 헤더 파일과 소스를 제공하는데, 이것 역시 필요하다. 다음은 두 패키지를 설치하려면 실행시켜야 할 명령의 예다.

yum을 사용한다면 다음 명령을 실행한다.

```
[root@example.com ~]# yum install pcre pcre-devel
```

또는 PCRE 관련 패키지 전부를 다음 명령으로 설치할 수 있다.

```
[root@example.com ~]# yum install pcre*
```

apt-get을 사용한다면 다음 명령을 실행한다.

```
[root@example.com ~]# apt-get install libpcre3 libpcre3-dev
```

이 두 패키지가 OS에 이미 설치돼 있다면 할 일이 없다Nothing to do는 식의 문구를 보게 될 것이다. 다시 말해 두 패키지가 이미 OS에 존재하므로 패키지 관리자는 어떤 요소도 설치하거나 갱신하지 않는다.

```
root@example:~# apt-get install libpcre3 libpcre3-dev
Reading package lists... Done
Building dependency tree
Reading state information... Done
libpcre3 is already the newest version (2:8.39-3).
libpcre3-dev is already the newest version (2:8.39-3).
0 upgraded, 0 newly installed, 0 to remove and 1 not upgraded.
root@example:~# 
```

zlib 라이브러리

zlib 라이브러리는 압축 알고리즘을 개발자에게 제공한다. 이 라이브러리는 엔진엑스의 다양한 모듈에서 gzip 압축을 하는 데 필요하다. zlib 라이브러리가 기본 저장소의 일부이므로 이 요소를 설치하는 데 패키지 관리자를 사용한다. PCRE와 비슷하게 라이브러리와 라이브러리의 소스인 zlib와 zlib-devel이 설치하는 데 필요하다.

yum을 사용하면 다음 명령을 실행한다.

```
[root@example.com ~]# yum install zlib zlib-devel
```

apt-get을 사용하면 다음 명령을 실행한다.

```
[root@example.com ~]# apt-get install zlib1g zlib1g-dev
```

이 두 패키지는 다른 패키지에 의존하지 않기 때문에 빨리 설치된다.

OpenSSL

> "OpenSSL 프로젝트는 협력적 노력을 통해 개발된 견고하고 상용 수준으로 풍부한 기능을 가진 오픈소스 툴킷이다. 강력한 범용 암호 라이브러리와 함께 보안 소켓 계층(SSL v2/v3)과 전송 계층 보안(TLS v1) 프로토콜을 구현한다. 이 프로젝트는 전 세계 곳곳에 있는 자원봉사자의 공동체에 의해 관리된다. 그들은 인터넷으로 의견을 나누고, 계획하고, OpenSSL 툴킷과 관련된 문서를 개발한다. http://www.openssl.org을 방문하면 추가 정보를 얻을 수 있다."

OpenSSL 라이브러리는 엔진엑스가 안전한 연결을 통해 웹 페이지를 제공하는 데 사용된다. 따라서 이 라이브러리와 라이브러리의 개발 패키지를 설치해야 한다. 설치 과정은 이전과 동일하며, openssl과 openssl-devel을 설치한다.

yum을 사용하면 다음 명령을 실행한다.

```
[root@example.com ~]# yum install openssl openssl-devel
```

apt-get을 사용하면 다음 명령을 실행한다.

```
[root@example.com ~]# apt-get install openssl libssl-dev
```

> 자신이 속한 국가의 법과 규제에 주의하자. 어떤 국가는 강력한 암호 기술을 사용하지 못한다. 이 책의 저자, 출판업자, OpenSSL과 엔진엑스 프로젝트의 개발자는 사용자의 어떤 침해나 법률 위반 행위에 법적 책임이 없다.

이제 사전에 필요한 모든 요소를 설치했으니 엔진엑스 소스코드를 다운로드해서 컴파일할 준비가 됐다.

엔진엑스 다운로드

엔진엑스를 다운로드하는 절차를 따라 하다보면 서버 관리자에게 주어지는 다양한 엔진엑스 관련, 웹 사이트, 커뮤니티, 위키 같은 자료를 발견하게 된다. 다운로드할 수 있는 다양한 버전도 간단히 살펴보고 자신의 설정에 가장 적합한 버전을 선택한다.

웹 사이트와 자료

엔진엑스가 상대적으로 새롭고 성장하는 프로젝트지만, 상당량의 자료를 WWW(World Wide Web)상의 활발한 운영자나 개발자 커뮤니티에서 구할 수 있다.

공식 사이트인 http://nginx.org는 공식 참조 문서를 제공하고 최신 버전의 애플리케이션 소스코드와 이진 실행 파일을 다운로드할 수 있는 링크를 알려준다. 위키는 http://wiki.nginx.org로 접속할 수 있는데, 선별된 부가 자료를 폭넓게 제공하고 다양한 운영체제에 설치하는 안내서나 엔진엑스의 다양한 모듈 관련 교재 등이 있다.

필요할 때 도움을 받을 수 있는 여러 가지 방법이 있다. 구체적인 질문이 있다면 엔진엑스 포럼(http://forum.nginx.org)에 글을 써 보는 것도 좋다. 활발한 사용자 모임이라면 올린 질문에 즉시 답을 줄 것이다. 게다가 엔진엑스 포럼에 중계되는 엔진엑스 메일링 리스트는 어떤 궁금증에도 도움이 되는 훌륭한 자원이다. 직접적인 지원이 필요하면 irc.freenode.net의 #Nginx IRC 채널에 서로 도움을 주고받는 사람들이 상주하고 있다.

또 다른 흥미로운 정보의 원천은 블로고스피어[blogosphere]다. 주로 쓰는 검색 엔진에서 간단히 검색하면 엔진엑스 자체 및 구성 방법과 엔진엑스의 모듈을 설명한 다량의 블로그 글이 결과로 나온다.

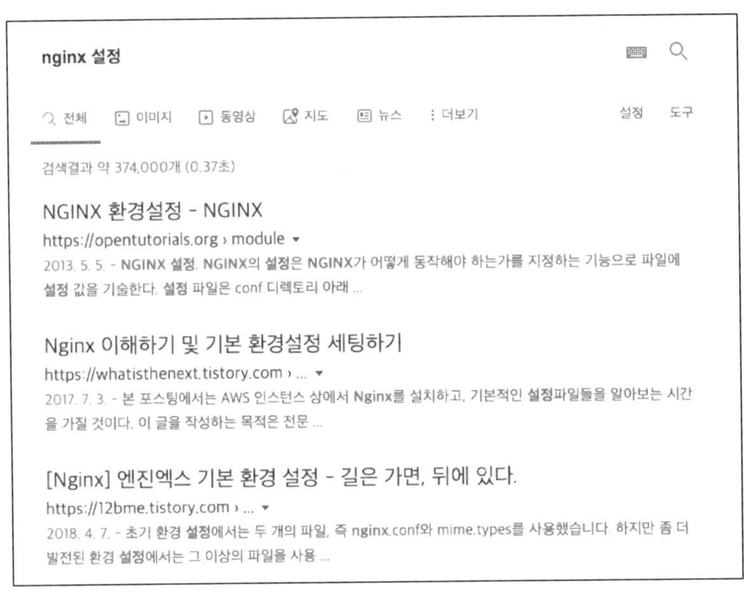

엔진엑스를 문서화하는 개인 웹 사이트와 블로그

이제 공식 웹 사이트로 가서 컴파일할 소스코드를 다운로드하고 엔진엑스를 설치해보자. 작업을 시작하기 전에 다운로드할 수 있는 버전과 특징의 요약을 살펴보자.

버전 분기

2002년, 재능 있는 러시아 개발자이자 서버 관리자인 이고르 시소에프Igor Sysoev는 엔진엑스 개발 프로젝트를 시작했다. 2004년의 첫 발표 이후 현재 버전까지 엔진엑스의 시장 점유율은 꾸준히 증가했다. 넷크래프트 닷컴(http://netcraft.com)의 2019년 12월 조사 결과에 따르면 인터넷 웹 사이트의 37.7% 정도가 엔진엑스를 사용한다. 엔진엑스는 풍성한 기능으로 애플리케이션을 강력하면서도 유연하게 만든다.

엔진엑스는 현재 다음과 같은 세 가지 버전으로 분기돼 있다.

- **안정 버전**Stable version: 보통 이 버전을 사용한다. 개발자와 사용자에게 모두 검증됐기 때문이다. 하지만 버그 수정과 신기능이 주 개발 버전보다 살짝 뒤처져 적용되는 편이다.
- **주 개발 버전**Mainline version: 다운로드할 수 있는 최신 버전으로, 새로운 기능과 버그 수정이 적용된다. 예전에는 개발 버전이라고 불렀다. 보통은 운영 서버에 설치할 정도로 안정됐지만 미미하나마 예상 못한 버그가 발생할 가능성이 있다. 따라서 실용보다 안정성을 선호한다면 안정 버전을 선택하기를 권한다.
- **구 버전**Legacy version: 어떤 이유에서든 오래된 버전을 찾는다면 http://www.nginx.org의 다운로드download 영역에서 찾을 수 있다.

주 개발 버전이 운영 서버에 사용해도 될 만큼 안정적이냐는 질문이 반복적으로 제기된다. http://www.nginx.org 위키의 최초 창시자이자 관리자인 클리프 웰즈Cliff Wells는 "나는 최신 개발 버전을 보통 사용하고 권한다. 나는 딱 한 번만 문제를 경험했다!"라고 말한다. 얼리 어댑터Early adopters로부터 아주 가끔 심각한 문제가 보고된다. 서버에 사용할 버전을 고르는 일은 오직 사용자에게 달렸다. 엔진엑스 개발자들은 새 버전에 전면적인 하위 호환성을 유지하기로 결정했기 때문에 이 책의 지시어들은 버전에 상관없이 유효하다. 버전에 따라 바뀐 사항과 새로운 추가 기능과 버그 수정 관련 정보는 공식 웹 사이트의 변경 기록 페이지에서 찾을 수 있다.

특징

안정판인 1.16.1에서 엔진엑스는 인상적인 다양한 특징Features을 제공하는데, 이 책 제목이 나타내는 바와 달리 모든 특징이 HTTP에 관련된 것은 아니다. 다음은 주요 특징 목록으로 공식 웹 사이트 http://www.nginx.org에서 인용했다.

- 정적 파일과 색인 파일 제공, 자동 색인, 열린 파일 서술자open file descriptor 캐시, 캐시를 통한 역프록시reverse proxy 가속화, 부하 분산과 장애 허용fault tolerance
- FastCGI, uwsgi, SCGISimple Common Gateway Interface, 멤캐시디memcached 서버의 캐싱을 통한 가속화 지원, 이의 부하 분산과 장애 허용, 모듈 구조, gzip 압축, 바이트 범위byte range, 분할 응답chunked response, XSLT, SSIServer Side Include, 이미지 변환 필터를 포함한 필터, 프록시나 FastCGI/uwsgi/SCGI 서버로 취급될 경우 단일 페이지 안의 다중 SSI 병렬 처리
- SSL과 TLS SNI 지원
- 가중치와 종속성 기반 우선순위 지정 기능을 제공하는 HTTP/2 지원

이 책에서는 자세히 다루지 않지만, 엔진엑스는 메일 프록시 서버로도 사용할 수 있다.

- 외부 HTTP 인증 서버를 사용해 IMAP/POP3 서버로 사용자 경로 전환
- 외부 HTTP 인증 서버를 사용해 사용자 인증과 내부 SMTP 서버로의 연결 전환
- 인증 방법:
  - POP3: USER/PASS, APOP, AUTH LOGIN/PLAIN/CRAM-MD5
  - IMAP: LOGIN, AUTH LOGIN/PLAIN/CRAM-MD5

    - SMTP: AUTH LOGIN/PLAIN/CRAM-MD5
- SSL 지원
- STARTTLS와 STLS 지원

엔진엑스는 윈도우, 리눅스, 맥OS, FreeBSD, 솔라리스Solaris를 포함한 대부분의 컴퓨터 구조나 운영체제와 호환된다. 32비트와 64비트 구조에서도 잘 동작한다.

다운로드와 압축 해제

일단 어떤 버전을 사용할지 정하고 나면 http://www.nginx.org를 방문해서 다운로드할 파일의 URL을 찾는다. 컴파일된 소스코드를 저장할 디렉터리를 만들고 여기에 엔진엑스를 `wget`으로 다운로드한다.

```
[alex@example.com ~]$ mkdir src && cd src
[alex@example.com src]$ wget http://nginx.org/download/nginx-1.16.1.tar.gz
```

여기서는 2019년 9월 기준 최신 안정 버전인 1.16.1을 사용할 것이다. 전부 다운로드했으면 현재 폴더에 압축된 내용을 추출한다.

```
[alex@example.com src]$ tar zxf nginx-1.16.1.tar.gz
```

엔진엑스를 다운로드해서 압축을 푸는 작업이 성공적으로 끝났다. 다음 단계로 운영체제에 맞는 이진 실행 파일을 얻고자 컴파일 과정을 구성한다.

구성 옵션

소스코드로 애플리케이션을 구축하는 데는 보통 구성, 컴파일, 설치의 세 단계를 거친다. 구성 단계에서는 프로그램이 구축된 후에는 변경할 수 없는 다수의 옵션을 선택할 수 있다. 이런 옵션은 프로젝트 이진 실행 파일에 직접 영향을 미친다. 따라서 구성 단계는 특정 모듈이 빠진다거나 엉뚱한 폴더에 구성 파일이 저장된다거나 하는 일로 나중에 당황하지 않으려면 주의해서 따라야 할 매우 중요한 단계다.

이 과정은 소스코드에 함께 따라오는 configure 명령에 몇 가지 스위치를 추가하는 작업으로 이뤄진다. 사용할 수 있는 세 가지 유형의 스위치는 나중으로 미루고, 일단 가장 쉬운 처리 방법을 배워두자.

간단한 방법

어떤 이유로든 예를 들어 테스트를 해보려거나 단지 나중에 다시 컴파일하겠다는 생각으로 구성에 신경 쓰기 싫다면 아무런 스위치 없이 configure 명령만 사용한다. 동작하는 버전의 엔진엑스를 구축하고 설치하는 데 configure 명령으로 시작하는 다음 세 명령을 실행시킨다.

```
[alex@example.com nginx-1.16.1]# ./configure
```

이 명령을 실행하면 시스템에 필요한 모든 요소가 포함돼 있는지 확인하는 검증 과정이 시작된다. 구성 과정이 실패하면 앞에 설명한 '사전 구성 요소 설정' 절을 다시 확인하자. 가장 자주하는 실수다. configure 명령이 실행하다 실패한 이유가 궁금하면 상세한 보고서가 담긴 objs/autoconf.err 파일을 참조한다. make 명령은 엔진엑스를 컴파일한다. 구성에 문제만 없다면 이 단계에서는 어떤 오류도 발생하지 않는다.

```
[alex@example.com nginx-1.16.1]# make
[root@example.com nginx-1.16.1]# make install
```

마지막 단계에서는 컴파일된 파일과 관련 자원을 설치 디렉터리로 복사한다. 기본 설치 디렉터리는 /usr/local/nginx다. 이 작업을 수행하려면 /usr/local 디렉터리의 권한 설정에 따라 root 계정으로 로그인해야 할 수도 있다.

다시 말하지만 구성 없이 엔진엑스를 컴파일하면 앞으로 다루는 선택 사양인 모듈과 다른 수많은 특징이 누락되는 손해를 감수해야 한다.

경로 지정

configure 명령을 실행할 때 각종 요소의 디렉터리나 파일 경로를 지정할 수 있는 몇 가지 스위치를 사용할 수 있다. 구성 스위치가 제공하는 선택 항목은 다운로드한 버전에 따라 바뀔 수 있으니 명심하자. 다음에 나열된 옵션들은 안정 버전인 1.16.1에서 모두 유효한 것이다. 다른 버전을 사용한다면 ./configure --help 명령을 실행해서 사용할 수 있는 스위치 목록을 출력한다.

스위치는 보통 명령행command line에 텍스트를 추가하는 방식으로 사용된다. 예를 들어 --conf-path 스위치를 사용한다면 다음과 같이 한다.

```
[alex@example.com nginx-1.16.1]# ./configure --conf-path=/etc/nginx/nginx.conf
```

다음은 경로를 구성하는 구성 스위치의 전체 목록이다.

스위치	사용법	기본값
--prefix=...	엔진엑스가 설치될 기준 폴더	/usr/local/nginx 주의: 다른 스위치를 구성하면서 상대 경로를 사용하면 기준 폴더 뒤에 이어진다. 예를 들어 --conf-path=conf/nginx.conf로 지정하면 구성 파일이 /usr/local/nginx/conf/nginx.conf에 저장된다.
--sbin-path=...	엔진엑스 실행 파일이 저장될 경로	<prefix>/sbin/nginx
--conf-path=...	주 구성 파일의 경로	<prefix>/conf/nginx.conf
--error-log-path=...	오류 로그의 위치다. 오류 로그는 구성 파일 안에서 매우 정확히 지정할 수 있다. 이 경로는 구성 파일에 오류 로그를 남기는 아무런 지시어도 지정하지 않았을 때만 적용된다.	<prefix>/logs/error.log
--modules-path=...	동적 모듈이 설치될 디렉터리를 지정할 수 있다.	<prefix>/modules
--pid-path=...	엔진엑스 pid 파일의 경로다. pid 파일 경로는 구성 파일 안에 지정할 수 있다. 그렇지 않았을 때 이 스위치에 지정한 값이 사용된다.	<prefix>/logs/nginx.pid 주의: pid 파일은 프로세스 ID를 담고 있는 단순한 텍스트 파일이다. 이 파일은 다른 애플리케이션이 실행되는 프로그램의 pid를 쉽게 찾을 수 있도록 사전에 정해진 위치에 저장된다.
--lock-path=...	잠금 파일의 위치다. 이 또한 구성 파일에 지정할 수 있지만, 지정하지 않을 경우 이 값이 사용된다.	<prefix>/logs/nginx.lock 주의: 잠금 파일은 다른 애플리케이션이 프로그램이 실행 중인지 판단하는 용도로 사용된다. 엔진엑스의 경우 프로세스가 중복 실행되지 않도록 막는 데 사용된다.

(이어짐)

스위치	사용법	기본값
--with-perl_modules_path=...	펄(Perl) 모듈의 경로를 정의한다. 이 스위치는 부가 펄 모듈을 포함시키고 싶다면 정의돼야 한다.	
--with-perl=...	펄(Perl) 스크립트를 실행하는 데 사용할 펄 실행 파일의 경로다. 이 경로는 펄 스크립트를 실행시키고 싶을 때 설정돼야 한다.	
--http-log-path=...	접속 로그(access log)의 위치를 정의한다. 이 경로는 구성 파일에 접속 로그 지시어가 지정되지 않았을 때만 사용된다.	<prefix>/logs/access.log
--http-client-body-temp-path=...	클라이언트 요청을 처리할 때 생성되는 임시 파일을 저장하는 데 사용될 디렉터리	<prefix>/client_body_temp
--http-proxy-temp-path=...	프록시가 사용하는 임시 파일을 저장할 디렉터리	<prefix>/proxy_temp
--http-fastcgi-temp-path=... --http-uwsgi-temp-path=... --http-scgi-temp-path=...	HTTP FastCGI, uWSGI, SCGI 모듈이 사용할 임시 파일을 저장할 디렉터리	상대적으로 <prefix>/fastcgi_temp, <prefix>/uwsgi_temp, <prefix>/scgi_temp
--builddir=...	애플리케이션 빌드 위치	

사전 구성 요소 옵션

사전 구성 요소는 라이브러리나 이진 파일의 형태로 제공된다. 지금까지는 이런 구성 요소를 시스템에 전부 설치해야 했다. 하지만 라이브러리나 이진 파일이 시스템에 있더라도 설치된 위치를 구성 스크립트가 찾아내지 못하는 일이 종종 생긴다. 찾지 못하는 이유는 다양한데, 예를 들어 표준 디렉터리에 설치되지 않았을 때 그럴 수 있다.

이런 문제를 해결하려면 다음 스위치를 사용해서 사전 구성 요소의 경로를 지정하는 방법이 있다. 다양한 사전 구성 요소 옵션을 관계있는 것끼리 묶어 놨다.

컴파일러 옵션	설명
--with-cc=...	C 컴파일러의 대체 위치를 지정한다.
--with-cpp=...	C++ 컴파일러의 대체 위치를 지정한다.
--with-cc-opt=...	C 컴파일러 명령행에 전달할 부가 옵션을 정의한다.
--with-ld-opt=...	C 링커 명령행에 전달할 부가 옵션을 정의한다.
--with-cpu-opt=...	대상 프로세서 아키텍처를 지정한다. 가능한 값: pentium, pentiumpro, pentium3, pentium4, athlon, opteron, sparc32, sparc64, ppc64
PCRE 옵션	**설명**
--without-pcre	PCRE 라이브러리를 사용하지 않게 한다. 이 설정은 추천하지 않는다. 정규식을 지원하지 않기 때문에 결국은 재작성(Rewrite) 모듈을 쓸 수 없게 된다.
--with-pcre	PCRE 라이브러리를 강제로 사용하게 한다.
--with-pcre=...	PCRE 라이브러리의 소스코드 경로를 지정한다.
--with-pcre-opt=...	PCRE 라이브러리를 구축할 때 사용될 부가 옵션이다.
--with-pcre-jit=...	JIT 컴파일을 지원하도록 PCRE를 빌드한다.
MD5 옵션	**설명**
nginx 1.11.2 이후로는 내부 MD5 구현을 사용하고 이 옵션은 무시한다. - 옮긴이	
--with-md5=...	MD5 라이브러리 소스의 경로를 지정한다.
--with-md5-opt=...	MD5 라이브러리를 빌드하는 데 사용할 부가 옵션이다.
--with-md5-asm	MD5 라이브러리에 어셈블러 소스를 사용한다.

SHA1 옵션	설명
nginx 1.11.2 이후로는 내부 SHA1 구현을 사용하고 이 옵션은 무시한다. - 옮긴이	
--with-sha1=...	SHA1 라이브러리 소스의 경로를 지정한다.
--with-sha1-opt=...	SHA1 라이브러리를 빌드하는 데 사용할 부가 옵션이다.
--with-sha1-asm	SHA1 라이브러리에 어셈블러 소스를 사용한다.
zlib 옵션	**설명**
--with-zlib=...	zlib 라이브러리 소스의 경로를 지정한다.
--with-zlib-opt=...	zlib 라이브러리를 빌드하는 데 사용할 부가 옵션이다.
--with-zlib-asm=...	대상 아키텍처용 어셈블러 최적화를 사용한다. pentium, pentiumpro
OpenSSL 옵션	**설명**
--with-openssl=...	OpenSSL 라이브러리 소스의 경로를 지정한다.
--with-openssl-opt=...	OpenSSL 라이브러리를 빌드하는 데 사용할 부가 옵션이다.
Libatomic	**설명**
--with-libatomic	강제로 x86, amd64, sparc가 아닌 시스템의 libatomic_ops 라이브러리를 사용하도록 지시한다. 이 라이브러리는 엔진엑스가 잠금 파일에 의존하는 대신 직접 원자적으로 동작하게 한다. 시스템에 따라 SEGFAULT 오류를 줄이며 요청 처리율을 향상시킬 가능성이 있다.
--with-libatomic=...	Libatomic 라이브러리 소스의 경로를 지정한다.

모듈 옵션

(4장에서 자세히 설명할) 모듈은 엔진엑스를 컴파일하기 전에 선택해야 한다. 다음 표에서처럼 어떤 모듈은 기본으로 선택되지만 어떤 모듈은 수동으로 선택해야만 한다.

기본 활성 모듈

다음 스위치는 기본으로 사용되는 모듈을 사용하지 않도록 비활성화한다.

기본 활성 모듈	설명
--without-http_charset_module	웹 페이지를 재인코딩하는 문자 세트(Charset) 모듈 비활성화
--without-http_gzip_module	Gzip 압축 모듈 비활성화
--without-http_ssi_module	SSI(Server Side Include) 모듈 비활성화
--without-http_userid_module	쿠키로 사용자를 식별하는 사용자 ID(User ID) 모듈 비활성화
--without-http_access_module	IP 주소 범위의 접근을 제어하도록 구성할 수 있는 접근(Access) 모듈 비활성화
--without-http_auth_basic_module	기본 인증(Basic Authentication) 모듈 비활성화
--without-http_autoindex_module	자동 색인(Automatic Index) 모듈 비활성화
--without-http_geo_module	IP 주소 범위로 변수를 지정할 수 있는 지리(Geo) 모듈 비활성화
--without-http_map_module	키-값 형태의 자료 구조를 선언할 수 있는 맵(map) 모듈 비활성화
--without-http_referer_module	참조 제어(Referer control) 모듈 비활성화
--without-http_rewrite_module	재작성(Rewrite) 모듈 비활성화
--without-http_proxy_module	다른 서버에 요청을 전달하는 프록시(Proxy) 모듈 비활성화
--without-http_fastcgi_module --without-http_uwsgi_module --without-http_scgi_module	각각 FastCGI, uWSGI, SCGI 프로세스와 상호작용하는 FastCGI, uWSGI, SCGI 모듈을 비활성화
--without-http_grpc_module	gRPC 서버로 요청을 넘기는 gRPC 모듈을 비활성화

(이어짐)

기본 활성 모듈	설명
--without-http_memcached_module	멤캐시디 데몬(Memcached daemon)에 연동되는 멤캐시디(Memcached) 모듈 비활성화
--without-http_limit_conn_module	정의된 구역(zone)에 따라 자원 사용량을 제약하는 연결 제한(Limit Connections) 모듈 비활성화
--without-http_limit_req_module	사용자당 요청 횟수를 제한하는 요청 제한(Limit Requests) 모듈 비활성화
--without-http_mirror_module	배후에서 원래 요청을 복제해서 부가 요청을 만드는 요청 복제(Mirror) 모듈 비활성화
--without-http_empty_gif_module	메모리에서 공백 Gif 이미지를 제공하는 빈 Gif(Empty GIF) 모듈 비활성화
--without-http_browser_module	사용자 에이전트(User Agent) 문자열을 해석하는 브라우저(Browser) 모듈 비활성화
--without-http_upstream_hash_module	업스트림 구역에서 hash 지시어를 제공하는 업스트림 해시(Upstream Hash) 모듈 비활성화
--without-http_upstream_ip_hash_module	업스트림 구역에서 ip_hash 지시어를 제공하는 업스트림 IP 해시(Upstream IP Hash) 모듈 비활성화
--without-http_upstream_least_conn_module	업스트림 구역에서 least_conn 지시어를 제공하는 최소 업스트림 연결(Upstream Least Conn) 모듈 비활성화
--without-http_upstream_keepalive_module	업스트림 구역에서 keepalive 지시어를 제공해 업스트림 연결을 캐시하는 업스트림 연결 유지(Upstream Keepalive) 모듈 비활성화
--without-http_upstream_zone_module	업스트림 구역에서 zone 지시어를 제공해 공유 상태 보관 구역을 설정할 수 있는 업스트림 구역(Upstream Zone) 모듈 비활성화
--without-http_split_clients_module	A/B 테스트에 사용할 변수를 만드는 고객 분할(Split Clients) 모듈 비활성화

기본 비활성 모듈

다음 스위치는 기본적으로 비활성화된 모듈로, 활성화할 수 있다.

기본 비활성 모듈	설명
`--with-http_ssl_module`	HTTPS로 페이지를 제공하는 데 쓰이는 SSL 모듈 활성화
`--with-http_v2_module`	HTTP/2 지원 모듈 활성화
`--with-http_realip_module`	실제 IP 주소를 요청의 헤더 데이터에서 읽는 Real IP 모듈 활성화
`--with-http_addition_module`	응답 본문 앞이나 뒤에 데이터를 덧붙일 수 있는 Addition 모듈 활성화
`--with-http_xslt_module`, `--with-http_xslt_module=dynamic`	XML 문서에 XSL 변환을 적용하는 XSLT 모듈 활성화 주의: 이 모듈을 컴파일하기 원한다면 libxml2와 libxslt 라이브러리를 시스템에 설치해야 한다.
`--with-http_image_filter_module`, `--with-http_image_filter_module=dynamic`	이미지를 수정하는 이미지 필터(Image Filter) 모듈 활성화 주의: 이 모듈을 컴파일하려면 libgd 라이브러리를 시스템에 설치해야 한다.
`--with-http_geoip_module`, `--with-http_geoip_module=dynamic`	맥스마인드(MaxMind)의 지오IP(GeoIP) 이진 데이터베이스를 사용해 지리적 지역화를 하는 GeoIP 모듈 활성화 주의: 이 모듈을 컴파일하려면 libgeoip 라이브러리를 시스템에 설치해야 한다.
`--with-http_sub_module`	웹 페이지의 문자를 바꾸는 대체(Substitution) 모듈 활성화
`--with-http_dav_module`	WebDAV 모듈 활성화
`--with-http_flv_module`	.flv(플래시 비디오) 파일을 특별히 처리하는 FLV 모듈 활성화
`--with-http_mp4_module`	.mp4 비디오 파일을 특별히 처리하는 MP4 모듈 활성화

(이어짐)

기본 비활성 모듈	설명
--with-http_gzip_static_module	사전에 압축된 파일을 전송하는 정적 GZip 모듈 활성화
--with-http_random_index_module	임의의 파일을 디렉터리 색인 파일로 선정하는 무작위 색인(Random Index) 모듈 활성화
--with-http_secure_link_module	URL에 키워드의 유무를 확인하는 보안 링크(Secure Link) 모듈 활성화
--with-http_slice_module	요청을 여러 부가 요청으로 분할하는 분할(slice) 모듈 활성화
--with-http_stub_status_module	서버 통계와 정보 페이지를 생성하는 현황(Stub Status) 모듈 활성화
--with-google_perftools_module	구글 성능 도구(Google Performance Tools) 모듈 활성화
--with-http_degradation_module	자원 사용량에 따라 서버의 동작을 제어하는 저감(Degradation) 모듈 활성화
--with-http_perl_module, --with-http_perl_module=dynamic	펄(Perl) 모듈을 활성화해 펄 코드를 엔진엑스 구성 파일에 직접 삽입하고 SSI에서 펄을 호출할 수 있게 한다.
--with-http_gunzip_module	뒷단에서 gzip으로 압축해서 보내온 응답을 클라이언트에게 전달하기 전에 복원하는 Gunzip 모듈 활성화
--with-http_auth_request_module	인증 요청(Auth Request) 모듈 활성화. 이 모듈은 부가 요청으로 HTTP 인증 구조를 뒷단의 서버에 위임할 수 있게 한다. 부가 요청의 응답 코드는 변수에 저장할 수 있다.

여러 가지 다양한 옵션

구성 스크립트에는 메일 서버 프록시나 이벤트 관리 같은 다른 옵션도 사용할 수 있다.

메일 서버 프록시 옵션	설명
--with-mail, --with-mail=dynamic	메일 서버 프록시(mail sever proxy) 모듈 활성화, POP3, IMAP4, SMTP를 지원, 기본 비활성
--with-mail_ssl_module	메일 서버 프록시의 SSL 지원 활성화, 기본 비활성
--without-mail_pop3_module	메일 서버 프록시의 POP3 모듈을 비활성화, 메일 서버 프록시 모듈이 활성화되면서 기본으로 활성화된다.
--without-mail_imap_module	메일 서버 프록시의 IMAP4 모듈을 비활성화, 메일 서버 프록시 모듈이 활성화되면서 기본으로 활성화된다.
--without-mail_smtp_module	메일 서버 프록시의 SMTP 모듈을 비활성화, 메일 서버 프록시 모듈이 활성화되면서 기본으로 활성화된다.
이벤트 관리:	엔진엑스 시퀀서용 이벤트 알림 시스템을 선택, 고급 사용자 전용
--with-rtsig_module	rtsig를 이벤트 알림 구조로 사용하는 rtsig 모듈 활성화
--with-select_module	select를 이벤트 알림 구조로 사용하는 select 모듈 활성화, kqueue, epoll, rtsig, poll 같은 더 나은 방법을 시스템에서 찾지 못하는 한 기본적으로 이 모듈이 활성화된다.
--without-select_module	select 모듈을 비활성화
--with-poll_module	poll을 이벤트 알림 구조로 사용하는 poll 모듈 활성화, kqueue, epoll, rtsig 같은 더 나은 방법을 시스템에서 찾지 못하는 한 기본으로 이 모듈이 활성화된다.
--without-poll_module	poll 모듈 비활성화

사용자/그룹 옵션	설명
--user=...	엔진엑스 작업자 프로세스를 구동하는 기본 사용자 계정, 구성 파일에 user 지시어를 지정하지 않았을 때 사용되는 설정
--group=...	엔진엑스 작업자 프로세스를 구동하는 기본 사용자 그룹, 구성 파일에 group 지시어를 지정하지 않았을 때 사용되는 설정

기타 옵션	설명
--without-http	HTTP 서버 비활성화
--without-http-cache	HTTP 캐시 기능을 비활성화
--add-module=경로	경로를 지정해서 컴파일 과정에 외부 모듈을 추가. 여러 모듈을 컴파일하고 싶을 때 이 스위치를 제한 없이 반복할 수 있다.
--add-dynamic-module=경로	경로를 지정해서 컴파일 과정에 외부 동적 모듈을 추가. 여러 모듈을 컴파일하고 싶을 때 이 스위치를 제한 없이 반복할 수 있다.
--with-compat	이진 파일 호환성을 좋게 해서 동적 모듈을 컴파일하고 추가하기 쉬게 만든다.
--build	별도의 엔진엑스 빌드 이름을 지정
--with-debug	부가 디버그 정보를 로그에 남김
--with-file-aio	FreeBSD와 리눅스에서 AIO(비동기 IO 디스크 운용) 지원을 활성화
--with-threads	스레드 풀을 사용하게 활성화

구성 예

다양한 상황에 사용할 수 있는 구성 명령의 몇 가지 예를 살펴보자. 이 예에서 경로 스위치는 생략됐다. 경로는 시스템마다 다르고 기본값만으로 올바르게 동작하는 데 충분하기 때문이다.

1장의 여러 구성 예는 부가적인 서드파티 모듈을 포함하지 않으니 명심하자. 추가 모듈 설치의 자세한 설명은 4장을 참고한다.

기준 경로

구성을 하는 동안 --prefix 스위치를 특별히 주의해야 한다. (이후 장에서 만나게 될) 향후의 많은 구성 지시어가 이 스위치에 지정한 경로에 기반을 둘 것이다. 여전히 절대 경로를 사용할 수 있으니 결정적인 문제는 아니지만, 실행 파일이 한 번 컴파일된 후에는 기준 경로를 수정할 수 없다는 점은 알아둬야 한다.

시류에 따라 계속 최신 기능을 도입하고자 새 버전이 출시될 때마다 엔진엑스를 갱신할 계획이라면 직면할 또 한 가지 문제가 있다. (--prefix 스위치로 값을 지정하지 않는 한) 기본 기준 경로는 /usr/local/nginx다. 이 경로는 버전 번호를 포함하지 않는다. 따라서 엔진엑스를 갱신할 때 다른 경로를 지정하지 않는다면 새로운 설치 파일이 기존 파일을 덮어쓸 것이다. 작동 중인 실행 파일이 삭제될 가능성이 크고 다른 문제도 일어날 수 있다.

따라서 사용하는 버전마다 다른 기준 경로를 사용하기를 권한다. 버전 1.16.1에 맞는 기준 경로를 지정하려면 다음 명령을 사용한다.

```
./configure --prefix=/usr/local/nginx-1.16.1
```

향후에 변경이 쉽도록 /usr/local/nginx를 심볼릭 링크로 만들고 /usr/local/nginx-1.16.1를 가리키게 해도 좋다. 업그레이드하고 나면 이 링크를 새 버전의 경로를 가리키도록 바꿀 수 있다. 이렇게 하면 운영체제의 초기 구동 스크립트가 언제나 엔진엑스의 최신 설치 버전을 사용하게 된다.

일반 HTTP와 HTTPS 서버

첫 번째 예제는 HTTP와 HTTPS로 데이터를 전송하는 주요 기능과 모듈 대부분이 활성화되고 메일 관련 옵션은 비활성화되는 상황을 나타낸다.

```
./configure --user=www-data --group=www-data --with-http_ssl_module
--with-http_realip_module
```

보이는 대로 이 명령은 아주 간단하고 대부분의 스위치가 제외된다. 이렇게 하는 이유는 기본 구성이 매우 효과적이고 대부분의 주요 모듈이 활성화되기 때문이다. HTTPS 콘텐트를 제공할 http_ssl 모듈과 (선택적으로) 엔진엑스를 백엔드 서버로 운용하는 경우에 방문자의 IP 주소를 얻기 위한 실제 IP[Real IP] 모듈만 포함하면 된다.

전체 모듈 활성화

다음은 사용 가능한 모든 모듈을 포함해 각 모듈의 사용 여부를 실행할 때 사용자가 선택하는 상황이다.

```
./configure --user=www-data --group=www-data --with-http_ssl_module
--with-http_realip_module --with-http_addition_module --with-http_xslt_module
--with-http_image_filter_module --with-http_geoip_module --with-http_sub_module
--with-http_dav_module --with-http_flv_module --with-http_mp4_module
--with-http_gzip_static_module --with-http_random_index_module
--with-http_secure_link_module --with-http_stub_status_module
--with-http_perl_module --with-http_degradation_module --with-http_gunzip_module
--with-http_auth_request_module --with_http_v2_module
```

이 구성은 가능한 구성 옵션을 폭넓게 모두 열어 놓는다. 3장에서 6장까지는 모듈 구성의 자세한 정보를 제공한다.

이 설정으로 선택 가능한 모든 모듈이 활성화되기 때문에 부가 라이브러리를 설치해야 한다. libgeoip는 지리 IP 모듈에, libgd는 이미지 필터 모듈에, libxml2와 libxslt는 XSLT 모듈에 필요하다. 사전에 설치돼야 할 이 라이브러리들은 운영체제의 패키지 관리 도구를 사용해서 설치할 수 있다. 예를 들어 yum install libxml2

나 apt-get install libxml2 같은 명령으로 설치할 수 있다.

메일 서버 프록시

마지막 빌드 구성은 조금 특별해서 메일 서버 프록시 기능을 활성화하는 데 특화돼 있다. 이 부분은 엔진엑스 문서에 잘 설명돼 있지 않다. 다음 명령으로 모든 메일 관련 기능을 활성화할 수 있다.

```
./configure --user=www-data --group=www-data --with-mail --with-mail_ssl_module
```

HTTP 제공 기능을 모두 비활성화하고 엔진엑스를 메일 프록시 전용으로만 쓰고 싶다면 --without-http 옵션을 추가하면 된다.

앞의 명령에 주의하자. 엔진엑스 작업자 프로세스를 실행시키는 데 쓰이는 사용자와 그룹은 www-data가 될 것이다. 이는 시스템에 해당 사용자와 그룹이 존재해야 한다는 뜻이다.

빌드 구성 문제

때로는 configure 명령이 긴 점검 목록을 출력하다가 실패하고 멈출 것이다. 이때 터미널에는 약간의 오류 문구만 표시될 뿐이다. (전부는 아니지만) 대부분의 경우 관련 라이브러리 같은 사전 구성 요소를 빼먹거나 경로를 지정하지 않았기 때문에 생기는 오류다.

이 경우 다음과 같은 확인 단계를 차분히 밟아 컴파일하는 데 필요한 모든 요소가 갖춰졌는지 확인하고, 필요하면 objs/autoconf.err 파일을 참고해서 컴파일 문제의 상세한 내용을 파악한다. 이 파일은 구성이 진행되는 중에 생성되며, 정확히 어떤 단계에서 실패했는지 알려준다.

사전 구성 요소 설치 문제

주요 사전 구성 요소는 기본적으로 GCC, PCRE, zlib, OpenSSL 네 가지다. 마지막 셋은 라이브러리로, 라이브러리 자체와 개발 소스 패키지가 설치돼야 한다. 각 라이브러리마다 두 패키지가 설치됐는지 확인하라. 추가 정보는 1장 앞부분의 '사전 구성 요소 옵션' 절을 참조하자. LibXML2나 LibXSLT 같은 다른 사전 구성 요소는 다른 부가 모듈(이 경우는 HTTP XSLT 모듈)을 활성화하는 데 필요할 것이다.

모든 사전 구성 요소가 올바로 설치됐는데 문제가 생겼다면 구성 스크립트가 사전 구성 요소 파일의 위치를 찾지 못해 문제가 생겼을 것이다. 이 경우에는 앞서 설명한 파일 경로 관련 구성 스위치를 추가한다.

예를 들어 다음 스위치로 OpenSSL 라이브러리 파일의 위치를 지정할 수 있다.

```
./configure [...] --with-openssl=/usr/lib64
```

이 스위치는 OpenSSL 라이브러리 파일을 지정된 폴더에서 찾을 것이다.

디렉터리 존재와 쓰기 가능 여부 문제

명확하다고 생각되는 것을 늘 확인하라. 누구나 언젠가는 가장 단순한 것에도 실수를 하기 마련이다. 구성과 컴파일 스크립트를 실행하는 사용자가 엔진엑스 파일이 저장된 디렉터리를 읽고 쓸 수 있도록 권한을 부여하자. 구성 스크립트 스위치에 지정된 모든 경로가 존재하고 유효한 경로인지도 확인하자.

프로그램 컴파일과 설치

구성 과정은 매우 중요하다. 선택된 스위치에 따라 애플리케이션의 빌드 파일을 생성할 뿐 아니라 시스템 요구 사항의 긴 목록을 확인한다. 구성 스크립트가 성공적으로 실행되면 엔진엑스 컴파일 단계로 넘어갈 수 있다.

프로젝트를 컴파일한다는 것은 소스 디렉터리에서 make 명령을 실행하는 것을 말한다.

```
[alex@example.com nginx-1.16.1]$ make
```

컴파일이 성공하면 마지막에 make[1]: leaving directory라는 메시지가 보여야 한다. 이 메시지에 이어 프로젝트 소스 경로가 나와야 한다.

다시 말하지만 컴파일 중에 문제가 생길 수 있다. 대부분의 문제는 사전 구성 요소가 빠졌거나 잘못된 경로를 지정했기 때문에 발생한다. 이런 일이 생겼다면 configure 명령을 다시 실행하고 스위치와 모든 사전 구성 요소 옵션을 재차 확인하라. 사전 구성 요소를 최신 버전으로 다운로드했는데, 하위 호환성이 없는 경우에도 문제가 생길 수 있다. 이런 경우에는 누락된 구성 요소의 공식 웹 사이트에 들어가서 이전 버전을 다운로드하는 것이 최선의 선택이다.

컴파일 과정이 오류 없이 끝났다면 다음 애플리케이션 설치 단계로 넘어갈 준비가 됐다. 다음 명령을 루트 권한으로 실행하라.

```
[root@example.com nginx-1.16.1]# make install
```

make install 명령은 make 파일의 install 항목을 실행한다. 다시 말해 이 명령은 몇 가지 단순한 작동을 수행하는데, 컴파일된 이진 파일과 구성 파일을 지정된 설치 폴더로 복사하는 일 같은 것이다. 로그나 HTML 파일을 저장할 디렉터리가 아직 없다면 생성한다. make install 단계에서는 시스템의 저장 용량이나 메모리가 부족한 경우 등의 예외적인 오류를 만나지 않는다면 대부분 문제가 일어나지 않는다.

엔진엑스를 /usr/local 폴더에 설치하려면 이 폴더의 권한 설정에 따라 루트 권한이 필요할 수도 있다.

엔진엑스 서비스 제어

현 단계에 엔진엑스는 이상 없이 컴파일과 설치가 돼 있어야 한다. 기본 설치 위치는 /usr/local/nginx이므로 앞으로 나올 예제는 이를 기준으로 할 것이다.

데몬과 서비스

다음 단계는 당연히 엔진엑스를 처음으로 실행해보는 것이다. 하지만 그 전에 애플리케이션의 본질을 이해하는 것이 중요하다. 컴퓨터 애플리케이션에는 두 가지 유형이 있다. 즉각적인 사용자의 입력을 요구하면서 전면에서 동작하는 애플리케이션이 있는가 하면, 배후에서 동작하는 애플리케이션이 있다. 엔진엑스는 후자에 해당하며, 이런 애플리케이션을 흔히 데몬[daemon]이라고 부른다. 데몬은 보통 이름이 'd'로 끝난다. 예를 들어 HTTP 서버 데몬인 httpd는 아파치 웹 서버 이름으로서 몇 가지 리눅스 배포본에서 사용되고, named는 DNS 서버 데몬, crond는 작업 예약 실행기다. 하지만 이미 봤듯이 이런 관례가 엔진엑스에는 해당되지 않는다. 명령행에서 데몬을 실행하면 바로 프롬프트가 떨어지면서 명령 입력 상태가 되고 대개 터미널 화면에 데이터를 출력해서 성가시게 굴지도 않는다.

결국 엔진엑스를 실행하면 화면에서 아무런 문자도 볼 수 없고, 프롬프트는 즉시 떨어질 것이다. 이런 결과에 당황할 수도 있는 것과는 반대로 청신호다. 데몬이 정상적으로 실행됐고 구성에는 아무런 문제가 없다는 뜻이기 때문이다.

사용자와 그룹

엔진엑스의 프로세스 아키텍처, 특히 다양한 엔진엑스의 프로세스가 실행되는 가운데 사용자와 그룹을 이해하는 것이 매우 중요하다. 파일 접근 권한 위반은 엔진엑스를 설정할 때 주로 생기는 문제다. 사용자나 그룹을 잘못 지정해 엔진엑스가 요청된 파일에 접근하지 못하면 결국 403 접근 금지^403 Forbidden^ HTTP 오류가 발생한다.

권한 집합이 다른 다음과 같은 두 가지 수준의 프로세스가 있다.

- **엔진엑스 주^master^ 프로세스:** 이 프로세스는 루트에서 실행해야 한다. 대부분의 유닉스 계열 시스템에서 프로세스는 모든 TCP 소켓 포트를 열 수 있는 루트 계정으로 실행된다. 다른 일반 사용자는 1024 이상의 포트로만 소켓을 열 수 있다. 엔진엑스를 루트로 실행하지 않으면 80이나 443 같은 표준 포트에는 접근할 수 없다. user 지시어는 작업자 프로세스의 사용자와 그룹을 별도로 지정하는 용도로, 주 프로세스와는 관련이 없다는 점을 명심하자.
- **엔진엑스 작업자^worker^ 프로세스:** 구성 파일에 user 지시어(자세한 내용은 2장에서 설명)로 지정한 계정에 따라 주 프로세스가 자동으로 생성^spawn^한다. 이 구성은 컴파일할 때 지정한 구성 스위치 값을 대신한다. 아무 값도 지정하지 않았다면 작업자 프로세스는 사용자 nobody와 그룹 nobody(또는 OS에 따라 nogroup)로 실행될 것이다.

엔진엑스 명령행 스위치

엔진엑스 이진 파일에 명령행 인자를 지정해서 배후에서 동작하는 프로세스를 제어하는 다양한 동작을 수행할 수 있다. 명령의 전체 목록을 얻으려면 다음 명령으로 도움 화면을 요청해야 한다.

```
[alex@example.com ~]$ cd /usr/local/nginx/sbin
[alex@example.com sbin]$ ./nginx -h
```

다음 몇 절에서는 이 스위치의 용도를 설명한다. 어떤 스위치로는 데몬을 제어할 수 있고, 다른 스위치로는 애플리케이션 구성을 다양하게 조작할 수 있다.

데몬 시작과 종료

엔진엑스를 아무런 스위치 없이 실행할 수도 있다. 데몬이 이미 실행 중이라면 지정된 소켓의 포트가 이미 사용되고 있다고 알리는 메시지가 노출될 것이다.

```
[emerg]: bind() to 0.0.0.0:80 failed (98: Address already in use) [...]
[emerg]: still could not bind().
```

데몬이 실행된 후에 데몬을 멈추거나, 재실행하거나, 단순히 구성을 다시 읽도록 제어할 수 있다. 제어는 nginx -s 명령을 사용해서 프로세스에 신호를 보내는 식으로 이뤄진다.

명령	설명
nginx -s stop	데몬을 강제로 종료한다(TERM 시그널 사용).
nginx -s quit	안전하게 데몬을 종료한다(QUIT 시그널 사용).
nginx -s reopen	로그 파일을 다시 연다.
nginx -s reload	구성 파일을 다시 읽는다.

데몬을 실행하거나, 멈추거나, 다른 조작을 할 때에는 구성 파일이 먼저 해석되고 검증된다는 점을 명심하자. 구성이 잘못됐다면 데몬을 중지하는 시도를 포함한 어떤 명령도 실패할 것이다. 다시 말해 구성 파일에 문제가 있다면 어떤 경우에는

엔진엑스를 중지하는 것조차 못할 수 있다.

프로세스를 종료시키는 다른 방법으로는 루트 권한으로 kill이나 killall 명령을 사용하는 방법이 있지만, 어쩔 수 없을 때만 사용한다.

```
[root@example.com ~]# killall nginx
```

구성 테스트

예상하듯이 서버 설정을 지속적으로 조정하려면 반드시 구성 파일의 유효성을 테스트해야 한다. 구성 파일의 어떤 사소한 실수도 서비스의 제어권을 잃어버리는 결과로 이어진다. 그러면 일반 제어 명령으로 엔진엑스를 중지할 수 없고 당연히 재실행 명령도 거절 당할 것이다.

따라서 다음 명령은 여러 상황에 유용하다. 이 명령은 엔진엑스 구성의 구문, 유효성, 무결성을 확인한다.

```
[alex@example.com ~]$ /usr/local/nginx/sbin/nginx -t
```

-t 스위치는 태스트[test]를 의미한다. 엔진엑스는 한 번 더 구성 파일을 해석해서 유효한지 여부를 알려준다. 구성 파일이 유효하다고 해서 엔진엑스를 실행할 수 있다는 뜻은 아니다. 소켓 문제나 잘못된 경로나 정확하지 않은 접근 권한 같은 부가적 문제가 있을 수 있다.

서버를 운영 중일 때 구성 파일을 조작하는 건 위험한 일이니 가능하면 피해야 한다. 이 경우 가장 좋은 방법은 새 구성을 별도 임시 파일에 저장하고 이 파일을 테스트하는 것이다. 엔진엑스는 이를 위해 -c 스위치를 제공한다.

```
[alex@example.com sbin]$ ./nginx -t -c /home/alex/test.conf
```

이 명령은 /home/alex/test.conf를 해석해서 유효한 엔진엑스 구성 파일인지 확인한다. 새 파일이 유효한지 확인한 후에는 현재의 구성 파일을 교체하고 엔진엑스가 서버 구성을 다시 로드하게 한다.

```
[alex@example.com sbin]$ cp -i /home/alex/test.conf usr/local/nginx/conf/
nginx.conf
cp: erase 'nginx.conf' ? yes
[alex@example.com sbin]$ ./nginx -s reload
```

기타 스위치

많은 상황에서 유용하게 쓸 수 있는 스위치는 -V다. 엔진엑스의 빌드 버전을 알려줄 뿐 아니라 더 중요한 구성 단계에서 사용한 인자를 재확인할 수도 있다. 다시 말해 컴파일 전에 configure 스크립트에 전달한 명령 스위치다.

```
[alex@example.com sbin]$ ./nginx -V
nginx version: nginx/1.16.1 (Ubuntu)
built by gcc 4.8.4 (Ubuntu 4.8.4-2ubuntu1~14.04)
TLS SNI support enabled
configure arguments: --with-http_ssl_module
```

이 경우에는 엔진엑스가 --with-http_ssl_module 스위치만으로 구성됐다.

이 정보가 중요한데, 사전 컴파일 과정 중 configure 스크립트로 포함하지 않은 모듈을 사용하려고 할 때 해당 모듈을 활성화하려는 지시어는 구성 오류를 낼 것이기 때문이다. 이럴 때 가장 먼저 궁금한 것은 구문 오류가 발생한 곳이 어디인지다.

그리고는 이 모듈를 빌드했는지 궁금할 것이다. nginx -V를 실행하면 이 질문에 답을 구할 수 있다.

게다가 -g 옵션으로는 구성 파일에 포함되지 않은 추가 구성 지시어를 지정할 수 있다.

```
[alex@example.com sbin]$ ./nginx -g "timer_resolution 200ms";
```

시스템 서비스 추가

이 절에서는 엔진엑스 데몬을 실제 시스템 서비스로 바꾸는 스크립트를 작성한다. 이 작업으로 크게 두 가지 결과를 얻을 수 있다. 엔진엑스 데몬을 표준 명령으로 제어할 수 있게 되고, 더 중요한 것은 시스템이 기동할 때 자동으로 실행되고 시스템이 셧다운될 때 멈출 것이다.

시스템 V 스크립트

지금까지 리눅스 기반 운영체제 대부분은 시스템 V 방식의 init 데몬을 사용한다. 다시 말하면 이들의 기동 절차는 예전 **시스템** V 유닉스 기반 운영체제에서 계승된 방식으로 동작하는 init라고 부르는 데몬에 의해 관리된다.

이 데몬은 컴퓨터의 상태를 나타내는 런레벨runlevel에 따라 움직인다. 다음은 다양한 런레벨과 그 의미를 나타내는 표다.

런레벨	상태
0	시스템 중지
1	단일 사용자 모드(복구 모드)
2	NFS 없는 다중 사용자 모드
3	완전한 다중 사용자 모드
4	미사용
5	그래픽 인터페이스 모드
6	시스템 재시작

수동으로 런레벨을 전환시킬 수 있다. 컴퓨터를 종료하려면 `telinit 0` 명령을 사용하고 재시작하려면 `telinit 6`를 사용한다.

런레벨을 바꿀 때마다 여러 서비스가 실행된다. 컴퓨터가 멈춘 상태에서 런레벨은 0이다. 컴퓨터를 켜면 런레벨은 0에서 기본 컴퓨터 기동 런레벨로 전이된다. 기본 기동 런레벨은 사용하는 시스템의 (/etc/inittab 파일 안) 시스템 구성에 정의돼 있으며, 사용하는 배포본에 따라 다르다. 데비안Debian과 우분투Ubuntu는 런레벨 2를 사용하며, 레드햇Red Hat과 페도라Fedora는 런레벨 3이나 5를, CentOS와 젠투Gentoo는 런레벨 3, 그 외에도 다양한 배포본이 각자의 기본 기동 런레벨을 사용한다.

정리하자면 센토OS를 사용하는 컴퓨터를 켤 때에는 런레벨 0에서 런레벨 3으로 전이하는 작업이 이뤄진다. 이 전이 과정에는 런레벨 3에 실행되기로 계획된 서비스가 모두 실행된다. 이제 특정 런레벨에서 서비스를 실행하게 만드는 방법을 알아보자.

```
drwxr-xr-x 2 root root    4096 Jul  6 12:47 rc0.d
drwxr-xr-x 2 root root    4096 Jul  6 15:19 rc1.d
drwxr-xr-x 2 root root    4096 Jul  6 12:47 rc2.d
drwxr-xr-x 2 root root    4096 Jul  6 12:47 rc3.d
drwxr-xr-x 2 root root    4096 Jul  6 12:47 rc4.d
drwxr-xr-x 2 root root    4096 Jul  6 12:47 rc5.d
drwxr-xr-x 2 root root    4096 Jul  6 12:47 rc6.d
drwxr-xr-x 2 root root    4096 Jul  6 15:19 rcS.d
root@example:/etc#
```

런레벨마다 실행될 스크립트가 보관된 디렉터리가 있다. 이 디렉터리(rc0.d, rc1.d에서 rc6.d까지)에 들어가면 실제 파일 대신 init.d 디렉터리에 저장된 스크립트를 참조하는 심볼릭 링크가 보인다. 서비스 기동 스크립트는 사실 init.d에 있고 도구를 사용해서 런레벨에 해당하는 디렉터리에 링크를 생성한다.

init 스크립트

서비스 기동 스크립트 또는 sysv 스크립트라고도 부르는 `init` 스크립트는 특정 표준을 따르는 셸 스크립트다. 이 스크립트는 `start`, `stop` 같은 명령이 주어짐에 따라 데몬daemon 애플리케이션을 제어한다. 이 명령을 실행하는 방법은 두 가지인데, 컴퓨터가 실행될 때 이 서비스가 시스템 런레벨에 기동되기로 돼 있다면 `init` 데몬이 `start` 인자와 함께 이 스크립트를 실행한다. 다른 방법은 컴퓨터 사용자가 수동으로 이 스크립트를 셸에서 호출해 실행하는 것이다.

```
[root@example.com ~]# service httpd start
```

시스템에 `service` 명령이 없다면 직접 스크립트를 실행한다.

```
[root@example.com ~]# /etc/init.d/httpd start
```

초기화 스크립트는 최소한 `start`, `stop`, `restart`, `force-reload`, `status` 명령을 처리해야 한다. 이들 명령은 각기 기동, 종료, 재기동, 강제 설정 적용, 상태 파악에 사용된다. 하지만 시스템 관리자로서 운신의 폭을 넓히려면 서비스 구성을 다시 읽는 reload 인자나 서비스를 중단했다 다시 시작하는 try-restart 인자 같은 추가 명령을 제공하는 것이 좋다.

service httpd start와 /etc/init.d/httpd start는 두 번째가 모든 운영체제에서 동작한다는 점을 제외하면 본질적으로 동일하기 때문에 service 명령은 더 이상 언급하지 않고 /etc/init.d/ 방식만 사용할 것이다.

데비안 기반 배포본용 init 스크립트

앞에서 설명한 것처럼 엔진엑스 데몬을 기동하고 중단할 뿐 아니라 재시작하고 구성을 다시 로드하는 셸 스크립트를 만들려고 한다. 여기서 리눅스 셸 스크립트 프로그래밍을 다루는 것은 목적에서 벗어나므로, 기존 init 스크립트의 소스코드를 그대로 보여주겠다. 코드에는 주석이 약간 있어서 이해하는 데 도움이 된다.

init 스크립트의 형식이 배포본마다 달라 별개의 두 스크립트를 살펴보려 한다. 처음 것은 데비안, 우분투, 크노픽스 등의 데비안 기반 배포본에 해당한다.

먼저 선호하는 문서 편집기로 nginx라는 이름의 파일을 만들고 /etc/init.d/ 디렉터리에 저장한다(어떤 시스템에서 /etc/init.d/는 사실 /etc/rc.d/init.d/의 심볼릭 링크다). 방금 만든 파일에는 이 책에 따라오는 스크립트 코드를 넣는다. 경로를 잊지 말고 실제 설정에 맞게 수정하자.

init.d 디렉터리에 이 스크립트를 저장하려면 루트 권한이 필요하다.

데비안 기반의 배포본용 전체 init 스크립트는 다운로드한 이 책의 예제 코드에서 찾을 수 있다.

레드햇 기반 배포본용 init 스크립트

시스템 도구, 셸 프로그래밍 함수, 특정 형식 요구 사항 때문에 앞서 설명한 스크립트는 데비안 기반의 배포본과만 호환된다. 서버가 CentOS, 페도라 등의 레드햇 기반 배포본으로 운영된다면 전혀 다른 스크립트가 필요하다.

레드햇 기반 배포본용 전체 init 스크립트는 다운로드한 이 책의 예제 코드에서 찾을 수 있다.

스크립트 설치

init.d 디렉터리에 `init` 스크립트를 둔다고 모든 일이 끝나는 것은 아니다. 이 스크립트를 실행 가능하게 만들어 서비스를 활성화하는 작업이 남아 있다. 현재 이 스크립트는 단순한 문서 파일일 뿐이어서 시스템이 실행하려고 하지 않는다. 스크립트에 실행 권한을 주려면 `chmod` 명령을 사용한다.

```
[root@example.com ~]# chmod +x /etc/init.d/nginx
```

이 스크립트 파일을 루트 사용자 상태에서 생성했다면 루트로 로그인해야 권한을 변경할 수 있다.

이제 `service nginx start`나 `/etc/init.d/nginx start` 명령을 사용해서 이 서비스를 실행할 수 있고, 중단하고 재시작하고 서비스를 다시 로드할 수도 있다.

마지막으로 적절한 런레벨에서 자동으로 스크립트가 실행되게 만드는 작업이 남았다. 아쉽게도 이 작업은 사용하는 운영체제에 따라 전혀 다르다. 여기에서는 가장 많이 쓰이는 두 유형, 즉 데비안, 우분투 같은 데비안 기반 배포본과 레드햇/페도라/CentOS 같은 레드햇 파생 시스템을 다룬다.

데비안 기반 배포본

데비안 기반 배포본에서는 단순한 명령으로 init 스크립트를 시스템 런레벨에서 활성화되게 할 수 있다.

```
[root@example.com ~]# update-rc.d -f nginx defaults
```

이 명령은 기본 시스템 런레벨 폴더에 링크를 생성한다. 시스템 재시동과 종료 런레벨에 등록하려면 stop 인자로 명령을 실행하면 된다. 다른 모든 런레벨에서 이 스크립트가 start 모드로 실행될 것이다. 이제 시스템을 재시동하고 엔진엑스 서비스가 부트 중에 실행되는지 살펴보자.

레드햇 기반 배포본

레드햇 기반 시스템에서 사용하는 명령은 다르지만 시스템 기동을 관리하는 부가 도구가 있다. 서비스를 추가하는 작업은 다음 명령으로 처리한다.

```
[root@example.com ~]# chkconfig nginx on
```

작업이 끝나면 서비스의 런레벨을 확인할 수 있다.

```
[root@example.com ~]# chkconfig --list nginx
Nginx  0:off   1:off   2:on    3:off   4:on    5:on    6:off
```

ntsysv라는 또 다른 도구가 시스템 서비스를 관리하는 데 유용하다. 이 도구로 시스템 기동 시에 실행되도록 설정된 모든 서비스를 조회하고 원하는 서비스를 활성화하거나 비활성화할 수 있다.

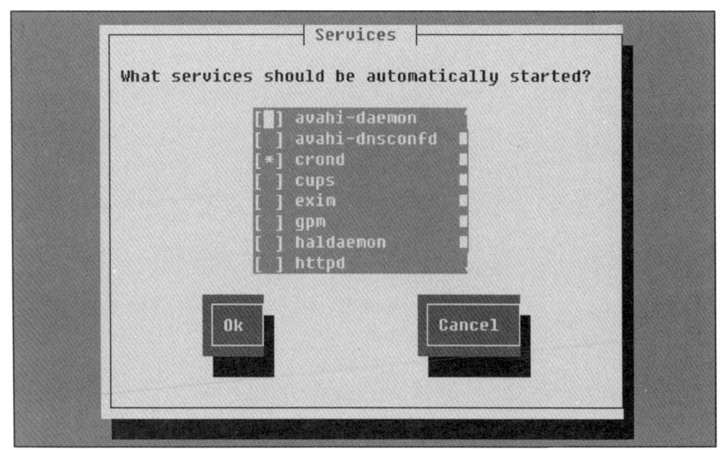

ntsysv를 실행하려면 루트 권한이 필요하다.

ntsysv를 사용하기 전에 chkconfig nginx 명령을 실행해야 한다. 그러지 않으면 서비스 목록에 엔진엑스가 보이지 않을 것이다.

예제 코드 다운로드

이 책에서 사용된 예제 코드는 http://www.packtpub.com/support를 방문해 이메일을 등록하면 파일을 직접 받을 수 있으며, 한국어판은 에이콘출판사의 도서정보 페이지인 http://www.acornpub.co.kr/book/nginx-http-server3e에서도 예제 코드를 다운로드할 수 있다.

엔진엑스 플러스

2013년 중반부터 엔진엑스 프로젝트를 주도하는 주식회사 엔진엑스에서는 엔진엑스 플러스라는 유료 구독 서비스도 제공하고 있다. 이 발표는 엔진엑스 오픈소스 커뮤니티에 충격으로 받아들여졌지만 여러 회사가 발 빠르게 이 제품으로 갈아탔고 엔진엑스 플러스를 사용한 후에 성능과 확장성이 놀랍게 개선됐다고 보고됐다.

> 고성능 웹 기업인 주식회사 엔진엑스에서는 오늘 엔진엑스 플러스를 발표했다. 엔진엑스 플러스는 인기 있는 엔진엑스 오픈소스 소프트웨어의 상용 지원 버전으로서 고급 사양과 전문적인 서비스가 제공된다. 이 제품은 주식회사 엔진엑스의 핵심 엔지니어링 팀이 개발하고 지원하며, 구독과 함께 즉시 사용이 가능하다.
>
> 모바일로 전환된다거나 웹상의 동적인 콘텐츠가 폭발적으로 증가한다거나 하는 식으로 사업적 요구는 계속 빠르게 진화하므로 CIO는 애플리케이션 성능과 개발 역량을 향상시키는 동시에 인프라 의존성은 줄이는 방안을 지속적으로 탐색해야 한다. 엔진엑스 플러스는 유연하고 확장 가능하며 일률적으로 적용 가능한 솔루션으로서 최신 분산 애플리케이션 아키텍처에 맞게 만들어졌다.

가격 정책과 구매 가능한 부가 사양을 봤을 때 이 플랫폼은 엔진엑스를 전체 아키텍처에 변경 없이 힘들이지 않고 통합하려는 큰 기업을 명백히 겨냥한다. 구독하는 인스턴스가 많을 때에는 엔진엑스 팀의 전문적인 지원을 포함하면서 금액을 할인해 주기도 한다. 이 책은 오픈소스 버전의 엔진엑스만 다루며, 엔진엑스 플러스가 제공하는 고급 기능은 자세히 다루지 않는다. 유료 구독 정보를 더 알고 싶다면 http://www.nginx.com을 방문해보자.

요약

1장에서는 중요한 여러 단계를 다뤘다. 처음에는 시스템이 엔진엑스를 컴파일하는데 필요한 모든 요소를 갖고 있는지 확인했다. 그다음에는 사용 목적에 맞는 버전을 고르는 단계로 넘어갔다. 안정 버전과 조금은 불안하지만 더 많은 기능을 담고 있는 버전을 고를 수 있었다. 소스코드를 다운로드하고 SSL, GeoIP 등의 사양을 활성화하거나 비활성화함으로써 컴파일 과정을 구성한 다음에는 애플리케이션을 컴파일하고 시스템의 특정 디렉터리에 설치했다. `init` 스크립트를 생성하고 시스템 부트 순서를 변경해 엔진엑스 서비스가 적절한 시점에 실행되게 했다.

이제부터 엔진엑스는 서버에 설치됐고 시스템과 함께 자동으로 실행된다. 웹 서버의 기능은 동작하지만 아직 최소한의 역할, 즉 웹 사이트를 제공하지는 못한다. 웹 사이트를 호스팅하는 첫 단계는 적절한 구성 파일을 준비하는 것이다. 2장에서는 엔진엑스의 기본 구성을 다루고 예상되는 고객과 시스템 자원에 맞춰 성능을 최적화하는 방법을 다룬다.

02

기본 엔진엑스 구성

2장에서는 웹 서버에 적합하게 엔진엑스를 구성configuration할 것이다. 이를 위해 먼저 엔진엑스 구성 파일에서 사용하는 구문을 살펴본다. 이어서 다양한 방문객 유입 패턴과 하드웨어 설정에 맞게 웹 서버를 준비시키고 최적화하는 다양한 지시어를 이해해야 한다. 마지막으로 모든 구성이 올바르게 수행되고 유효한지 확인하는 페이지를 몇 가지 만든다. 2장에서는 기본적인 구성을 위한 지시어만 다루고, 3장부터는 HTTP 모듈 구성과 사용, 가상 호스트와 같은 고급 주제를 다룬다.

2장에서 다루는 내용은 다음과 같다.

- 구성 구문 표기
- 기본 구성 지시어 개요
- 상황에 적합한 구성 수립

- 테스트용 웹페이지 제공
- 웹 서버 테스트와 유지 보수

구성 파일 구문

일반적으로 구성 파일은 관리자에 의해 수정되거나 프로그램에 의해 읽혀지는 텍스트 파일이며, 여러 값을 지정해 프로그램의 동작을 정의한다. 리눅스 기반의 운영체제에서는 상당수의 애플리케이션이 복잡한 구성 파일 위에서 움직이는데, 종종 관리하기에는 힘든 상황을 만들기도 한다. 리눅스 관리자에게 아파치Apache, 큐메일Qmail, 바인드Bind는 그런 힘들었던 기억을 떠올리게 한다. 사실 이런 애플리케이션은 서로 다른 구문과 양식을 가진 자체 구성 파일을 사용한다. PHP는 윈도우 방식의 .ini 파일을, 센드메일sendmail은 구성 파일을 컴파일하는 데 M4 매크로프로세서를 이용하고, 자빅스Zabbix는 MySQL 데이터베이스에서 구성 정보를 불러온다. 불행히도 잘 정립된 표준은 없으며, 이는 엔진엑스에서도 마찬가지다. 즉, 새로운 구문과 함께 엔진엑스의 특징과 용어도 배워야 한다.

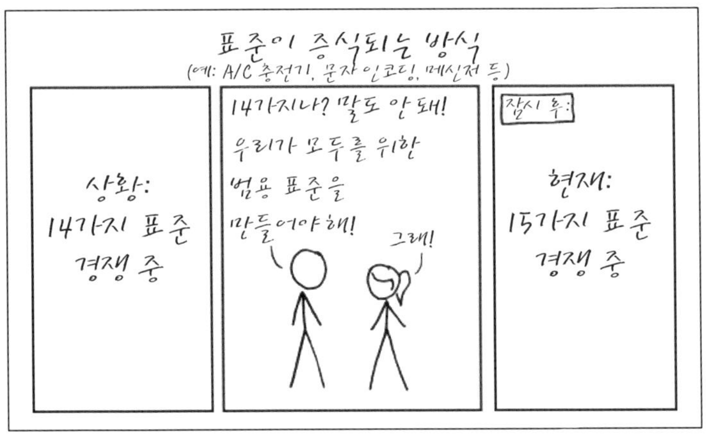

구성 파일 구문을 위한 범용 표준이 왜 없을까? 한 가지 가능성 있는 설명 – 랜달 먼로(xkcd.com, 허락하에 재구성함)

새로 배워야 하긴 하지만 아파치나 다른 주류 웹 서버에 비해 엔진엑스는 구성이 단순하다는 점이 장점이다. 지시어와 블록 그리고 전체 논리 구조와 같은 몇 가지 작동 원리를 익히고 나면 대부분의 나머지 구성은 지시어에 지정할 값을 작성하는 일뿐이다.

구성 지시어

엔진엑스 구성 파일은 하나의 논리적인 구조로 조직된 지시어의 목록으로 이뤄져 있고, 이러한 지시어에 정의한 값으로 애플리케이션의 전체 동작을 정의한다.

기본적으로 엔진엑스는 하나의 기본 구성 파일을 사용하며, 파일의 경로는 1장의 '구성 옵션' 절에 설명된 순서에서 정의된다. 구성 파일 경로나 기준 경로를 변경하지 않았다면 기본 파일 경로는 /usr/local/nginx/conf/nginx.conf다. 하지만 엔진엑스를 패키지 관리자로 설치했다면 구성 파일은 /etc/nginx 폴더에 있고 그 내용도 순정 엔진엑스 소스코드 패키지와 상당히 다를 수 있다. 자, 이제 초기 설정의 첫 몇 줄을 빠르게 살펴보자.

```
nginx.conf - Notepad
File  Edit  Format  View  Help
#user  nobody;
worker_processes  1;

#error_log  logs/error.log;
#error_log  logs/error.log  notice;
#error_log  logs/error.log  info;

#pid        logs/nginx.pid;


events {
    worker_connections  1024;
}


http {
    include       mime.types;
```

엔진엑스 소스코드 패키지에 포함된 기본 구성 파일

첫 두 줄을 더 자세히 살펴보자

```
#user nobody;
worker_processes 1;
```

문자에서 짐작한 것처럼 첫 줄은 주석이다. 다시 말해 해석되지 않으며 아무런 의미도 없다. 주석은 파일을 열어본 사람이 읽거나 임시로 구성의 일부를 비활성화하는 것이 목적이다. # 문자는 줄의 첫 글자로 오거나 지시어 다음에 사용될 수 있다.

두 번째 줄은 지시어가 있는 진짜 구문이다. 첫 부분 worker_processes는 하나 이상의 값을 지정할 수 있는 설정 키다. 여기서 값은 1로 지정됐고, 이는 엔진엑스가 단일 작업자 프로세스로 동작하도록 설정한 것이다. 이 예에서 나온 지시어는 다음 절에서 설명한다.

지시어는 항상 세미콜론(;)으로 끝나야 한다.

각 지시어는 고유한 의미를 가지며 특정 기능을 정의한다. 또한 특정 구문을 갖기도 하는데, 예를 들어 worker_process 지시어는 숫자 값 하나만을 받지만, user 지시어는 문자열을 두 개까지 받는다. 첫째는 엔진엑스가 작업자 프로세스를 실행하기 위한 사용자 계정이고, 둘째는 사용자 그룹이다.

엔진엑스는 모듈 방식으로 동작하며, 각 모듈은 각각의 지시어를 갖고 있다. 대부분의 기초적인 지시어는 엔진엑스 핵심 모듈을 갖고 있으며, 2장에서 자세히 살펴본다. 다른 모듈에 있는 지시어는 이후의 장에서 다룬다.

구조와 포함

앞의 화면에서 특별한 지시어인 include를 봤을 것이다.

```
include mime.types;
```

include 지시어는 이름 그대로 지정된 파일을 인클루드시킨다. 지시어가 있는 곳에 포함될 파일의 내용이 삽입된다. 아래 예를 보면 쉽게 이해될 것이다.

```
nginx.conf 파일

   user nginx nginx;
   worker_processes 4;
   include other_settings.conf;

other_settings.conf 파일

   error_log logs/error.log;
   pid logs/nginx.pid;
```

위의 내용은 결과적으로 아래처럼 해석된다.

```
user nginx nginx;
worker_processes 4;
error_log logs/error.log;
pid logs/nginx.pid;
```

인클루드된 문서가 또 다른 문서를 인클루드하는 것도 가능하다. 여기서 other_settings.conf 파일에 또 다른 파일이 포함되도록 include 지시어를 사용할 수 있다.

초기 기본 구성에서는 nginx.conf와 mime.types 두 파일이 사용되고 있지만, 고급 구성에서는 다음과 같이 다섯 개 이상의 파일이 사용될 수도 있다.

표준 파일명	설명
nginx.conf	웹 서버의 기본 구성
mime.types	파일 확장자와 연관된 MIME 타입의 목록
fastcgi_params	Fast CGI 관련 구성
proxy.conf	프록시 관련 구성
sites.conf	엔진엑스로 제공되는 웹 사이트(가상 호스트라고도 부름) 구성, 도메인 단위로 분리하기를 권장한다.

파일명은 관례에 따랐다. 즉, 실제로는 FastCGI나 프록시 설정을 proxy_and_fastcgi_config.conf처럼 여러 설정을 파일 하나로 묶는 것을 허용한다.

include 지시어는 와일드카드wildcard로 특정 패턴에 맞는 파일명을 지정하는 방식도 지원한다. 여기서 * 문자는 없거나 하나 이상 연속되는 문자에 대응된다.

```
include sites/*.conf;
```

이 구문은 sites 폴더에 있는 .conf로 끝나는 모든 파일을 인클루드시킨다. 이러한 원리로 각각의 웹 사이트마다 파일을 분리하고 한 번에 모두 인클루드시킬 수 있다.

include 지시어에 지정한 파일이 없을 때는 구성 확인에 실패하고 엔진엑스가 시작하지 않기 때문에 파일을 인클루드할 때 주의해야 한다. include dummyfile.conf로 존재하지 않는 dummyfile.conf를 포함시키려고 하면 아래처럼 검증에 실패한다.

```
[alex@example sbin]# ./nginx -t
[emerg]: open() "/usr/local/nginx/conf/dummyfile.conf" failed (2: No
such file or directory) in /usr/local/nginx/conf/nginx.conf:48
```

그런데 와일드카드로 파일을 포함시킬 때는 다른 결과를 보게 된다. 구성 파일에 include dummy*.conf와 같이 적으면 일치하는 파일이 있든 없든 아래처럼 검증을 통과한다.

```
[alex@example sbin]# ./nginx -t
the configuration file /usr/local/nginx/conf/nginx.conf syntax is ok
configuration file /usr/local/nginx/conf/nginx.conf test is successful
```

지시어 블록

어떤 모듈이 활성화되면 모듈 내에 있는 지시어도 따라서 활성화되는데, 이때 지시어 블록도 활성화된다. 모듈은 지시어 블록을 활성화해 구성을 논리적으로 구성할 수 있다.

```
events {
   worker_connections 1024;
}
```

기본 구성 파일에서는 이벤트 모듈Events module이 제공하는 events 블록을 볼 수 있다. 모듈이 활성화한 지시어는 해당 모듈의 블록에서만 사용할 수 있다. 위의 예에서 볼 수 있듯이 worker_connections 지시어는 events 블록 안에서만 의미를 가진다. 반면 서버 전반에 영향을 미치는 지시어는 반드시 어떤 블록에도 속하지 않은 구성의 최상위에 위치해야 한다. 이러한 구성 파일의 최상위 수준을 main 블록이라고 한다.

대부분의 경우에 블록은 규약에 따라 서로 중첩될 수 있다. 다음 예는 중첩된 블록을 이용해 간단한 웹 사이트 설정을 보여준다.

```
http {
   server {
      listen 80;
      server_name example.com;
      access_log /var/log/nginx/example.com.log;
      location ^~ /admin/ {
         index index.php;
      }
   }
}
```

위 예에서 최상위의 http 블록은 여러 개의 server 블록뿐 아니라 다양한 지시어를 선언하고 있다. server 블록은 서버 기기에서 돌아가는 웹 사이트, 즉 가상 호스트를 구성한다. 여기의 server 블록은 호스트명이 정확히 example.com과 일치하는 HTTP 요청에 적용될 구성을 포함하고 있다.

이 sever 블록에는 지정된 경로와 일치할 때만 설정이 적용되게 하는 location 블록이 들어갈 수도 있다. 나중에 3장의 'location 블록' 절에서 자세히 설명한다.

마지막으로 유의할 점은 구성이 하위 블록에 상속된다는 것이다. 여기서 server 블록 바로 안에 속한 access_log 지시어는 이 서버로 들어오는 모든 HTTP 요청을 텍스트 파일로 기록하게 한다. 이 구성은 location 블록에서도 유효하다. 아래 예는 이렇게 location 블록에도 상속된 access_log 지시어를 비활성화시키는 것을 보여준다.

```
[...]
   location ^~ /admin/ {
      index index.php;
      access_log off;
   }
[...]
```

이 경우 /admin/ 경로를 제외한 웹 사이트의 모든 요청에 대해 로그가 활성화될 것이다. server 블록에서 지정된 값이 location 블록 수준에서 덮어써진 것이다.

고급 언어 규칙

엔진엑스를 다뤄보지 않은 사람에게는 혼란스러운 몇 가지 언어 규칙이 있는데, 엔진엑스 구성 파일 구문에서 볼 수 있는 여러 가지 중요한 특징을 알면 이해하는 데 도움이 될 것이다.

지시어별 전용 구문

다음과 같은 복잡한 구문을 처음 보는 순간에는 정말이지 머리가 지끈거릴 것이다.

```
rewrite ^/(.*)\.(png|jpg|gif)$ /image.php? file=$1&format=$2 last;
```

지시어에 따라 특수한 구문이 있다. root 지시어는 웹 사이트의 파일을 포함하는 폴더를 정의하는 간단한 문자열만을 받는 반면 location 블록이나 rewrite 같은 지시어는 특정 패턴에 일치시키고자 복잡한 식을 지원한다. listen 같은 지시어는 17가지 인자를 받기도 한다. 이런 구문은 해당 지시어를 설명하는 장에서 설명하겠다.

나중에 알아볼 재작성Rewrite 모듈은 if, set, break, return 블록과 지시어 및 변수를 사용해서 훨씬 고급의 논리 구조를 만들 수 있게 해준다. 이런 새로운 요소를 모두 보면 구성 파일이 마치 프로그래밍 스크립트처럼 보일 것이다. 모듈을 더 알아갈수록 구문이 점점 더 풍부해질 거란 사실을 알게 될 것이다.

지시어 값의 축약

마지막으로 파일 크기를 지정하는 지시어 값으로 다음과 같은 축약을 사용할 수 있다.

- k 또는 K: 킬로바이트
- m 또는 M: 메가바이트
- g 또는 G: 기가바이트

결과적으로 다음 세 구문은 정확하고 그 값이 동일하다.

```
client_max_body_size 2G;
client_max_body_size 2048M;
client_max_body_size 2097152k;
```

엔진엑스는 같은 블록에는 같은 지시어를 하나만 넣을 수 있다는 점에 주의해야 한다. 같은 지시어를 두 개 이상 넣으면 구성 파일은 무효가 되고 엔진엑스를 시작하거나 재시작할 수 없다. 물론 allow나 deny 같은 예외는 있다.

추가로 시간을 지정할 때는 다음과 같은 축약을 사용할 수 있다.

- ms: 밀리초
- s: 초
- m: 분
- h: 시간
- d: 일(날)
- w: 주
- M: 달(30일)
- y: 년(365일)

이 축약은 특히 지시어가 기간을 값으로 받을 때 유용하다.

```
client_body_timeout 3m;
client_body_timeout 180s;
client_body_timeout 180;
```

기본 시간 단위는 초라는 것을 유의하기 바란다. 따라서 앞에 있는 구문 중 두 번째와 세 번째 구문은 결과적으로 동일하다. 서로 다른 단위의 값을 결합하는 것도 가능하다.

```
client_body_timeout 1m30s;
client_body_timeout '1m 30s 500ms';
```

두 번째 구문에서 볼 수 있는 것처럼 값을 띄어쓰기로 구분할 때는 따옴표로 묶어야 한다.

변수

모듈은 지시어 값을 정의할 때 사용할 수 있는 변수variable를 제공한다. 예를 들어 엔진엑스 HTTP 핵심 모듈은 $nginx_version 변수를 정의한다. 엔진엑스의 변수는 항상 $ 표시로 시작한다. log_format 지시어를 설정할 때 형식 문자열에 모든 종류의 변수를 포함시킬 수 있다.

```
[...]
location ^~ /admin/ {
   access_log logs/main.log;
   log_format main '$pid - $nginx_version - $remote_addr';
}
[...]
```

일부 지시어는 변수를 사용할 수 없다는 점도 유의하기 바란다.

```
error_log logs/error-$nginx_version.log;
```

앞의 지시어는 구문상으로는 유효하지만, 변수 값으로 확장되지 않고 그대로 error-$nginx_version.log라는 파일이 만들어진다.

문자열 값

지시어 값으로 사용할 수 있는 문자열은 세 가지 형식이 있다. 먼저 따옴표 없이 입력할 수 있다.

```
root /home/example.com/www;
```

하지만 공백space이나 세미콜론(;) 또는 중괄호({}) 같은 특수문자를 쓰고 싶을 때는 역슬래시(\)를 문자 앞에 붙이거나, 전체 문자열을 작은따옴표나 큰따옴표로 묶어야 한다.

```
root '/home/example.com/my web pages';
```

엔진엑스에서는 작은따옴표나 큰따옴표는 아무런 차이가 없다. $ 앞에 역슬래시(\)를 붙이지만 않는다면 문자열 안에서 삽입된 변수는 정상적으로 확장된다.

기반 모듈의 지시어

이번 절에서는 기반 모듈Base module을 자세히 살펴보는데, 특별히 두 가지 질문에 답하는 방식으로 진행한다. 첫 번째 질문은 “기반 모듈이 무엇인가?”이고, 두 번째 질문은 "사용 가능한 지시어는 무엇인가?"이다.

기반 모듈 소개

기반 모듈은 엔진엑스의 기본적인 기능을 가진 매개변수를 정의할 수 있는 지시어를 제공한다. 이 지시어들은 컴파일 때에도 비활성화할 수 없기 때문에 지시어와 블록은 항상 사용할 수 있다. 기반 모듈은 다음과 같은 세 가지로 구분할 수 있다.

- **핵심 모듈**core module: 프로세스 관리나 보안 같은 필수 기능 및 지시어로 이뤄진다.
- **이벤트 모듈**event module: 네트워킹 기능의 내부 동작 방식을 구성한다.
- **구성 모듈**configuration module: 구성을 외부 파일에서 가져와 포함시킨다.

각 모듈은 광범위한 지시어를 제공한다. 하나씩 구문 및 기본값과 함께 자세히 살펴보자.

엔진엑스 프로세스 아키텍처

기본 구성 지시어를 살펴보기 전에 엔진엑스 데몬이 뒷단에서 동작하는 방식에 관련된 전반적인 프로세스 아키텍처를 이해할 필요가 있다. 엔진엑스 프로그램이 단순한 하나의 이진 파일(그리고 다소 경량의 배경 프로세스)로 제공되긴 하지만, 실행될 때는 상대적으로 복잡하게 작동될 수 있다.

엔진엑스를 시작하면 유일한 프로세스인 주 프로세스master process가 생기는데, 현재 사용자와 그룹의 권한으로 실행된다. 시스템이 부팅될 때 `init` 스크립트로 엔진엑스 서비스가 실행되면 보통 `root` 사용자와 `root` 그룹 권한을 가진다. 주 프로세스는 클라이언트의 요청을 스스로 처리하지는 않고 대신 그 일을 처리해줄 작업자 프로세스worker process를 만든다. 작업자 프로세스는 별도로 정의한 사용자와 그룹으로 실행할 수 있다.

작업자 프로세스의 수, 작업자 프로세스당 최대 연결 수, 작업자 프로세스를 실행하는 사용자와 그룹 등을 구성 파일로 정의할 수 있다. 다음 스크린샷은 `www-data` 사용자 계정에서 8개의 작업자 프로세스를 가진 엔진엑스 프로그램의 예를 보여준다.

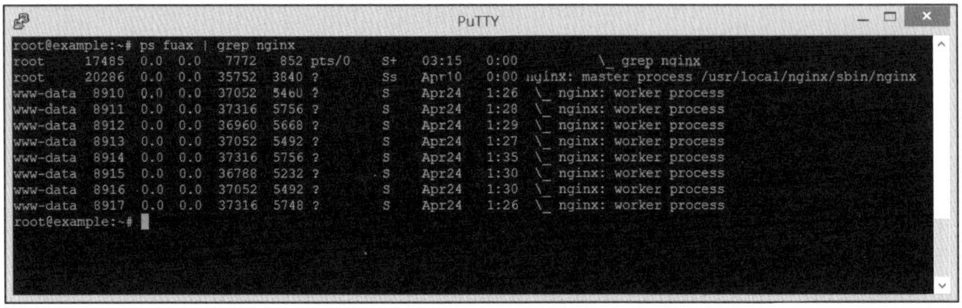

```
PuTTY
root@example:~# ps fuax | grep nginx
root      17485  0.0  0.0   7772   852 pts/0    S+   03:15   0:00           \_ grep nginx
root      20286  0.0  0.0  35752  3840 ?        Ss   Apr10   0:00 nginx: master process /usr/local/nginx/sbin/nginx
www-data   8910  0.0  0.0  37052  5460 ?        S    Apr24   1:26  \_ nginx: worker process
www-data   8911  0.0  0.0  37316  5756 ?        S    Apr24   1:28  \_ nginx: worker process
www-data   8912  0.0  0.0  36960  5668 ?        S    Apr24   1:29  \_ nginx: worker process
www-data   8913  0.0  0.0  37052  5492 ?        S    Apr24   1:27  \_ nginx: worker process
www-data   8914  0.0  0.0  37316  5756 ?        S    Apr24   1:35  \_ nginx: worker process
www-data   8915  0.0  0.0  36788  5232 ?        S    Apr24   1:30  \_ nginx: worker process
www-data   8916  0.0  0.0  37052  5492 ?        S    Apr24   1:30  \_ nginx: worker process
www-data   8917  0.0  0.0  37316  5748 ?        S    Apr24   1:26  \_ nginx: worker process
root@example:~#
```

핵심 모듈 지시어

아래 표는 핵심 모듈Core module이 제공하는 지시어를 나열한 것이다. 이들 중 대부분은 반드시 구성 파일의 최상위에 위치해야 하고 한 번만 사용할 수 있다. 그 외의 일부 지시어는 여러 맥락에서 사용할 수 있고, 그 맥락은 지시어 이름 아래에 나열돼 있다.

지시어 이름과 맥락	구문과 설명
daemon	가능한 값: `on`이나 `off` 구문: `daemon on;` 기본값: `on` 데몬 모드를 켜거나 끈다. 끄면 프로그램이 백그라운드에서 시작하지 않는다. 셸에서 실행하면 전면(foreground)에서 실행된다. 언제 어디서 엔진엑스가 충돌이 나는지 알고 싶을 때 디버깅에 유용하다.

(이어짐)

지시어 이름과 맥락	구문과 설명
debug_points	가능한 값: stop이나 abort 구문: `debug_points stop;` 기본값: None 엔진엑스 내부의 디버그 지점을 활성화시킨다. stop은 붙어 있는 디버거가 디버그 지점에 다다랐을 때 프로그램을 중지시키며, abort는 디버그 지점에서 프로그램을 중단시키고 코어 덤프 파일을 생성하게 한다. 이 기능을 비활성화하려면 지시어를 사용하지 않는다.

env	구문:
	`env MY_VARIABLE;`
	`env MY_VARIABLE=my_value;`
	환경 변수를 정의하거나 덮어씌운다.

error_log
맥락: main, http, mail, stream, server, location
	구문:
	`error_log /file/path level;`
	기본값: logs/error.log error
	level은 가장 상세한 로그를 남기는 debug부터 info, notice, warn, error, crit, alert, 그리고 가장 치명적인 오류만 보고하는 emerg 중 하나로 지정할 수 있다. 오류 로그를 끄고 싶으면 로그 출력을 /dev/null로 지정하면 된다. 구성 파일의 최상위에 다음과 같이 지정해보라.
	`error_log /dev/null crit;`
	파일 경로 대신 다른 것을 지정할 수도 있다. 표준 오류 출력 장치로 보내고 싶으면 stderr, 시스템 로그로 보내고 싶으면 syslog, 메모리로 보내고 싶으면 memory로 지정할 수 있다.

load_module 맥락: main	구문: 파일 경로 `load_module modules/ngx_mail_module.so;` 기본값: 없음 동적 모듈을 읽어 활성화한다. 상호 배제를 위한 락 파일을 지정한다. 컴파일할 때 켜지 않는 한 기본적으로는 꺼져있다. 락은 대부분의 운영체제에서 원자적 연산으로 락을 구현하기 때문에 이 지시어는 무시된다.

(이어짐)

지시어 이름과 맥락	구문과 설명
lock_file	구문: 파일 경로 `lock_file logs/nginx.lock;` 기본값: 컴파일할 때 결정된 값 상호 배제를 위한 락 파일을 지정한다. 컴파일할 때 켜지 않는 한 기본적으로는 꺼져있다. 락은 대부분의 운영체제에서 원자적 연산으로 락을 구현하기 때문에 이 지시어는 무시된다.
master_process	가능한 값: on이나 off `master_process on;` 기본값: on 기본적으로 활성화돼 있으며, 엔진엑스가 시작할 때 주 프로세스와 작업자 프로세스로 나뉘어 다중 프로세스로 동작한다. 비활성화시키면 엔진엑스는 단 하나의 프로세스로 동작하는데, 이때는 테스트 용도로만 사용해야 한다. 주 프로세스가 비활성화돼 클라이언트가 서버에 접속할 수 없기 때문이다.
pcre_jit	가능한 값: on이나 off `pcre_jit on;` 펄 호환 정규식(이하 PCRE) 8.20 이상의 정규식을 실행 시점(Just-In-TIme 이하 JIT)에 컴파일하는 것을 켜고 끈다. 켰을 때 처리 속도가 비약적으로 향상될 수 있다. 이 기능이 동작하려면 PCRE 라이브러리가 `--enable-jit` 옵션으로 빌드된 것이어야 하고, 엔진엑스도 `--with-pcre-jit` 옵션으로 빌드된 것이어야 한다.
pid	구문: 파일 경로 `pid logs/nginx.pid;` 기본값: 컴파일할 때 결정된 값 엔진엑스 데몬의 pid 파일 경로다. 기본값은 컴파일할 때 결정된다. pid 파일은 운영체제에 종속적인 엔진엑스 `init` 스크립트에서 사용될 수 있기 때문에 이 지시어는 반드시 올바르게 설정돼야 한다.

(이어짐)

지시어 이름과 맥락	구문과 설명

ssl_engine	구문: 문자열
	`ssl_engine enginename;`
	기본값: 없음
	여기서 `enginename`은 시스템에서 사용 가능한 하드웨어 SSL 가속 명령어의 이름이다. 사용 가능한 하드웨어 SSL 가속 명령어를 확인하고 싶으면 다음 명령어를 셸에서 실행해보라.
	`openssl engine -t`

thread_pool	구문:
	`thread_pool name threads=number [max_queue=number];`
	기본값:
	`thread_pool default threads=32 max_queue=65536;`
	대용량 파일을 비동기로 처리하기 위한 `aio` 지시어와 함께 사용될 수 있는 스레드 풀 참조를 정의한다. 8장에서 자세히 다룬다.

timer_resolution	구문: 숫자(시간) `timer_resolution 100ms;` 기본값: 없음 내부 시계를 동기화하는 `gettimeofday()` 시스템 호출 간격을 조절한다. 이 값이 지정되지 않으면 커널 이벤트 알림(kernel event notification) 때마다 시계가 고쳐진다.

user	구문:
	`user username groupname;`
	`user username;`
	기본값: 컴파일할 때 결정됨.
	구성 지시어로도 정의되지 않으면 엔진엑스 주 프로세스의 사용자와 그룹이 사용된다. 엔진엑스 작업자 프로세스를 시작시키는 사용자 계정과 그룹을 지정할 수 있다. 그룹이 필수는 아니다. 보안상의 이유로 제한된 권한의 사용자와 그룹을 지정해야 하는데, 예를 들면 엔진엑스 전용의 사용자와 그룹을 만들고 서비스되는 파일에 적절한 권한을 적용하는 것이다.

(이어짐)

지시어 이름과 맥락	구문과 설명

worker_cpu_affinity	구문:
	`worker_cpu_affinity CPU_마스크`
	`worker_cpu_affinity auto [CPU_마스크];`
	기본값: 없음
	이 지시어는 worker_processes와 함께 사용돼 동작하며, 작업자 프로세스와 CPU 코어 간의 선호도(affinity)를 부여한다.
	CPU_마스크에는 작업자 프로세스 개수만큼의 이진수가 있고 각 이진수의 자릿수는 CPU 코어의 수와 같다. 엔진엑스가 세 개의 작업자 프로세스를 갖도록 설정했다면 세 벌의 이진수가 있을 것이고, 여기에 듀얼 코어 CPU라면 각 이진수는 자릿수가 둘일 것이다.
	`worker_cpu_affinity 01 01 10;`
	첫 번째 이진수 01은 첫 번째 작업자 프로세스가 두 번째 코어를 선호한다는 것을 나타낸다.
	두 번째 이진수 01은 두 번째 작업자 프로세스가 두 번째 코어를 선호한다는 것을 나타낸다.
	세 번째 이진수 10은 세 번째 작업자 프로세스가 첫 번째 코어를 선호한다는 것을 나타낸다.
	선호도는 멀티코어 CPU일 때만 권장되며, 하이퍼스레딩(hyper-treading)이나 유사한 기술에는 권장되지 않는다.
	auto 값이 지정되면 작업자 프로세스가 자동으로 가용한 CPU에 결합된다.

worker_priority	구문: 숫자 `worker_priority 0;` 기본값: 0 작업자 프로세스의 우선순위를 최고 -20에서 최소 19까지의 범위에서 지정한다. 기본값은 0이다. 참고로 커널 프로세스는 우선순위 -5에서 실행되기 때문에 -5 이하의 우선순위는 설정하지 않는 것이 좋다.

(이어짐)

지시어 이름과 맥락	구문과 설명
worker_processes	구문: 숫자나 auto `worker_processes 4;` 기본값: 1 작업자 프로세스의 수를 지정한다. 엔진엑스는 요청 처리를 다수의 프로세스로 나눠준다. 기본값은 1이지만 CPU가 듀얼 코어 이상이라면 더 큰 값으로 지정하는 것이 좋다. 게다가 느린 I/O 수행으로 프로세스가 차단(block)되더라도 들어오는 요청을 다른 프로세스에 위임할 수 있다. 대신 엔진엑스가 이 지시어의 값을 적절히 선택하도록 auto를 사용할 수도 있다. 기본적으로 auto는 시스템에서 감지된 CPU 코어의 수가 된다.
worker_shutdown_timeout	구문: 시간 `worker_shutdown_timeout 10s;` 기본값: 없음 안전하게 종료(graceful shutdown)할 때 진행 중인 작업자 프로세스가 끝내도록 대기할 시한을 정한다. 시한이 지나면 모든 연결을 강제로 끊고 프로세스를 종료한다.
worker_rlimit_core	구문: 숫자(크기) `worker_rlimit_core 100m;` 기본값: 없음 작업자 프로세스당 코어 파일의 크기를 지정한다.
worker_rlimit_nofile	구문: 숫자 `worker_rlimit_nofile 10000;` 기본값: 없음 작업자 프로세스가 동시에 사용할 수 있는 파일의 개수를 지정한다.
working_directory	구문: 디렉터리 경로 `working_directory /usr/local/nginx/;` 기본값: 컴파일할 때 결정되는 기준 경로(prefix) 작업 디렉터리(working directory)는 작업자 프로세스가 코어 파일의 위치를 지정하는 용도로만 사용된다. user 지시어로 지정되는 작업자 프로세스의 사용자 계정은 이 디렉터리에 코어 파일을 쓰려면 반드시 쓰기 권한이 있어야 한다.

(이어짐)

지시어 이름과 맥락	구문과 설명
worker_aio_requests	구문: 숫자 `worker_aio_requests 10000;` aio에 epoll 연결 처리 방식을 사용 중이라면 이 지시어는 작업자 프로세스 하나의 최대 비동기 I/O 작업수를 설정한다.

이벤트 모듈

이벤트 모듈은 네트워크 메커니즘을 구성할 수 있는 지시어를 제공한다. 그중 일부는 프로그램 성능에 중대한 영향을 미치기도 한다.

다음 표에 있는 지시어는 반드시 구성 파일의 최상위 수준에 있는 events 블록 안에 있어야 한다.

```
user nginx nginx;
master_process on;
worker_processes 4;
events {
   worker_connections 1024;
   use epoll;
}
[...]
```

이 지시어들이 그 외의 다른 곳에 있으면 구성 테스트가 실패할 것이다.

지시어 이름	구문과 설명
accept_mutex	가능한 값: on, off `accept_mutex on;` 기본값: off 소켓 연결을 열고자 mutex(상호 배제)를 사용할지 여부를 결정한다.

(이어짐)

지시어 이름	구문과 설명
accept_mutex_delay	구문: 숫자(시각) `accept_mutex_delay 500ms;` 기본값: 500밀리초 자원을 다시 얻으려고 시도하기 전에 작업자 프로세스가 기다리는 시간을 지정한다. accept_mutex 지시어가 off이면 사용되지 않는다.

debug_connection	구문: IP 주소나 CIDR 블록
	`debug_connection 172.63.155.21;`
	`debug_connection 172.63.155.0/24;`
	기본값: 없음
	이 IP 주소나 주소 블록과 일치하는 요청에 대해 상세 로그를 남긴다. 이 디버깅용 정보는 error_log 지시어에서 지정한 파일에 디버그 레벨로 기록된다. 이 기능을 사용하려면 반드시 엔진엑스를 --debug 스위치와 함께 컴파일해야 한다.

multi_accept	구문: on이나 off `multi_accept off;` 기본값: off 엔진엑스가 수신 큐에서 들어와 있는 연결을 한 번에 다 받게 할지 여부를 결정한다.
use	가능한 값: /dev/poll, epoll, eventport, kqueue, rtsig, select `use kqueue;` 기본값: 컴파일할 때 결정 어떤 이벤트 모델을 사용할지 선택한다. 컴파일할 때 활성화한 모델 중에서 선택할 수 있다. 엔진엑스가 자동으로 가장 적합한 모델을 선택하기 때문에 사용자가 이 값을 바꿀 필요가 없다. 사용할 수 있는 모델은 다음과 같다. • **select:** 기본적이고 표준적인 모델이다. OS가 더 좋은 모델을 지원하지 않을 때 사용된다. 윈도우 환경에서만 사용할 수 있다. 높은 부하를 감당하는 서버에서는 권장되지 않는다. • **poll:** select보다는 우선적으로 선택되지만 모든 시스템에서 사용할 수 있는 것은 아니다. • **kqueue:** FreeBSD 4.1 이상, OpenBSD 2.9 이상, NetBSD 2.0 이상, 맥 OS X 이상에서 사용할 수 있는 효율적인 방식이다.

(이어짐)

지시어 이름	구문과 설명
use	• **epoll:** 리눅스 2.6 이상에서 효율적이다. • **rtsig:** 리눅스 2.2.19부터 사용할 수 있는 실시간 신호 방식인데, 큐의 수용량이 최대 1,024까지만 설정 가능하기 때문에 트래픽이 많은 환경에서는 적합하지 않다. • **/dev/poll:** 솔라리스(Solaris) 7 11/99 이상, HP/UX 11.22 이상, IRIX 6.5.15 이상, Tru64 유닉스 5.1A 이상의 운영체제에서 효율적인 방식이다. • **eventport:** 보안 패치가 필요하긴 하지만, 솔라리스 10에서 효율적인 방식이다.
worker_connections	구문: 숫자 `worker_connections 1024;` 기본값: 없음 작업자 프로세스가 동시에 처리할 수 있는 연결의 수를 지정한다.

구성 모듈

엔진엑스의 구성 모듈은 앞서 '구조와 포함' 절에서 설명한 대로 `include` 지시어로 다른 파일을 포함할 수 있게 해주는 간단한 모듈이다. 이 지시어는 구성 파일에서 어느 곳이든 들어갈 수 있고 파일 경로 매개변수 하나만 받는다.

```
include /file/path.conf;
include sites/*.conf;
```

파일 경로에 절대 경로를 지정하지 않으면 구성 디렉터리에 상대적인 경로로 지정된다. 예를 들어 `include sites/example.conf`는 /usr/local/nginx/conf/sites/example.conf 파일을 포함시킨다.

필수 조정

일부 핵심 지시어는 엔진엑스를 서버에 처음으로 설치할 때 조심스럽게 조정해야 한다. 이런 지시어가 무엇이고 설정할 수 있는 값은 어느 정도인지 살펴보자.

- `user root root;`

  이 지시어는 작업자 프로세스가 root 사용자로 시작하도록 지정하는데, 파일 시스템의 전체 권한을 엔진엑스에 부여하기 때문에 보안상 위험하다. 시스템에 새로운 사용자 계정을 만들고 그 계정을 사용하게 해야 한다.

  권장 값(www-data 사용자와 그룹 계정을 부여하게 함): `user www-data www-data;`

- `worker_processes 1;`

  이 설정은 작업자 프로세스 하나만 시작하게 하는데, 모든 요청이 하나의 실행 경로로 처리되며, CPU 코어 하나로 실행됨을 의미한다. 이 값은 늘리는 것이 좋은데, CPU 코어당 최소 하나의 프로세스를 갖도록 설정한다. 또는 auto로 설정해서 엔진엑스가 최적의 값을 결정하게 하는 것도 좋다.

  권장 값: `worker_processes auto;`

- `worker_priority 0;`

  기본적으로 작업자 프로세스는 일반적인 프로세스 우선순위로 시작된다. 시스템이 다른 작업을 동시에 수행하는 경우에 엔진엑스 작업자 프로세스에 높은 우선순위를 부여할 수 있다. 프로세스 우선순위는 낮은 값이 높은 우선순위를 의미하기 때문에 이 경우 숫자를 낮춰야 한다. 값의 범위는 최고 우선순위인 -20부터 최저 우선순위인 19까지 가능하다. 하지만 커널 프로세스가 -5의 우선순위를 갖기 때문에 더 낮은 수를 주면 안 된다. 필요한 상황에 따라 전혀 달라지므로 별도의 권장 값은 없다.

- `log_not_found on;`

  이 지시어는 엔진엑스가 404 errors 로그를 남길 것인지 아닌지 지정한다. 물론 이 로그가 누락된 자원에 대한 유용한 정보를 제공하긴 하지만, 일명

파비콘favicon(웹 사이트 /favicon.ico)에 웹 브라우저가 접근하거나 검색 로봇이 robots.txt에 접근하는 수많은 로그가 쌓이게 된다.

- `worker_connections 1024;`

  이 설정은 작업자 프로세스의 수와 함께 서버가 동시에 수용할 수 있는 연결 수를 결정한다. 예를 들어 각각 1024개의 연결을 수용하는 작업자 프로세스가 4개라면 서버는 동시 연결을 최대 4096개까지 처리하게 된다. 이 설정은 보유한 하드웨어에 맞게 조정해야 한다. 더 많은 RAM과 고성능의 CPU를 가진 서버일수록 더 많은 동시 연결을 수용할 수 있다. 대용량 트래픽을 서비스하는 괴물 같은 서버라면 이 설정 값을 올리고 싶을 것이다.

서버 테스트

이제 엔진엑스의 핵심 기능에 영향을 주는 기본적인 지시어를 구성했다. 간단한 테스트를 통해 모두 예상대로 동작하는지, 그리고 이후 구성과 사이트 배포 준비가 됐는지 확인해보자.

테스트 서버 만들기

웹 브라우저로 서버에 연결하는 것과 같은 간단한 테스트를 하려면 엔진엑스가 서비스할 웹 사이트를 만들어야 한다. 테스트용 페이지는 html 폴더(/usr/local/nginx/html/index.html)에 기본적으로 제공돼 있고, 기본 nginx.conf에 이 페이지에 대한 구성이 있다. 다음 예제가 바로 그 내용이다.

```
http {
    include mime.types;
    default_type application/octet-stream;
```

```
    sendfile on;
    keepalive_timeout 65;
    server {
        listen 80;
        server_name localhost;
        location / {
            root html;
            index index.html index.htm;
        }
        error_page 500 502 503 504 /50x.html;
        location = /50x.html {
            root html;
        }
    }
}
```

보면 알 수 있듯이 다음과 같이 엔진엑스가 웹 사이트를 제공하도록 구성돼 있다.

- 시작 페이지는 index.html이고
- http://localhost/ 주소로 접근할 수 있고
- 80번 포트에 소켓을 열어 요청을 기다리게 한다.

지시어에 대한 더 자세한 내용은 3장을 참고하기 바란다. 주로 쓰는 웹 브라우저를 실행시켜 http://localhost/에 들어가 보자.

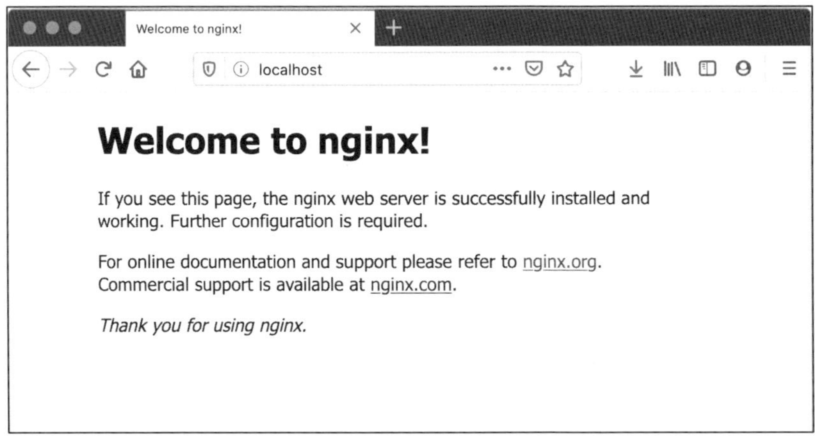

환영하는 문구가 보일 것이다. 그렇지 않다면 구성을 다시 점검한 후에 바꾼 것이 적용되도록 엔진엑스를 재시작해보라.

성능 테스트

엔진엑스의 기본 기능과 아키텍처를 구성했다면 이제 테스트를 진행할 수 있다. 여기서 할 테스트는 실행, 구성 수정, 서버 재시작, 다시 실행, 다시 구성 수정 등 일련의 실험적인 방법이다. 엔진엑스를 실행하는 동일한 컴퓨터에서 테스트를 실행하는 것은 편향된 결과가 나올 수 있기 때문에 가능한 한 피하는 것이 좋다.

현 단계에서 성능 테스트를 수행하는 것은 적절하지 않다고 생각할 수 있다. 아직 가상 호스트도 완전히 구성하지 않았고, 앞으로 PHP나 파이썬 같은 FastCGI 애플리케이션도 사용하고 싶을 것이다. 하지만 추가 구성 요소 없이 서버의 순수한 성능을 테스트할 것이다. 예를 들어 CPU 코어 모두를 잘 활용하는지 테스트할 수 있다. 그리고 항상 서버를 운영 환경에 배치하기 전에 구성을 잘 다듬어 놓는 것이 좋다.

서버의 성능을 측정하는 세 가지 도구가 있다. 각 도구 모두 웹 서버의 부하 테스트에 특화돼 있고 태생적으로 서로 다른 접근 방식을 갖고 있다.

- **httperf:** HP에서 개발되고 상대적으로 잘 알려진 오픈소스 도구며, 리눅스만 지원한다.
- **Autobench:** 펄[Perl]로 httperf와 for를 래핑한 도구이며, 테스트 동작 방식을 개선하고 상세한 보고서를 생성하고자 만들어졌다.
- **OpenWebLoad:** 윈도우와 리눅스 모두를 지원하는 경량화된 오픈소스 부하 테스트 도구다.

이러한 각 도구의 기본 원리는 서버를 혼란시키고 결과를 연구하고자 대량의 HTTP 요청을 만드는 것이다.

Httperf

Httperf는 공식 웹 사이트 http://www.hpl.hp.com/research/linux/httperf/에서 다운로드할 수 있는 간단한 명령행 도구다. 각자 사용하는 OS의 기본 패키지 저장소에서도 구할 수 있을 것이다. 소스코드는 tar.gz로 압축돼 있으며, 일반적인 방법인 `./configure`, `make`, `make install`로 컴파일해야 한다.

일단 설치하고 나면 다음 명령을 실행할 수 있다.

```
[alex@example ~]$ httperf --server 192.168.1.10 --port 80 --uri /index.html --rate 300
--num-conn 30000 --num-call 1 --timeout 5
```

이 명령에서 숫자는 원하는 대로 바꿀 수 있다.

- **--server:** 테스트하려는 웹 사이트 호스트 이름
- **--uri:** 다운로드할 파일의 경로

- **--rate:** 전송할 초당 요청 횟수
- **--num-conn:** 총 연결 횟수
- **--num-call:** 연결마다 전송될 요청 횟수
- **--timeout:** 요청이 실패했다고 판단할 시한

이 예에서 httperf는 http://192.168.1.10/index.html을 초당 300회 다운로드해서 결국 총 3,000개의 요청을 보낸다.

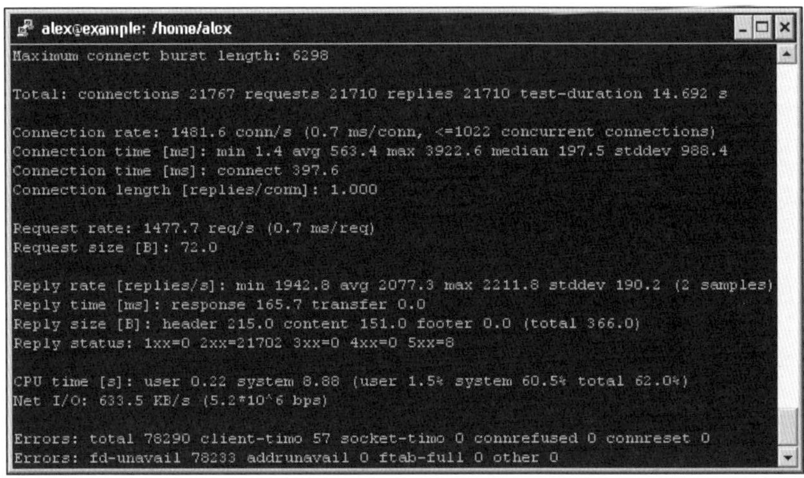

결과에는 응답 시간과 성공한 응답 횟수가 표시된다. 성공률이 100%이거나 응답 시간이 0ms에 가까우면 요청 비율을 높여서 서버가 취약점을 보일 때까지 테스트를 반복하자. 결과가 조금 부족해 보이기 시작하면 적절히 구성의 지시어를 조정하고 테스트를 다시 하자.

오토벤치

오토벤치[Autobench]는 httperf를 더욱 효과적으로 사용하게 해주는 펄[Perl] 스크립트다. 이 도구는 서버가 포화 상태가 될 때까지 요청 비율을 자동으로 높이면서 테스트를

계속 실행한다. 오토벤치의 인상적인 기능 하나는 .tsv 보고서를 생성하는 기능인데, 이 파일을 다양한 애플리케이션에서 열어 그래프를 생성할 수 있다.

여러 호스트를 한 번에 테스팅할 수 있지만, 최대한 단순하게 단일 호스트만 사용하겠다. 실행할 명령은 httperf의 예와 비슷하다.

```
[alex@example ~]$ autobench --single_host --host1 192.168.1.10 --uri1 /index.html
--quiet --low_rate 20 --high_rate 200 --rate_step 20 --num_call 10 --num_conn 5000
--timeout 5 --file results.tsv
```

구성할 수 있는 스위치는 다음과 같다.

- **--host1:** 테스트하려는 웹 사이트 호스트 이름
- **--uri1:** 다운로드할 파일 경로
- **--quiet:** httperf 정보를 화면에 출력하지 않도록 차단
- **--low_rate:** 테스트 시작 시 초당 연결 횟수
- **--high_rate:** 테스트 종료 시 초당 연결 횟수
- **--rate_step:** 각 테스트마다 연결 횟수 증가율
- **--num_call:** 연결마다 전송될 요청 횟수
- **--num_conn:** 총 연결 횟수
- **--timeout:** 요청이 실패했다고 판단할 시한
- **--file:** 지정한 (.tsv) 파일로 보고서 출력

테스트가 종료되면 마이크로소프트 엑셀 같은 애플리케이션에서 읽어 들일 수 있는 .tsv 파일을 얻게 된다. 다음은 테스트 서버의 결과에서 생성한 그래프다(보고서 파일에는 최대 10개의 통계가 포함된다).

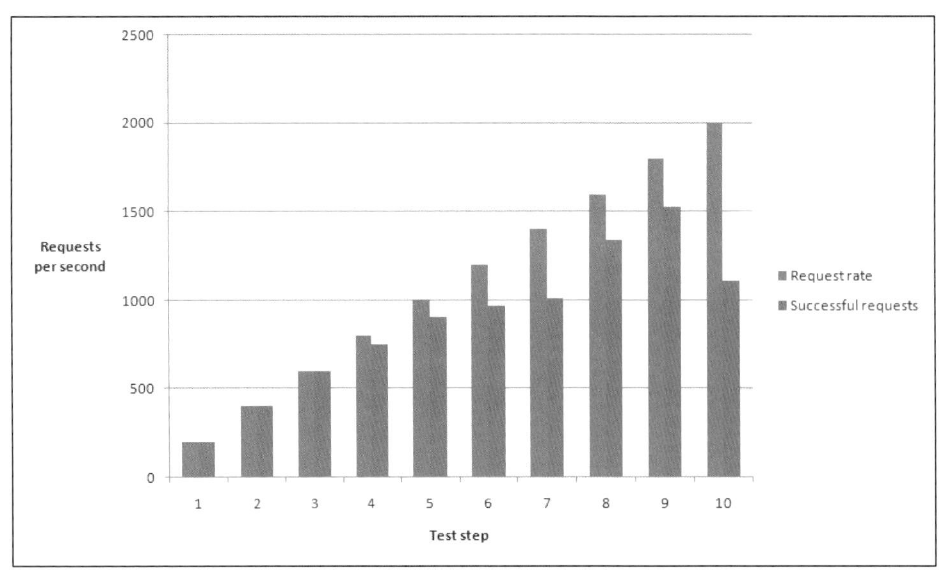

그래프를 보면 알 수 있듯 테스트 서버는 초당 600 요청까지 문제없이 동작한다. 이 한계를 넘으면 엔진엑스가 부하를 다루지 못해 연결이 끊어지기 시작한다. 그럼에도 9단계에서는 초당 1500개가 넘는 요청을 성공적으로 처리한다.

오픈웹로드

오픈웹로드[OpenWebLoad]는 무료 오픈소스 애플리케이션이다. 리눅스와 윈도우 플랫폼 모두 지원하며 21세기 초반, 웹 1.0 시대에 개발됐다. 오픈웹로드는 다른 접근법을 사용하는데, 서버에 요청 부하를 주고 얼마나 올바로 처리하는지 보는 대신 단순히 다양한 연결 횟수를 사용해 최대한 많은 요청을 보내고 나서 매초 리포트를 보여준다.

오픈웹로드는 공식 웹 사이트인 http://openwebload.sourceforge.net에서 다운로드할 수 있다. .tar.gz 압축 파일을 푼 다음에 `./configure`, `make`, `make install` 명령을 차례로 실행하자.

사용법은 앞의 두 도구에 비해 단순하다.

```
[alex@example ~]$ openload example.com/index.html 10
```

첫 인자는 테스트하기 원하는 웹 사이트의 URL이다. 두 번째 인자는 열어야 하는 연결의 개수다.

```
C:\WINDOWS\system32\cmd.exe
C:\>openload.exe example.com/index.html 10
URL: http://example.com:80/index.html
Clients: 10
MaTps 210.37, Tps 210.37, Resp Time  0.046, Err   0%, Count   211
MaTps 211.51, Tps 221.78, Resp Time  0.045, Err   0%, Count   433
MaTps 212.69, Tps 223.33, Resp Time  0.045, Err   0%, Count   657
MaTps 213.38, Tps 219.56, Resp Time  0.046, Err   0%, Count   877
MaTps 214.63, Tps 225.87, Resp Time  0.044, Err   0%, Count  1104
MaTps 215.20, Tps 220.34, Resp Time  0.045, Err   0%, Count  1325
Total TPS: 216.40
Avg. Response time:  0.045 sec.
Max Response time:   0.097 sec
Total Requests:    1325
Total Errors:         0

C:\>
```

매초 한 줄씩 결과가 표시된다. 엔터 키를 누를 때까지 요청은 계속 전송되고 테스트가 멈추면 결과의 요약이 표시된다. 다음은 출력 결과를 해독하는 데 도움이 되는 용어다.

- **Tps(초당 처리 건수)**: 요청을 주고 응답을 받은 완료된 처리 건수다.
- MaTps: 마지막 20초간 평균 TPS
- Resp Time: 평균 응답 시간(초 단위)
- **Err(오류율)**: 서버가 기대했던 HTTP 200 OK 이외의 응답을 반환한 비율
- Count: 총 처리 건수

동시 연결 횟수를 조정해보고 서버가 어떻게 동작하는지 지켜보면서 시스템에 맞는 균형 잡힌 구성을 만들 수 있다. 다음은 서로 다른 연결 횟수로 테스트한 결과다. 결과를 보면 의미를 알 수 있을 것이다.

	테스트 1	테스트 2	테스트 3
동시 연결 횟수	1	20	1000
초당 처리 건수(Tps)	67.54	205.87	185.07
평균 응답 시간	14ms	91ms	596ms

지나치게 적은 연결 횟수에서는 TPS 비율이 낮게 나왔다. 하지만 응답 시간은 가장 바람직하다. 지나치게 많은 연결 횟수에서는 상대적으로 높은 TPS가 나왔지만 응답 시간은 치명적으로 높았다. 따라서 중간의 최적점을 찾아야 한다.

무중단 엔진엑스 업그레이드

엔진엑스 실행 파일을 교체해야 하는 상황이 종종 있다. 예를 들어 새 버전을 컴파일하고 운영 환경에 올리고 싶거나 새 모듈을 활성화한 후에 애플리케이션을 다시 컴파일할 때가 그런 경우다. 대부분의 관리자는 이런 상황에 서버를 멈추고 새 실행 파일을 이전 것 위에 복사한 후 엔진엑스를 다시 실행시킨다. 대부분 웹 사이트에서 이런 방식이 문제로 취급되지 않지만, 잠시의 중단도 용납할 수 없고 어떻게 해서든 서버 연결이 유지돼야 하는 경우도 있을 것이다. 다행히 엔진엑스는 중단 없이 실행 파일을 바꿔치기 할 수 있는 메커니즘을 보유하고 있으므로 다음 과정만 조심해서 따른다면 요청 손실 0%를 보장한다.

1. 기존 엔진엑스 실행 파일(기본은 /usr/local/nginx/sbin/nginx)을 새것으로 교체한다.
2. `ps x | grep nginx | grep master` 같은 명령이나 pid 파일의 값을 통해 엔진엑스 주 프로세스의 PID를 알아낸다.
3. `kill -USR2 1234` 같은 명령으로 USR2(12) 신호를 주 프로세스에 보낸다. 여기서 1234는 2단계에서 찾은 pid로 바꾼다. 이를 통해 기존 .pid 파일명이

바뀌고 새 실행 파일이 실행됨으로써 업그레이드가 시작될 것이다.

4. kill -WINCH 1234 명령으로 기존 주 프로세스에 WINCH(28) 신호를 보낸다. 여기서 1234는 2단계에서 찾은 pid로 바꾼다. 이를 통해 기존 작업자 프로세스들이 작업이 끝난 순서대로 점차 종료된다.
5. 모든 기존 작업자 프로세스가 종료됐는지 확인한 후에 kill -QUIT 1234 명령으로 기존 주 프로세스에 QUIT 신호를 보낸다. 여기서 1234는 2단계에서 찾은 pid로 바꾼다.

이렇게 엔진엑스가 업그레이드됐고 연결은 단 하나도 손실되지 않았다.

요약

2장에서는 구문과 전반적인 서버 성능에 영향을 미치는 핵심 모듈 지시어를 알아봄으로써 구성 아키텍처를 개괄적으로 살펴봤다. 그러고 나서 프로파일에 맞게 맞추는 일련의 조정을 수행했다. 성능 테스트를 수행해 더욱 정밀하게 조정할 수 있었다.

이제 시작일 뿐이다. 지금부터 할 일 거의 모두가 구성의 각 부분을 준비하는 것이다. 3장에서는 모듈 시스템과 사용자에게 제공되는 흥미로운 가능성을 자세히 살펴보며 고급 지시어를 자세히 설명한다.

03

HTTP 구성

이제 엔진엑스가 동작하도록 설정을 마쳤다. 시스템에 설치해서 시스템과 함께 자동으로 실행되게 했을 뿐 아니라, 기본 지시어를 사용해 조직하고 최적화하기도 했다. 이제는 HTTP 핵심 모듈을 구성하고 탐색하는 단계로 한 발 전진할 시점이다. HTTP 핵심 모듈은 HTTP 구성에 쓰이는 필수 구성품으로, 가상 호스트Virtual Host라고도 하는 웹 사이트를 설정해서 제공하는 데 사용된다.

3장에서 다루는 내용은 다음과 같다.

- HTTP 핵심 모듈
- `http/server/location` 구조
- 주제별로 구성된 HTTP 핵심 모듈 지시어
- HTTP 핵심 모듈 변수

- location 블록 상세

HTTP 핵심 모듈

HTTP 핵심 모듈은 HTTP 서버의 모든 기반 블록, 지시어, 변수를 포함하는 구성 요소다. 이 모듈은 (1장에서 설명한 것처럼) 엔진엑스를 컴파일하고자 구성할 때 기본으로 활성화된다. 하지만 이 모듈은 빌드에 포함되지 않게 할 수 있기 때문에 사실 옵션이다. 이 모듈을 컴파일 과정에서 빼면 HTTP 기능이 전혀 동작하지 않을 뿐 아니라 다른 HTTP 모듈도 컴파일되지 않게 된다. 좌우간 이 책을 샀다는 것은 엔진엑스의 웹 서비스 기능에 관심이 많다는 것이 분명하므로 이 모듈을 활성화할 것이라 믿는다.

이 모듈은 모든 표준 엔진엑스 모듈 중에서 가장 규모가 커서 매우 많은 지시어와 변수를 제공한다. 새로운 모든 요소와 이들이 어떻게 동작하는지 이해하려면 주 블록인 `http`, `server`, `location`의 논리적 구조를 먼저 이해해야 한다.

구조 블록

2장에서는 분명한 구조를 잡지 않고 지시어와 값을 차례로 보는 방식으로 기본 엔진엑스 구성 파일을 살펴보면서 핵심 모듈을 알아봤다. 그리고는 첫 이벤트 블록과 관련된 이벤트 모듈을 다뤘다. 이 블록은 이벤트 모듈이 제공하는 모든 지시어를 담기 위한 자리를 잡는 역할을 할 뿐이다.

이미 언급한 것처럼 HTTP 모듈은 새로운 세 개의 논리 블록을 제공한다.

- **`http`:** 이 블록은 구성 파일의 최상위에 삽입된다. 엔진엑스의 HTTP와 관련된 모듈 전부의 지시어와 블록은 `http` 블록에만 정의할 수 있다. 특별히

그럴만한 이유는 없지만, 이 블록은 여러 번 추가될 수 있는데, 이런 경우 뒤에 오는 블록의 지시어 값이 선행되는 블록의 지시어 값을 재지정하게 된다.

- **server:** 이 블록으로는 웹 사이트 하나를 선언할 수 있다. 다시 말해 엔진엑스가 특정 웹 사이트(하나 이상의 호스트 이름, 예를 들어 www.mywebsite.com 같은 이름으로 식별됨)를 인식하고 그 구성을 얻는 블록이다. 이 블록은 http 블록 안에서만 사용할 수 있다.
- **location:** 웹 사이트의 특정 위치에만 적용되는 설정을 정의하는 데 쓰는 블록이다. 이 블록은 server 블록 안이나 다른 location 블록 안에 중첩해서 사용할 수 있다.

다음 다이어그램은 실제 상황에 해당하는 몇 가지 기본 예를 통해 최종적인 구조를 요약해서 보여준다.

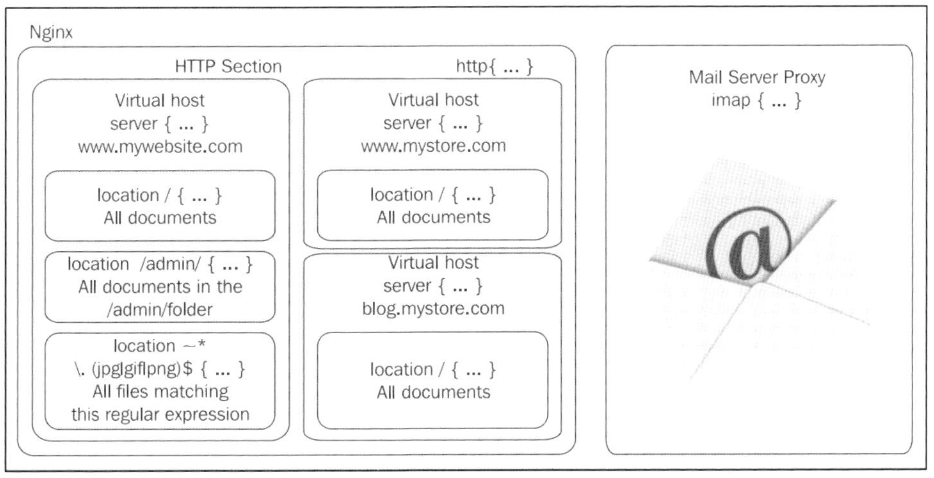

http 블록으로 정의된 HTTP 영역은 웹 관련 구성 전체를 망라한다. 이 블록은 호스팅하는 도메인이나 하위 도메인을 정의하는 하나 이상의 server 블록을 포함한다. 각 웹 사이트마다 특정 요청 URI나 요청 URI 패턴에 부가 설정을 적용할 수 있는

location 블록을 여러 번 정의할 수 있다.

설정 상속 원리가 여기에도 적용됨을 기억하자. http 블록 수준에서 (예를 들어 gzip 압축을 활성화하는 gzip on) 설정을 하면 앞으로 포함될 server와 location 블록에도 이 설정이 유지된다.

```
http {
   # http 블록 수준에서 gzip 압축을 활성화
   gzip on;

   server {
      server_name localhost;
      listen 80;

      # 하위 블록에서도 gzip은 여전히 활성화됨

      location /downloads/ {
         gzip off;   # 이 지시어는 /downloads/ 안의 문서에만 적용됨
      }
   }
}
```

모듈 지시어

웹 서버의 동작에 영향을 미치려면 지시어를 http, server, location 수준 각각에 삽입할 수 있다. 아래는 주 HTTP 모듈에서 사용할 수 있는 지시어 전부를 주제별로 나열한 목록이다. 지시어마다 사용 가능한 맥락을 표시해뒀다. 어떤 지시어는 특정 수준에서 사용할 수 없다. 예를 들어 server_name은 가상 호스트에 직접 영향을 주는 지시어이므로 server_name 지시어를 http 블록 수준에 넣는 것은 말이 안 된다. 이 지시어는 server 블록에서만 써야 한다. 이 때문에 각 지시어가 사용될 수

있는 수준을 나타내는 표가 제공된다. 표에서는 http 블록, server 블록, location 블록뿐 아니라 나중에 '재작성 모듈' 절에서 소개될 if 블록도 포함한다.

이 문서는 현재 안정 버전 1.16.1에서만 유효하다. 미래에 개정될 버전에서는 어떤 지시어의 구문이 바뀌거나 여기서 논의하지 않는 새로운 사양이 제공될 수 있다.

소켓과 호스트 구성

여기에 나열된 지시어로는 가상 호스트를 구성할 수 있다. 가상 호스트는 호스트 이름이나 IP 주소와 포트의 조합으로 식별되는 server 블록을 만들어 실현된다. 여기에 몇 가지 지시어로 TCP 소켓 옵션을 구성해 네트워크 설정을 세밀하게 조정할 수 있다.

listen

맥락: server

웹 사이트를 제공하는 소켓을 여는 데 사용되는 IP 주소나 포트, 또는 두 가지 모두를 지정한다. 웹 사이트는 보통 HTTP 기본값인 80 포트나 HTTPS 기본값인 443 포트에서 제공된다.

구문: listen [주소][:포트] [추가 옵션];

추가 옵션:

- **default_server**: 해당 server 블록을 지정된 IP 주소와 포트로 들어온 모든 요청의 기본 웹 사이트로 지정
- **ssl**: 웹 사이트가 SSL을 통해 제공되도록 지정
- **http2**: http_v2 모듈이 있을 경우 HTTP/2 프로토콜을 지원하도록 활성화

- **proxy_protocol:** 포트로 접속된 모든 네트워크 연결에 프록시 프로토콜을 활성화
- **다른 옵션은 bind와 listen 시스템 호출과 관련됨:** setfib=숫자, fastopen=숫자, backlog=숫자, rcvbuf=크기, sndbuf=크기, accept_filter=필터, deferred, bind, ipv6only=on|off, reuseport, so_keepalive=on|off|[keepidle]:[keepintvl]:[keepcnt]

예:

```
listen 192.168.1.1:80;
listen 127.0.0.1;
listen 80 default;
 listen [:::a8c9:1234]:80;  # IPv6 주소는 대괄호 안에 적어야 함
listen 443 ssl;
```

이 지시어는 유닉스 소켓도 지원한다.

```
listen unix:/tmp/nginx.sock;
```

server_name

맥락: server

server 블록에 하나 이상의 호스트 이름을 할당하는 지시어다. 엔진엑스는 HTTP 요청을 받을 때 요청의 Host 헤더를 server 블록 모두와 비교한다. 이 호스트 이름과 맞는 첫 번째 server 블록이 선택된다.

대안: 아무런 server 블록도 요청의 호스트와 맞지 않다면 엔진엑스는 listen 지시어의 매개변수와 맞는 server 블록을 선택한다. 예를 들어 listen *:80은 80 포트

로 들어오는 모든 요청을 잡는 데 listen 지시어에 default 옵션이 활성화된 첫 블록에 우선권이 주어진다.

이 지시어는 정규식은 물론 와일드카드도 사용할 수 있음을 명심하자. 정규식을 쓸 때 호스트 이름은 ~ 문자로 시작해야 한다.

구문: server_name 호스트이름1 [호스트이름2...];

예:

```
server_name www.website.com;
server_name www.website.com website.com;
server_name *.website.com;
server_name .website.com; # combines both *.website.com and website.com
server_name *.website.*;
server_name ~^(www)\.example\.com$; # $1 = www
```

이 지시어 값에 빈 문자열을 사용해 Host 헤더 없이 들어오는 모든 요청을 받게 할 수도 있다. 다만 적어도 하나의 정규 호스트 이름(또는 더미 호스트 이름인 "_" 문자)이 앞에 있어야 한다.

```
server_name website.com "";
server_name _ "";
```

server_name_in_redirect

맥락: http, server, location

이 지시어는 내부적인 경로 재설정의 경우에 적용된다. 경로 재설정의 자세한 설명은 3장 뒤에서 다루는 '재작성 모듈' 절을 보자. on으로 설정하면 엔진엑스는 server_name 지시어에 지정된 첫 호스트 이름을 사용한다. off로 설정하면 엔진엑스는

HTTP 요청의 Host 헤더 값을 사용한다.

구문: on이나 off

기본값: off

server_names_hash_max_size

맥락: http

엔진엑스는 요청을 처리하는 속도를 향상시키고자 해시 테이블을 여러 데이터 컬렉션에 사용한다. 이 지시어는 서버 이름 해시 테이블의 최대 크기를 정의한다. 기본값은 대부분 구성에 잘 맞는다. 이 값을 변경할 필요가 있다면 엔진엑스가 기동할 때나 구성을 다시 읽을 때 자동으로 알려줄 것이다.

구문: 숫자 값

기본값: 512

server_names_hash_bucket_size

맥락: http

서버 이름 해시 테이블의 최대 버킷 크기를 설정한다. 엔진엑스가 알려줄 때에만 이 값을 바꿔야 한다.

구문: 숫자 값

기본값: 32(또는 64, 또는 128, 사용되는 프로세서 캐시 사양에 따름)

port_in_redirect

맥락: http, server, location

경로 재설정 상황에 이 지시어는 엔진엑스가 포트 번호를 재설정되는 URL에 추가할지 여부를 지정한다.

구문: on이나 off

기본값: on

tcp_nodelay

맥락: http, server, location

연결 유지Keep-alive 상황에서 TCP_NODELAY 소켓 옵션을 활성화하거나 비활성화한다. 소켓 프로그래밍에 대한 리눅스 문서를 인용하면 다음과 같다.

> "TCP_NODELAY는 내글 버퍼링 알고리즘(Nagle buffering algorithm)을 비활성화하는 특수 목적에 쓰인다. 즉각적인 반응 없이 낮은 빈도의 정보를 주기적으로 보내는 데이터 전송이 적기에 이뤄져야 하는 애플리케이션에서만 사용해야 한다. 마우스 이동이 전형적인 예다."

구문: on이나 off

기본값: on

tcp_nopush

맥락: http, server, location

TCP_NOPUSH(FreeBSD)나 TCP_CORK(리눅스) 소켓 옵션을 활성화 또는 비활성화한다. 이 옵션은 sendfile 지시어가 활성화돼야 적용된다. tcp_nopush가 on이면 엔진엑스는 모든 HTTP 응답 헤더를 단일 TCP 패킷에 전송하려고 시도한다.

구문: on이나 off

기본값: off

sendfile

맥락: http, server, location

이 지시어가 활성화되면 엔진엑스는 sendfile 커널 호출을 사용해서 파일을 전송한다. 비활성화되면 엔진엑스는 스스로 파일을 전송한다. 전송될 파일의 (NFS 같은) 물리적인 위치에 따라 이 옵션은 서버 성능에 영향을 미친다.

구문: on이나 off

기본값: off

sendfile_max_chunk

맥락: http, server

이 지시어는 sendfile 호출마다 사용될 데이터 최대 크기를 정의한다(이전 항목 참조).

구문: 숫자 값(크기)

기본값: 0

send_lowat

맥락: http, server

FreeBSD에서 TCP 소켓에 SO_SNDLOWAT 플래그를 사용하게 하는 옵션이다. 이 값은 출력 동작용 버퍼의 최소 바이트 수를 정의한다.

구문: 숫자 값(크기)

기본값: 0

reset_timedout_connection

맥락: http, server, location

클라이언트 연결이 시한 만료가 될 때 연결의 상태에 따라 이 연결과 연관된 정보가 메모리에 남게 된다. 이 지시어를 활성화하면 시한이 만료된 후에 이 연결과 연관된 모든 정보가 삭제된다. 1.15.2부터는 "444 응답 없이 연결 닫음" 코드를 반환한다.

구문: on이나 off

기본값: off

경로와 문서

이 절에서는 각 웹 사이트가 제공할 문서를 구성하는 지시어를 설명한다. 최상위 문서 위치, 사이트 색인, 오류 페이지 같은 것이다.

root

맥락: http, server, location, if. 변수 사용 가능

이 지시어는 방문자에게 제공하고자 하는 파일을 담고 있는 최상위 문서 위치를 정의한다.

구문: 디렉터리 경로

기본값: html

```
root /home/website.com/public_html;
```

alias

맥락: location, 변수 사용 가능

alias는 location 블록 안에서만 쓸 수 있다. 엔진엑스가 특정 요청에서 별도 경로의 문서를 읽도록 할당한다. 다음 구성 예를 살펴보자.

```
http {
   server {
      server_name localhost;
      root /var/www/website.com/html;
      location /admin/ {
         alias /var/www/locked/;
      }
   }
}
```

http://localhost/ 요청이 들어오면 /var/www/website.com/html/ 폴더의 파일이 제공된다. 하지만 엔진엑스가 http://localhost/admin/ 요청을 받아 파일을 읽을 때 사용되는 경로는 /var/www/locked/다. 그렇다고 최상위 문서 위치를 나타내는 root 지시어의 값이 변경되는 것은 아니다. 이 작업 절차는 동적 스크립트의 눈에 보이지 않는다.

구문: 디렉터리(끝이 / 문자로 끝나야 함)나 파일 경로

error_page

맥락: http, server, location, if. 변수 사용 가능

HTTP 응답 코드에 맞춰 URI를 조작하거나 이 코드를 다른 코드로 대체한다.

구문: error_page code1 [code2...] [=대체 코드] [@block | URI]

예:

```
error_page 404 /not_found.html;
error_page 500 501 502 503 504 /server_error.html;
error_page 403 http://website.com/;
error_page 404 @notfound; # 지정한 location 블록으로 이동
error_page 404 =200 /index.html;   # 404 오류의 경우, 응답 코드를 200 OK로 바꾸고
                                   # index.html로 경로를 돌림
```

if_modified_since

맥락: http, server, location

엔진엑스가 **If-Modified-Since** HTTP 헤더를 처리하는 방법을 정의한다. 이 헤더는 검색 엔진 스파이더(구글 웹 크롤링 봇 같은 것)가 주로 사용한다. 이 로봇은 마지막으로 받은 파일의 날짜와 시간을 알려준다. 그 시간 이후 요청된 파일이 수정된 적이 없다면 서버는 본문 없이 단순히 "304 변경되지 않음" 응답 코드만 반환한다.

이 지시어에 다음과 같은 세 가지 값을 지정할 수 있다.

- **off:** If-Modified-Since 헤더를 무시한다.
- **exact:** 실제 요청된 파일의 수정 날짜와 HTTP 헤더에 지정된 날짜와 시간이 정확히 일치하면 "304 변경되지 않음" 응답 코드를 반환한다. 파일 수정 날짜가 이르거나 늦으면 이 파일은 정상적("200 OK" 응답)으로 제공된다.
- **before:** HTTP 헤더에 지정된 날짜와 시간이 요청된 파일의 수정된 날짜보다 이르거나 같으면 "304 변경되지 않음" 응답 코드를 반환한다.

구문: if_modified_since off | exact | before

기본값: exact

index

맥락: http, server, location, 변수 사용 가능

요청에 아무런 파일명도 지정되지 않았을 때 (색인 페이지 또는 인덱스 페이지라고도 하는) 엔진엑스가 기본으로 제공할 페이지를 정의한다. 이 지시어에 여러 파일명을 지정하면 발견되는 첫 파일이 제공된다. 지정된 파일 중 아무것도 찾지 못했고 autoindex 지시어가 활성화돼 있다면 (HTTP 자동 색인 모듈 참고), 엔진엑스는 자동으로 파일 색인을 생성하려 할 것이다. 활성화되지 않았다면 "403 접근 금지" 응답 오류가 반환될 것이다. 원한다면 (/page.html 같이 최상위 문서 위치에 기반을 둔) 절대 파일 경로를 지정할 수도 있지만 이 지시어의 마지막 인자여야 한다.

구문: index file1 [file2...] [절대_파일_경로];

기본값: index.html

```
index index.php index.html index.htm;
index index.php index2.php /catchall.php;
```

recursive_error_pages

맥락: http, server, location

가끔 error_page 지시어로 제공되는 오류 페이지 자체가 오류를 일으켜서 다시 (재귀적으로) error_page로 들어가는 경우가 있다. 이 지시어는 반복적인 오류 페이지 진입을 허용하거나 막는다.

구문: on이나 off

기본값: off

try_files

맥락: server, location. 변수 사용 가능

첫 번째부터 마지막에서 두 번째까지 인자로 지정된 파일을 제공하려고 시도한다. 이 파일이 모두 존재하지 않는다면 마지막 인자에 지정된 이름의 location 블록으로 이동하거나 지정된 URI를 제공한다.

구문: 하나 이상의 파일 경로를 나열하고 마지막에 location 블록 이름이나 URI

예:

```
location / {
   try_files $uri $uri.html $uri.php $uri.xml @proxy;
}
# 다음은 "명명된 location 블록"이다.
location @proxy {
   proxy_pass 127.0.0.1:8080;
}
```

이 예에서 엔진엑스는 보통 때와 같이 파일을 제공하려고 한다. 요청된 URI가 존재하는 어떤 파일에도 해당하지 않는다면 엔진엑스는 .html을 URI 뒤에 추가하고 다시 파일을 제공하려고 해본다. 또다시 실패하면 엔진엑스는 .php를, 그다음에는 .xml을 차례로 시도한다. 결국 모든 시도가 실패하면 다른 location 블록인 proxy가 이 요청을 처리한다.

요청에 해당하는 이름의 디렉터리가 존재하는지 확인하고자 $uri/를 인자 목록에 지정할 수도 있다.

클라이언트 요청

이제는 엔진엑스가 클라이언트 요청을 처리하는 방법을 정리한다. 무엇보다 연결 유지Keep-alive 메커니즘의 동작 방식을 구성하고 클라이언트 요청을 파일에 로그로 남기게 할 수 있다.

keepalive_requests

맥락: http, server, location

한 연결을 닫지 않고 유지하면서 제공할 최대 요청 횟수를 지정한다.

구문: 숫자 값

기본값: 100

keepalive_timeout

맥락: http, server, location

서버가 유지되는 연결을 끊기 전에 몇 초를 기다릴지 정의하는 지시어다. 옵션인 두 번째 매개변수는 Keep-Alive: timeout= HTTP 응답 헤더의 값으로 전달된다. 이 시간이 지난 후에는 클라이언트가 스스로 연결을 끊게 하려는 의도다. 어떤 브라우저는 이 설정을 무시하니 유의하자. 예를 들어 인터넷 익스플로러는 60초가 지나면 자동으로 연결을 닫는다.

구문: keepalive_timeout 시간1 [시간2];

기본값: 75

```
keepalive_timeout 75;
keepalive_timeout 75 60;
```

keepalive_disable

맥락: http, server, location

이 옵션으로 연결 유지 기능을 비활성화할 브라우저를 선택할 수 있다.

구문: `keepalive_disable browser1 browser2;`

기본값: msie6

send_timeout

맥락: http, server, location

지정된 시간이 지난 후에는 엔진엑스가 비활성 상태의 연결을 닫는다. 클라이언트가 데이터 전송을 중단하는 순간부터 연결은 비활성 상태가 된다.

구문: 시간 값(초 단위)

기본값: 60

client_body_in_file_only

맥락: http, server, location

이 지시어가 활성화되면 들어오는 HTTP 요청의 본문 데이터가 디스크에 실제 파일로 저장된다. 클라이언트의 본문 데이터는 클라이언트 HTTP 요청 전체 데이터에서 헤더 부분을 뺀 나머지다(다시 말해 POST 요청의 내용 부분이다). 파일은 일반 텍스트 문서로 저장된다.

이 지시어에는 다음과 같은 세 가지 값을 인자로 쓸 수 있다.

- **off:** 데이터를 파일에 저장하지 않는다.
- **clean:** 요청된 본문 데이터를 파일에 저장한 후 요청이 처리되고 나면 이

파일을 삭제한다.

- **on:** 요청 본문 데이터를 파일에 저장하지만 요청이 처리되고 난 후에도 제거하지 않는다(디버깅 목적으로만 사용하기를 권고).

구문: `client_body_in_file_only on | clean | off`

기본값: `off`

client_body_in_single_buffer

맥락: `http, server, location`

이 지시어는 엔진엑스가 요청 본문 데이터를 메모리에 있는 단일 버퍼에 저장할지 여부를 정의한다.

구문: `on`이나 `off`

기본값: `off`

client_body_buffer_size

맥락: `http, server, location`

이 `client_body_buffer_size` 지시어는 클라이언트 요청의 본문 데이터를 보관할 버퍼의 크기를 지정한다. 요청의 크기가 너무 크면 본문이나 그 일부가 디스크에 저장된다. `client_body_in_file_only` 지시어가 활성화되면 요청 본문은 크기에 상관없이 (버퍼에 들어가든 말든) 언제나 디스크의 파일로 저장됨을 명심하자.

구문: 크기 값

기본값: 8k나 16k(2 메모리 페이지) 컴퓨터 아키텍처에 따라 다름

client_body_temp_path

맥락: http, server, location

클라이언트 요청 본문 파일이 저장될 디렉터리 경로를 정의할 수 있는 옵션이다. 부가 옵션을 지정하면 3단계까지 폴더 계층 구조로 파일을 분할할 수 있다.

구문: client_body_temp_path path [1단계] [2단계] [3단계]

기본값: client_body_temp

```
client_body_temp_path /tmp/nginx_rbf;
client_body_temp_path temp 2;  # 엔진엑스가 요청 본문 파일을 보관할 두 자릿수 폴더를 생성함
client_body_temp_path temp 1 2 4; # 엔진엑스가 세 단계의 폴더를 생성함
                                  #(첫 단계: 한 자리, 둘째 단계: 두 자리, 셋째 단계: 네 자리)
```

client_body_timeout

맥락: http, server, location

클라이언트 요청 본문 데이터를 읽는 동안 적용될 비활성 시한을 정의하는 지시어다. 연결은 클라이언트가 데이터 전송을 중단하는 순간 비활성화한다. 기한이 차면 엔진엑스는 "408 요청 시한 만료" HTTP 오류를 반환한다.

구문: 시간 값(초 단위)

기본값: 60

client_header_buffer_size

맥락: http, server, location

엔진엑스가 요청 헤더에 할당할 버퍼의 크기를 정의할 수 있는 지시어다. 보통 1k로

충분하다. 하지만 때로는 헤더가 대규모의 쿠키 데이터나 무척 긴 요청 URI를 포함한다. 그런 경우가 생기면 엔진엑스는 하나 이상의 대규모 버퍼를 할당하는데, 이 버퍼의 크기는 `large_client_header_buffers` 지시어로 정의된다.

구문: 크기 값

기본값: `1k`

client_header_timeout

맥락: `http`, `server`, `location`

이 지시어는 클라이언트 요청 헤더를 읽는 동안 적용될 비활성 시한을 정의한다. 연결은 클라이언트가 데이터 전송을 중단하는 순간 비활성화한다. 기한이 차면 엔진엑스는 "408 요청 시한 만료" HTTP 오류를 반환한다.

구문: 시간 값(초 단위)

기본값: `60`

client_max_body_size

맥락: `http`, `server`, `location`

클라이언트 요청 본문 데이터의 최대 크기다. 이 크기가 넘으면 엔진엑스는 "413 요청 내용 용량 초과" HTTP 오류를 반환한다. 이 설정은 사용자가 HTTP로 서버에 파일을 올리도록 할 때 특히 중요하다.

구문: 크기 값

기본값: `1m`

large_client_header_buffers

맥락: http, server, location

client_header_buffer_size로 정한 기본 버퍼가 부족할 경우 클라이언트 요청을 저장하는 데 사용될 대용량 버퍼의 개수와 크기를 정한다. 헤더의 줄 하나하나는 버퍼 하나에 들어가야 한다. 요청된 URI가 버퍼 하나의 크기보다 크면 엔진엑스는 "414 길이 초과 요청 URI" 오류를 반환한다. 다른 헤더 한 줄이 버퍼 크기를 넘으면 엔진엑스는 "400 잘못된 요청" 오류를 반환한다.

구문: large_client_header_buffers 개수 크기 값

기본값: 4*8k

lingering_time

맥락: http, server, location

이 지시어는 본문이 있는 클라이언트 요청에 적용된다. 전송되는 데이터가 max_client_body_size 크기를 넘자마자 엔진엑스는 바로 "413 요청 내용 용량 초과" 응답을 보낸다. 하지만 대부분 브라우저는 이 알림을 무시하고 계속 데이터를 전송한다. 이 지시어는 엔진엑스가 오류를 전송하고 연결을 닫기까지 기다릴 시간을 지정한다.

구문: 시간 값

기본값: 30초

lingering_timeout

맥락: http, server, location

구문: 시간 값

이 지시어는 엔진엑스가 클라이언트 연결을 닫기 전에 읽는 두 작업 사이에서 기다려야 할 시간을 정의한다.

기본값: 5초

lingering_close

맥락: `http, server, location`

이 `lingering_close` 지시어는 엔진엑스가 클라이언트 연결을 닫는 방식을 제어한다. 모든 요청 데이터가 수신되는 즉시 연결을 닫으려면 이 지시어를 `off`로 설정하자. 기본값인 `on`은 엔진엑스가 필요하다면 추가 데이터를 기다리면서 처리하게 허용한다. `always`로 설정하면 엔진엑스는 연결을 닫기 전에 얼마간 기다린다. 기다릴 시간은 `lingering_timeout` 지시어로 정의한다.

구문: `on, off, always`

기본값: `on`

ignore_invalid_headers

맥락: `http, server`

이 지시어가 비활성화되면 엔진엑스는 구문이 잘못된 요청 헤더가 들어올 경우 "400 잘못된 요청" HTTP 오류를 반환한다.

구문: `on`이나 `off`

기본값: `on`

chunked_transfer_encoding

맥락: http, server, location

이 지시어는 HTTP 1.1 요청의 분할 전송 인코딩chunked transfer encoding을 활성화하거나 비활성화한다.

구문: on이나 off

기본값: on

max_ranges

맥락: http, server, location

이 지시어는 클라이언트가 파일의 일부 내용을 요청할 때 허용할 바이트 수의 범위를 정의한다. 값을 지정하지 않으면 기본으로 제한을 두지 않게 된다. 0으로 설정하면 바이트로 범위를 요청받는 기능이 비활성화된다.

구문: 크기 값

MIME 타입

엔진엑스는 MIME 타입을 구성하는 데 유용한 두 가지 지시어 types와 default_type을 제공한다. 이 둘은 문서의 기본 MIME 타입을 정의한다. 이 지시어는 응답에 포함돼 보내질 Content-Type HTTP 헤더에 영향을 미친다. 계속 읽어보자.

types

맥락: http, server, location

이 지시어는 MIME 타입과 파일 확장자의 상관관계를 맺는데 쓰인다. 사실 이 지시어는 특별한 구문을 가진 블록이다.

```
types {
   MIME타입1 확장자1;
   MIME타입2 확장자2 [확장자3...];
   [...]
}
```

엔진엑스는 어떤 파일을 제공할 때 파일 확장자를 확인해서 MIME 타입을 결정한다. 그리고는 그 MIME 타입을 응답에서 `Content-Type` HTTP 헤더의 값으로 보낸다. 이 헤더는 브라우저가 파일을 처리할 방법에 영향을 미칠 것이다. 예를 들어 요청된 파일의 MIME 타입이 `application/pdf`라면 브라우저는 이 파일을 다운로드만 하지 않고 MIME 타입에 연결된 플러그인을 사용해서 표시하려고 할 것이다.

엔진엑스는 MIME 타입 기본 세트를 mime.types라는 별도 파일에 갖고 있는데, `include` 지시어로 병합된다.

```
include mime.types;
```

이 파일이 중요 파일 확장자를 대부분 포함하고 있으므로 수정할 필요는 없을 것이다. 엔진엑스가 나열된 타입에서 제공하려는 파일의 확장자를 찾을 수 있다면 `default_type` 지시어로 정의한 기본 타입이 사용된다.

`types` 블록을 다시 선언해서 타입 목록을 재정의할 수 있다. 예를 들어 한 폴더의 모든 파일을 강제로 표시되는 대신 다운로드되게 할 수도 있다.

```
http {
   include mime.types;
   [...]
   location /downloads/ {
```

```
        # 모든 MIME 타입 제거
        types { }
        default_type application/octet-stream;
    } [...]
}
```

어떤 브라우저는 파일명이 .html이나 .txt 같이 이미 알고 있는 확장자로 끝날 경우 MIME 타입을 무시하고 여전히 파일을 표시하려고 할 것이다.

방문자의 브라우저가 파일을 처리하는 방법을 더 확실하고 결정적인 방식으로 제어하려면 add_header 지시어를 통해 Content-Disposition HTTP 헤더를 사용해야만 한다. 자세한 내용은 4장에 있는 HTTP 헤더 모듈을 보자.

mime.types 파일이 병합되지 않았을 때 기본값은 다음과 같다.

```
types {
    text/html html;
    image/gif gif;
    image/jpeg jpg;
}
```

default_type

맥락: http, server, location

기본 MIME 타입을 정의한다. 엔진엑스가 파일을 제공할 때 Content-Type HTTP 응답 헤더 값으로 적절한 MIME 타입이 반환되게 하려면 파일 확장자로 types 블록에 선언된 타입 중에서 맞는 타입이 있는지 찾는다. 이 확장자가 알고 있는 MIME 타입 어느 것과도 일치하지 않는다면 default_type 지시어의 값이 사용된다.

구문: MIME 타입

기본값: text/plain

types_hash_max_size

맥락: http, server, location

MIME 타입 해시 테이블의 최대 크기를 정의한다.

구문: 숫자 값

기본값: 4k나 8k

types_hash_bucket_size

맥락: http, server, location

MIME 타입 해시 테이블의 버킷 크기를 설정하는 지시어다. 이 값은 엔진엑스가 알려줄 때에만 바꿔야 한다.

구문: 숫자 값

기본값: 64(CPU 캐시 라인 크기)

제한과 제약

여기서 다룰 지시어를 사용하면 클라이언트가 서버의 특정 위치나 문서에 접근하려 할 때 적용할 제약을 추가할 수 있다. 4장에서 접근을 제약하는 지시어를 추가로 다룬다.

limit_except

맥락: location

이 지시어는 명시적으로 허용하는 것을 제외하고는 모든 HTTP 메서드를 막게 해준다. location 블록 안에서 POST 요청을 보내지 못하도록 클라이언트를 막는 등 일부 HTTP 메서드를 사용하지 못하도록 제약해야 할 때가 있다.

```
location /admin/ {
    limit_except GET {
        allow 192.168.1.0/24;
        deny all;
    }
}
```

이 예제는 /admin/이란 location 블록에 제약을 가해 모든 방문자는 GET 메서드만 사용할 수 있다. allow 지시어(HTTP 접속 모듈에서 자세히 설명함)에 지정된 대로 내부 IP 주소를 사용하는 방문자는 이 제약의 영향을 받지 않는다. 방문자가 금지된 메서드를 사용한다면 엔진엑스는 "403 접근 금지" HTTP 오류를 반환할 것이다. GET 메서드는 HEAD 메서드를 포함하므로 GET을 허용하면 GET과 HEAD 모두 허용하게 된다.

이 지시어의 구문은 다음과 같다.

```
limit_except 메서드1 [메서드2...] {
    allow | deny | auth_basic | auth_basic_user_file | proxy_pass | perl;
}
```

이 블록에 넣을 수 있는 지시어는 4장의 각 모듈 부분에서 설명한다.

limit_rate

맥락: `http, server, location, if`

이 지시어로 개별 클라이언트 연결의 전송률을 제한할 수 있다. 1.17.0부터 변수를 사용할 수 있다.

전송률은 초당 바이트로 표현된다.

```
limit_rate 500k;
```

이 설정으로 연결 전송률은 초당 500킬로바이트로 제한될 것이다. 클라이언트가 연결 두 개를 열면 이 클라이언트에게 2 × 500킬로바이트까지 전송량이 허용된다.

구문: 크기 값

기본값: 무제한

limit_rate_after

맥락: `http, server, location, if`

`limit_rate` 지시어가 효력을 발휘하기 전에 전송되는 데이터의 양을 정의한다. 1.17.0부터 변수를 사용할 수 있다.

```
limit_rate 10m;
```

엔진엑스는 처음 10메가바이트를 최고 속력으로 보낸다. 이 크기를 넘으면 전송률이 (앞서 설명한) `limit_rate` 지시어에 지정한 값으로 제한된다. `limit_rate` 지시어와 비슷하게 이 설정은 연결 하나에 적용된다.

구문: 크기 값

기본값: 없음

satisfy

맥락: location

satisfy 지시어는 클라이언트가 모든 접근 조건을 만족해야 하는지, 아니면 하나만 해당하면 충족되는지 정의한다.

```
location /admin/ {
   allow 192.168.1.0/24;
   deny all;
   auth_basic "인증이 필요합니다";
   auth_basic_user_file conf/htpasswd;
}
```

이 예에서 클라이언트가 자원에 접근하려면 다음 두 가지 조건을 통과해야 한다.

- (HTTP 접근 모듈의) allow와 deny 지시어를 통해 내부 IP 주소를 갖는 클라이언트만 허용한다. 다른 클라이언트는 접근이 거부된다.
- (HTTP 인증 모듈의) auth_basic과 auth_basic_user_file 지시어를 통해 유효한 사용자 이름과 비밀번호를 입력한 클라이언트만 허용한다.

satisfy all이라면 클라이언트는 자원에 접근할 권한을 얻고자 두 조건 모두를 만족시켜야 한다. satisfy any라면 클라이언트가 두 조건 중 하나만 만족해도 접근이 승인된다.

구문: satisfy any|all

기본값: all

internal

맥락: location

이 지시어는 location 블록을 내부용으로 지정한다. 다시 말해 지정된 자원은 외부 요청이 접근하지 못한다.

```
server {
   [...]
   server_name .website.com;
   location /admin/ {
      internal;
   }
}
```

이 구성에서 클라이언트는 http://website.com/admin/ 페이지를 열어볼 수 없다. 이런 요청은 "404 찾을 수 없음" 오류를 접하게 될 것이다. 이 자원에 접근할 유일한 방법은 내부 경로 재설정internal redirect뿐이다(내부 경로 재설정에 대한 정보는 '재작성 모듈' 절을 확인하자).

파일 처리와 캐시

웹 사이트는 단단한 기반 위에 구축돼야 한다. 웹을 제공할 때 가장 중요한 부분은 파일을 읽고 캐시에 보관하는 일이다. 엔진엑스는 다음 지시어를 사용해서 이 작업을 정밀하게 조정할 수 있게 해준다.

disable_symlinks

이 지시어로 엔진엑스가 심볼릭 링크를 웹으로 제공해야 할 때 이를 다루는 방법을 제어한다. 기본적으로 (지시어 값 off) 심볼릭 링크가 허용되며, 엔진엑스는 링크가 가리키는 파일을 찾는다. 다음 값 중 하나를 사용해서 특정 조건에서 심볼릭 링크가 가리키는 파일을 따라가며 찾지 않도록 할 수 있다.

- on: 요청 URI의 특정 부분이 심볼릭 링크라면 이 접근은 거부되고 엔진엑스는 "403 HTTP" 오류 페이지를 반환한다.
- if_not_owner: on과 비슷하지만 링크와 링크가 가리키는 대상의 소유자가 서로 다를 때 접근이 거부된다.
- 옵션인 from= 매개변수를 지정하면 URL의 특정 부분은 심볼릭 링크 여부를 확인하지 않는다. 예를 들어 disable_symlinks on from=$document_root 라고 설정하면 엔진엑스는 $document_root 폴더 이전까지는 심볼릭 링크를 정상적으로 따른다. 그 이후로는 심볼릭 링크가 URI 일부로 발견되면 요청된 파일은 접근이 거부된다.

directio

맥락: http, server, location

이 지시어가 활성화되면 지정된 값보다 크기가 큰 파일은 다이렉트 I/O로 읽혀진다. 다이렉트 I/O는 엔진엑스가 중간의 캐시 처리 과정 없이 저장 장치에서 메모리로 직접 데이터를 읽을 수 있게 해준다.

구문: 크기 값이나 off

기본값: off

directio_alignment

맥락: http, server, location

이 지시어는 directio를 사용할 때 바이트 정렬 크기를 설정한다. 리눅스에서 XFS

를 사용한다면 이 값을 4k로 설정하라.

구문: 크기 값

기본값: 512

open_file_cache

맥락: http, server, location

이 지시어로 열린 파일의 정보를 개시에 보관하게 할 수 있다. 이 캐시는 실제 파일 내용을 저장하지는 않고 다음의 정보만 갖고 있다.

- 파일 서술자(파일 크기, 수정 시간 등)
- 파일과 디렉터리의 존재 여부
- 접근 거부, 파일 없음 등의 파일 오류. open_file_cache_errors 지시어로 비활성화할 수 있다.

이 지시어에 쓸 수 있는 인자는 두 가지다.

- max=X, X는 캐시가 저장할 항목의 수다. 항목이 지정한 값만큼 많아지면 오래된 항목은 새 항목을 위한 공간을 마련하고자 제거된다.
- inactive=Y, Y는 캐시 항목이 저장될 시간을 초로 나타낸 값이다. 기본적으로 엔진엑스는 캐시 항목을 지우기 전에 60초간 기다린다. 캐시 항목이 사용될 때마다 이 시간은 초기화된다. 캐시 항목이 open_file_cache_min_uses에 정의된 값보다 자주 사용되면 엔진엑스가 공간이 부족해서 오래된 항목을 지우기로 결정하지 않는 한 캐시 항목은 지워지지 않는다.

구문: open_file_cache max=X [inactive=Y] 또는 off

기본값: off

예:

```
open_file_cache max=5000 inactive=180;
```

open_file_cache_errors

맥락: http, server, location

이 지시어는 open_file_cache 지시어로 파일 오류를 캐시에 보관할지 여부를 정한다. 이전 설명을 참조하자.

구문: on이나 off

기본값: off

open_file_cache_min_uses

맥락: http, server, location

기본적으로 open_file_cache의 항목은 일정 시간 이상(기본으로 60초) 사용되지 않으면 삭제된다. 하지만 일정 정도 이상 사용된 경우에는 엔진엑스가 캐시 항목을 지우지 못하게 막을 수 있다. 이 지시어는 삭제되지 않게 막으려면 한 항목이 몇 번 사용돼야 하는지 정의한다.

```
open_file_cache_min_uses 3;
```

캐시 항목이 3회 이상 캐시에서 읽혔다면 영구적으로 활성 상태가 되며, 엔진엑스가 공간을 확보하고자 오래된 항목을 제거하기로 결정하지 않는 한 제거되지 않는다.

구문: 숫자 값

기본값: 1

open_file_cache_valid

맥락: http, server, location

열린 파일 캐시 메커니즘은 중요하지만, 캐시된 정보는 금방 쓸모없어진다. 특히 빠르게 움직이는 파일 시스템에서는 그렇다. 이런 이유로 정보는 짧은 시간이 지난 후에 다시 검증돼야 한다. 이 지시어는 엔진엑스가 얼마 후에 캐시 항목을 다시 검증할지 정의한다.

구문: 시간 값(초 단위)

기본값: 60

read_ahead

맥락: http, server, location

read_ahead 지시어는 파일에서 미리 읽어둘 바이트 수를 정의한다. 리눅스 기반 운영체제에서 이 지시어를 0 이상 값으로 설정하면 미리 읽는 기능이 활성화되지만 지정한 실제 숫자는 아무런 영향을 미치지 못한다. 0으로 설정하면 미리 읽는 기능이 비활성화된다.

구문: 크기 값

기본값: 0

기타 지시어

다음은 로그 저장, URI 조합, DNS 등 웹 서버의 다양한 측면과 관련된 지시어다.

log_not_found

맥락: http, server, location

이 지시어는 "404 찾을 수 없음" HTTP 오류를 로그에 남길지 말지 결정한다. favicon.ico나 robots.txt를 찾다가 못 찾는 404 오류로 로그가 가득하다면 이 기능을 끄고 싶을 것이다.

구문: on이나 off

기본값: on

log_subrequest

맥락: http, server, location

내부 경로 재설정[internal redirect]('재작성 모듈' 절을 참고)이나 SSI 요청에 의해 발생된 2차 요청을 요구에 남길지 결정한다.

구문: on이나 off

기본값: off

merge_slashes

맥락: http, server, location

이 지시어를 활성화하면 URI의 연속되는 슬래시 문자를 하나로 합치게 된다. 결과적으로 다음과 같은 상황에 특히 유용하다.

```
server {
    [...]
    server_name website.com;
```

```
    location /documents/ {
        type { }
        default_type text/plain;
    }
}
```

기본적으로 클라이언트가 http://website.com//documents/에 접근한다고 하자(URI 중간에 있는 '//'를 주의하자), 엔진엑스는 "404 찾을 수 없음" HTTP 오류를 반환할 것이다. 이 지시어를 활성화하면 두 슬래시 문자는 하나로 합해지고 이 location 블록의 패턴과 일치하게 된다.

구문: on이나 off

기본값: off

msie_padding

맥락: http, server, location

이 지시어는 마이크로소프트 인터넷 익스플로러MSIE와 구글 크롬 브라우저에서 동작한다. (오류 코드 400 이상) 오류 페이지의 경우 응답 본문의 길이가 512 미만이면 이 브라우저는 자체 오류 페이지를 표시하는데, 종종 서버가 보내주는 정보가 풍부한 페이지가 무용지물이 된다. 이 옵션을 활성화하면 상태 코드가 400이나 그 이하인 응답의 본문이 512바이트가 될 때까지 다른 데이터로 채워진다.

구문: on이나 off

기본값: off

msie_refresh

맥락: http, server, location

또 다른 MSIE 전용 지시어로, HTTP 응답 코드가 "301 영구 이동"과 "302 임시 이동"인 경우에 영향을 미친다. 활성화되면 엔진엑스는 응답 본문에 `refresh` 메타태그(`<meta http- equiv="Refresh"...>`)를 MSIE 브라우저가 동작하는 클라이언트에 보내서 요청한 자원의 새로운 위치로 브라우저가 이동하게 만든다.

구문: `on`이나 `off`

기본값: `off`

resolver

맥락: http, server, location

이 지시어는 엔진엑스가 호스트 이름으로 IP 주소를 찾거나 그 반대 작업을 할 때 사용할 DNS 서버를 지정한다. DNS 질의 결과는 DNS 서버가 제공하는 TTL을 반영하거나 `valid` 인자에 지정된 시간 값에 따라 일정 시간 캐시가 된다.

구문: 하나 이상의 IPv4나 IPv6 주소, `valid=시간 값`, `ipv6=on|off`

기본값: 없음(시스템 기본값)

```
resolver 127.0.0.1;   # 자체 DNS 사용
resolver 8.8.8.8 8.8.4.4 valid=1h;    # 구글 DNS를 사용하고 결과를 1시간 동안 캐시
```

resolver_timeout

맥락: http, server, location

호스트 이름 IP 변환 요청의 제한시간이다.

구문: 시간 값(초 단위)

기본값: 30

server_tokens

맥락: http, server, location

이 지시어로 엔진엑스가 실행되는 버전 정보를 클라이언트에게 알릴지 여부를 정의할 수 있다. 엔진엑스가 자신의 버전 번호를 알리는 상황은 세 가지가 있다.

- HTTP 응답의 서버 헤더 안(nginx/1.8.0처럼). server_tokens를 off로 설정했다면 서버 헤더에는 엔진엑스를 쓴다는 사실만 남을 것이다.
- 오류 페이지, 엔진엑스는 하단에 버전 번호를 표시한다. server_token을 off로 설정하면 오류 페이지 하단에는 엔진엑스만 표시된다.
- build로 설정하면 컴파일 시 --build 스위치에 지정한 값이 노출된다.

구형 엔진엑스를 사용하고 업그레이드를 할 계획이 없다면 보안상 버전 번호를 숨기는 것이 좋다.

구문: on|off|build

기본값: on

underscores_in_headers

맥락: http, server

사용자 정의 HTTP 헤더 이름에 밑줄 부호(_)를 허용할지 여부를 지정하는 지시어다. 지시어가 on으로 설정되면 다음 예의 헤더는 엔진엑스에 유효하다.

```
test_header: value
```

구문: on이나 off

기본값: off

variables_hash_max_size

맥락: http

이 지시어는 변수 해시 테이블의 최대 크기를 정한다. 서버 구성에서 사용되는 변수의 총합이 1024개 이상이라면 이 값을 높여야 한다.

구문: 숫자 값

기본값: 1024

variables_hash_bucket_size

맥락: http

이 지시어로 변수 해시 테이블의 버킷 크기를 설정할 수 있는 지시어다.

구문: 숫자 값

기본값: 64(또는 32 또는 128, 프로세서 캐시 규격에 따라 다름)

post_action

맥락: http, server, location, if

이 post_action 지시어는 요청 처리가 완료된 후에 엔진엑스가 호출하는 URI를 정의한다.

구문: URI나 location 블록 이름

예:

```
location /payment/ {
   post_action /scripts/done.php;
}
```

모듈 변수

HTTP 핵심 모듈은 매우 많은 변수를 갖고 있어서 지시어의 값으로 사용할 수 있다. 소수의 지시어만 변수를 값 정의에 사용할 수 있도록 허용하니 주의하자. 변수를 허용하지 않는 지시어의 값에 변수를 사용하면 아무런 오류 메시지도 표시되지 않는다. 대신 변수 이름이 그대로 문자로 쓰일 뿐이다.

앞으로 설명할 변수에는 서로 다른 세 가지 종류가 있다. 첫 번째 유형은 클라이언트 요청의 헤더로 전송되는 값을 나타낸다. 두 번째 유형은 클라이언트에 보내지는 응답 헤더에 대응된다. 마지막으로 세 번째 유형은 엔진엑스가 생성하는 변수로 구성된다.

요청 헤더

엔진엑스는 클라이언트 요청 헤더에 변수의 형태로 접근하게 해준다. 이를 나중에 구성에 사용할 수 있다.

변수	설명
$http_host	Host HTTP 헤더의 값. 클라이언트가 접근하기 원하는 호스트 이름을 나타내는 문자열이다.
$http_user_agent	User-Agent HTTP 헤더의 값. 클라이언트의 웹 브라우저를 나타내는 문자열이다.
$http_referer	Referer HTTP 헤더의 값. 클라이언트가 마지막으로 방문했던 이전 페이지의 URL을 나타내는 문자열이다.
$http_via	Via HTTP 헤더의 값. 클라이언트가 사용했을 프록시에 대한 정보다.
$http_x_forwarded_for	X-Forwarded-For HTTP 헤더의 값. 클라이언트가 프록시를 거쳐 접근할 경우 실제 클라이언트의 IP 주소다.
$http_cookie	Cookie HTTP 헤더의 값. 클라이언트가 전송한 쿠키 데이터다.
$http_...	그 외의 클라이언트가 보낸 헤더는 $http_ 접두사 뒤에 헤더 이름을 소문자로 바꾸고 '-' 문자는 '_' 문자로 대치한 문자열을 붙여 만든 변수 이름으로 얻을 수 있다.

응답 헤더

비슷한 방식으로, 클라이언트에 보내지는 응답의 HTTP 헤더에 접근할 수 있다. 이 변수는 응답이 전송된 후에만 값을 갖기 때문에 항상 사용 가능한 건 아니다. 예를 들어 로그에 메시지를 기록할 때나 사용할 수 있다.

변수	설명
$sent_http_content_type	Content-Type HTTP 헤더의 값. 전송된 자원의 MIME 타입을 나타낸다.
$sent_http_content_length	Content-Length HTTP 헤더의 값. 응답 본문의 길이를 클라이언트에 알린다.

(이어짐)

변수	설명
$sent_http_location	Location HTTP 헤더의 값, 요구된 자원의 위치가 원래 요청에 지정된 위치와 다를 때 그 위치를 나타낸다.
$sent_http_last_modified	Last-Modified HTTP 헤더의 값, 요청된 자원의 수정된 날짜에 해당한다.
$sent_http_connection	Connection HTTP 헤더의 값, 연결이 유지될 것인지 닫힐 것인지 정의한다.
$sent_http_keep_alive	Keep-Alive HTTP 헤더의 값, 연결이 유지되는 시간을 정의한다.
$sent_http_transfer_encoding	Transfer-Encoding HTTP 헤더의 값, (compress, gzip 같은) 응답 본문 인코딩 방법에 대한 정보를 제공한다.
$sent_http_cache_control	Cache-Control HTTP 헤더의 값, 클라이언트 브라우저가 자원을 캐시해야 할지 여부를 알려준다.
$sent_http_...	그 외의 클라이언트에 보내지는 헤더는 $sent_http_ 접두사 뒤에 헤더 이름을 소문자로 바꾸고 '-' 문자는 '_' 문자로 대치한 문자열을 붙여 만든 변수 이름으로 얻을 수 있다.

엔진엑스 생성

HTTP 헤더 외에도 엔진엑스는 요청, 요청이 처리된 방식과 앞으로 처리돼야 할 방식, 현재 구성에서 사용되는 설정에 관한 많은 변수를 제공한다.

변수	설명
$arg_XXX	GET 메서드의 매개변수를 나타내는 질의 문자열(query string)에 접근한다. XXX는 활용하기 원하는 매개변수의 이름이다.
$args	모든 인자 값이 하나로 합쳐진 형태의 질의 문자열(query string)이다.
$binary_remote_addr	4바이트 이진 데이터 형태의 클라이언트의 IP 주소다.

(이어짐)

변수	설명
$body_bytes_sent	응답의 본문으로 보내진 바이트 수다(응답 헤더는 포함되지 않음).
$bytes_sent	클라이언트에 보내진 바이트 수다.
$connection	연결을 식별하기 위한 일련번호다.
$connection_requests	현재 사용되는 연결로 지금까지 처리된 요청 수다.
$content_length	Content-Length HTTP 헤더와 동일하다.
$content_type	Content-Type HTTP 헤더와 동일하다.
$cookie_XXX	쿠키 값. XXX는 활용하고 싶은 쿠키 매개변수 이름이다.
$document_root	현 요청의 root나 alias 지시어의 값이다.
$document_uri	현 요청의 URI다. 내부 경로 재설정 처리 결과에 따라 원래 받은 요청의 URI와 다를 수 있다. $uri 변수와 동일하다.
$host	요청의 Host HTTP 헤더와 동일한 변수다. 엔진엑스는 요청에 Host 헤더가 없는 상황에 자체 값을 이 변수로 제공한다.
$hostname	서버 컴퓨터의 시스템 호스트명이다.
$https	HTTPS 연결일 때 on, 아니면 빈값이다.
$is_args	$args 변수가 정의됐으면 $is_args는 값이 ?이고, $args가 비었으면 $is_args 역시 빈값이다. 이 변수는 index.phpis_argsargs와 같이 옵션인 질의 문자열로 URI를 만드는 데 사용할 수 있다. 요청의 질의 문자열 인자가 있다면 $is_args는 ? 값이므로 이 URI는 유효하게 된다.
$limit_rate	limit_rate 지시어로 정한 전송률 제한 값이다. (재설정 모듈) set 지시어로 이 변수를 수정할 수 있다. set $limit_rate 128k;
$msec	현재 시간(초 + 밀리초)이다.
$nginx_version	실행 중인 엔진엑스의 버전 번호다.
$pid	엔진엑스 프로세스의 ID다.

(이어짐)

변수	설명
$pipe	현 요청이 한 연결의 여러 요청이 응답 대기 없이 연달아 들어오는 파이프라인(Pipelining)된 요청이라면 "p" 값으로, 아니면 "."으로 설정된다.
$proxy_protocol_addr	listen 지시어의 proxy_protocol 매개변수가 활성화되면 이 변수는 클라이언트 주소 값을 갖게 된다.
$proxy_protocol_port	listen 지시어의 proxy_protocol 매개변수가 활성화되면 이 변수는 클라이언트 포트 값을 갖게 된다.
$query_string	$args와 동일하다.
$remote_addr	클라이언트의 IP 주소다.
$remote_port	클라이언트 소켓의 포트다.
$remote_user	인증을 거쳤다면 클라이언트 사용자명을 반환한다.
$realpath_root	현 요청의 최상위 문서 경로를 심볼릭 링크가 실제 경로로 변환된 상태로 반환한다.
$request_body	클라이언트 요청의 본문, 또는 본문이 비었으면 "-"을 반환한다.
$request_body_file	요청 본문이 저장됐다면 (client_body_in_file_only 지시어 참고) 이 변수는 임시 파일의 경로를 나타낸다.
$request_completion	요청이 완료되면 'OK', 아니면 빈 문자열이다.
$request_filename	현재 요청에서 제공된 전체 파일명이다.
$request_id	임의로 생성된 16바이트 길이의 16진수 요청 고유 ID다.
$request_length	클라이언트 요청의 전체 길이다.
$request_method	GET이나 POST 같은 요청에 사용된 HTTP 메서드다.
$request_time	클라이언트에서 첫 바이트를 읽은 이후로 경과된 시간(초 + 밀리초)이다.
$request_uri	요청의 원래 URI에 해당한다. $document_uri/$uri와 달리 처리 과정에도 수정되지 않고 유지된다.
$scheme	요청에 따라 http나 https를 반환한다.

(이어짐)

변수	설명
$server_addr	서버의 IP 주소다. 이 변수를 사용할 때마다 시스템 호출이 일어나므로 대용량 설정 상황에서 전체 성능에 영향을 미칠 수도 있으니 주의해서 사용해야 한다.
$server_name	요청을 처리하는 중에 사용된 server_name 지시어의 값이다.
$server_port	요청 데이터를 받은 서버 소켓 포트다.
$server_protocol	프로토콜과 버전이다. 보통은 HTTP/1.0이나 HTTP/1.1이다.
$status	응답 상태 코드다.
$tcpinfo_rtt, $tcpinfo_rttvar, $tcpinfo_snd_cwnd, $tcpinfo_rcv_space	운영체제가 TCP_INFO 소켓 옵션을 지원하면 각 변수는 현재 클라이언트 TCP 연결의 정보 값을 갖게 된다.
$time_iso8601, $time_local	각각 ISO 8601과 지역 형식으로 제공되는 access_log 지시어에 쓰일 현재 시간이다.
$uri	$document_uri와 동일하다.

location 블록

엔진엑스가 프로토콜 수준(http 블록)에서 서버 수준(server 블록)과 요청된 URI 수준(location 블록)까지 세 단계에 걸쳐 구성을 세부 조정할 수 있게 열어뒀다고 이미 분명히 밝혔다. 이제 마지막 블록을 자세히 알아보자.

위치 조정 부호

엔진엑스는 location 블록을 정의하면서 요청된 문서의 URI와 비교할 패턴을 지정할 수 있게 해준다.

```
server {
   server_name website.com;
   location /admin/ {
      # http://website.com/admin/에 적용될 구성만 여기에 지정함
   }
}
```

단순히 폴더 이름 대신 복잡한 패턴을 사용할 수 있다. location 블록의 구문은 다음과 같다.

```
location [=|~|~*|^~|@] 패턴 { ... }
```

처음 부분의 생략 가능한 인자는 위치 조정 부호라고 부르는 기호로, 지정된 패턴을 엔진엑스에 적용하는 방법을 정할 뿐 아니라 패턴의 성격(단순 문자열이나 정규식)도 정의한다. 아래는 여러 조정 부호와 그 동작 방식의 명세다.

= 조정 부호

요청된 문서 URI는 반드시 지정된 패턴과 정확히 일치해야 한다. 여기에 쓰이는 패턴은 단순한 문자열이어야 한다. 정규식은 사용할 수 없다.

```
server {
   server_name website.com;
   location = /abcd {
      [...]
   }
}
```

이 location 블록의 구성은 다음과 같이 처리된다.

- http://website.com/abcd에 적용됨(정확히 일치)
- http://website.com/ABCD에 적용될 수 있음(운영체제가 대소문자를 구분하는 파일 시스템을 사용할 때에만 대소문자를 구분)
- http://website.com/abcd?param1¶m2에 적용됨(질의 문자열 인자에 상관없음)
- http://website.com/abcd/에 적용되지 않음(뒤에 붙은 '/' 기호)
- http://website.com/abcde에 적용되지 않음(지정된 패턴 뒤에 글자가 더 있음)

조정 부호 생략

요청된 문서 URI가 지정된 패턴으로 시작해야 한다. 정규식은 사용할 수 없다.

```
server {
   server_name website.com;
   location /abcd {
      [...]
   }
}
```

이 location 블록의 구성은 다음과 같이 처리된다.

- http://website.com/abcd에 적용됨(정확히 일치)
- http://website.com/ABCD에 적용될 수 있음(운영체제가 대소문자를 구분하는 파일 시스템을 사용할 때에만 대소문자를 구분)
- http://website.com/abcd?param1¶m2에 적용됨(질의 문자열 인자에 상관없음)
- http://website.com/abcd/에 적용됨(뒤에 붙은 '/' 기호)
- http://website.com/abcde에 적용됨(지정된 패턴 뒤에 글자가 더 있음)

~ 조정 부호

요청된 URI가 지정된 정규식에 일치하는지 비교하면서 대소문자를 구분한다.

```
server {
   server_name website.com;
   location ~ ^/abcd$ {
      [...]
   }
}
```

이 예제에 사용된 정규식 `^/abcd$`에 따르면 패턴은 반드시 `/`로 시작(^)해야 하며, `abc`로 이어지고 `d`로 끝나야($) 한다. 결국 이 `location` 블록의 구성은 다음과 같이 처리된다.

- http://website.com/abcd에 적용됨(정확히 일치)
- http://website.com/ABCD에 적용되지 않음(대소문자 구분)
- http://website.com/abcd?param1¶m2에 적용됨(질의 문자열 인자에 상관없음)
- 지정된 정규식에 따라 http://website.com/abcd/에 적용되지 않음(뒤에 붙은 '/' 기호)
- 지정된 정규식에 따라 http://website.com/abcde에 적용되지 않음(뒤에 글자가 더 있음)

마이크로소프트 윈도우 같은 운영체제에서는 ~ 과 ~* 모두 대소문자를 구분하지 않는다. 운영체제가 대소문자를 구분하지 않는 파일 시스템을 쓰기 때문이다.

~* 조정 부호

요청된 URI가 지정된 정규식에 일치하는지 비교하면서 대소문자를 구분하지 않는다.

```
server {
   server_name website.com;
   location ~* ^/abcd$ {
      [...]
   }
}
```

예에 사용된 정규식은 이전 예와 비슷하게 사용된다. 결국 이 location 블록의 구성은 다음과 같이 처리된다.

- http://website.com/abcd에 **적용됨**(정확히 일치)
- http://website.com/ABCD에 **적용됨**(대소문자를 구분하지 않음)
- http://website.com/abcd?param1¶m2에 **적용됨**(질의 문자열 인자에 상관없음)
- 지정된 정규식에 따라 http://website.com/abcd/에 **적용되지 않음**(뒤에 붙은 슬래시 '/')
- 지정된 정규식에 따라 http://website.com/abcde에 **적용되지 않음**(뒤에 글자가 더 있음)

^~ 조정 부호

조정 부호가 생략된 경우와 비슷하게 동작한다. 위치 URI가 지정된 패턴으로 시작해야 한다. 패턴이 일치하면 엔진엑스는 다른 패턴을 찾지 않는 것이 차이점이다. 다음 절의 탐색 순서와 우선순위를 읽어보자.

@ 조정 부호

이름이 지정된 location 블록을 정의한다. 외부 클라이언트는 이 블록에 직접 접근할 수 없고 try_files나 error_page 같은 다른 지시어에 의해 생성된 내부 요청만 가능하다.

탐색 순서와 우선순위

서로 다른 패턴으로 다수의 location 블록을 정의할 수 있으므로 엔진엑스가 요청을 받았을 때 일어나는 일을 이해할 필요가 있다. 엔진엑스는 이 요청이 들어오면 해당 URI에 가장 부합하는 location 블록을 찾는다.

```
server {
   server_name website.com;
   location /files/ {
      # "/files/"로 시작하는 모든 요청에 적용됨
      # 예, /files/doc.txt, /files/, /files/temp/
   }
   location = /files/ {
      # 정확히 "/files/"인 요청에 적용됨
      # /files/doc.txt에 적용되지 않음
   }
}
```

클라이언트가 http://website.com/files/doc.txt를 방문하면 첫 location 블록이 적용된다. 하지만 클라이언트가 http://website.com/files/에 방문하면 (첫 번째 블록이 일치함에도) 두 번째 블록이 적용된다. 두 번째 블록이 정확히 일치하므로 첫 블록보다 우선순위가 높기 때문이다.

/files/ 블록을 = /files/ 블록 앞에 뒀지만 구성 파일에 블록을 나열한 순서는 상관이 없다. 엔진엑스는 특정 순서로 일치하는 패턴을 탐색한다.

- **= 조정 부호가 사용된 location 블록**: 요청된 URI와 지정된 문자열이 정확히 일치하면 엔진엑스는 이 location 블록을 후보로 기억한다.
- **조정 부호가 생략된 location 블록**: 요청된 URI가 지정된 문자열로 시작하면 엔진엑스는 이 location 블록을 유지한다.
- **^~ 조정 부호가 사용된 location 블록**: 요청된 URI가 지정된 문자열로 시작하면 엔진엑스는 이 location 블록을 유지한다.
- **~ 또는 ~* 조정 부호가 사용된 location 블록**: 요청된 URI와 정규식이 일치하면 엔진엑스는 이 location 블록을 유지한다.
- **조정 부호가 생략된 location 블록**: 요청된 URI가 지정된 문자열로 시작하면 엔진엑스는 이 location 블록을 유지한다.

이렇게 보면 ^~ 조정 부호가 이해되기 시작한다. 이 조정 부호가 유용한 사례를 살펴보자.

사례 1

단순한 예로 시작해보자.

```
server {
   server_name website.com;
   location /doc {
      [...]     # "/doc"로 시작하는 요청
   }
   location ~* ^/document$ {
      [...]     # 정확히 "/document"와 일치하는 요청
   }
}
```

클라이언트가 http://website.com/document로 요청을 보낼 때 두 location 블록

중 어느 쪽이 적용될 것인지 궁금할 것이다. 사실 두 블록 모두 이 요청에 해당된다. 다시 말하지만 블록이 구성 파일에 등장하는 순서는 상관이 없다. 이 경우 ~* 조정 부호가 우선순위가 높아서 두 번째 location 블록이 적용될 것이다.

사례 2

이제 두 번째 예를 살펴보자.

```
server {
   server_name website.com;
   location /document {
      [...]    # "/document"로 시작하는 요청
   }
   location ~* ^/document$ {
      [...]    # 정확히 "/document"와 일치하는 요청
   }
}
```

클라이언트가 자료를 다운로드하고자 요청을 http://website.com/document에 보낼 때 어떤 일이 일어날지 여전히 의문이 남는다. 여기에 함정이 있다. 첫 블록에 지정된 문자열은 이제 요청된 URI와 정확히 일치한다. 결과적으로 엔진엑스는 첫 번째 블록의 문자열을 정규식보다 선호한다.

상황 3

마지막으로 세 번째 시나리오를 보자.

```
server {
   server_name website.com;
   location ^~ /doc {
```

```
        [...]    # "/doc"로 시작하는 요청
    }
    location ~* ^/document$ {
        [...]    # 정확히 "/document"와 일치하는 요청
    }
}
```

마지막 예에서 ^~ 조정 부호를 사용했다. 클라이언트가 http://website.com/document를 방문할 때 어떤 블록이 적용될 것인가? 첫 번째 블록이 맞다. ^~가 ~*보다 우선하기 때문에 /doc으로 시작하는 모든 URI는 두 번째 블록에 정의된 정규식과 일치하는 URI라고 하더라도 첫 블록에 영향을 받는다.

요약

3장에서는 엔진엑스 HTTP 구성의 핵심 개념을 알아봤다. 먼저 `server` 블록을 선언해 가상 호스트를 만드는 방법을 배웠다. 그리고는 이 블록에 넣을 수 있는 HTTP 핵심 모듈의 지시어와 변수를 알아봤다. 마지막으로 `location` 블록을 운영하는 메커니즘을 이해했다.

웹 서버 구성 작업이 끝났다. 서버는 이제 실제로 웹 사이트를 제공한다. 한 단계 더 들어가서 진짜로 엔진엑스를 강력하게 만드는 모듈을 탐구해보자. 4장에서는 재작성 모듈Rewrite module이나 SSI 모듈 같은 고급 주제를 HTTP 서버의 부가 구성 요소와 함께 다룬다.

04

모듈 구성

엔진엑스의 진정한 위력은 모듈에 있다. 엔진엑스는 모듈화 시스템에 구축됐고 각 모듈은 컴파일할 때 포함하거나 제거할 수 있다. 디렉터리에서 파일 목록을 생성하는 Autoindex 모듈처럼 일부 모듈은 단순한 기능을 제공한다. (재작성 모듈 같은) 다른 모듈은 웹 서버의 인식을 바꾼다. 개발자라면 자신만의 모듈을 제작할 수도 있다. 4장의 뒷부분에서 서드파티 모듈 체계를 간단히 다룬다.

4장에서 다루는 내용은 다음과 같다.

- 재작성 모듈, 단순한 URI 재작성 이상의 것
- SSI 모듈, 서버 스크립트 언어
- 기본 엔진엑스에 포함된 기타 모듈
- 컴파일할 때 선택적으로 포함시킬 수 있는 모듈

- 서드파티 모듈 관련 요약 소개

재작성 모듈

재작성 모듈Rewrite module은 지시어가 몇 개 없지만 그에 비해 매우 많은 기능을 제공한다. 이 모듈은 전혀 새로운 수준에서 요청을 처리한다.

이름 그대로 재작성 모듈은 URL을 재작성하는 것이 목적이다. 이 메커니즘을 사용하면 여러 매개변수가 줄줄이 따라오는 보기 흉한 URL을 제거할 수 있다. 예를 들어 http://example.com/article.php?id=1234&comment=32 같은 URL은 특히 일반 방문자가 보기에 정보도 빈약하고 의미도 없다. 웹 사이트를 가리키는 링크는 유용한 정보를 포함해서 방문자가 방문하려는 페이지의 속성을 잘 드러내게 될 것이다. 예를 들어 보면 http://website.com/article-1234-32-US-economy-strengthens.html과 같을 것이다. 이런 방식은 방문자의 흥미를 끌 뿐 아니라 검색 엔진의 관심도 받게 된다. URL 재작성은 검색 엔진 최적화SEO, Search Engine Optimization의 핵심 요소다.

이 메커니즘을 뒷받침하는 원칙은 단순하다. 클라이언트 요청이 수신된 후 파일을 제공하기 전에 요청 URI를 재작성하는 것이다. 재작성하고 나면 재작성된 URI를 `location` 블록과 비교하면서 해당 요청에 적용할 서버 구성을 찾는다. 이 기법은 앞으로 자세히 설명한다.

정규식 복습

재작성 모듈은 정규식을 어느 정도는 이해해야 사용할 수 있다. URL 재작성은 `rewrite` 지시어로 처리되는데, 이 지시어는 정규식 패턴과 대체 URI를 인자로 받는다.

정규식은 너무나 넓은 주제여서 정규식의 입력과 출력을 설명하려면 책 한 권이 필요할 것이다. 하지만 이제 살펴볼 간단한 설명으로도 이 메커니즘 대부분을 다루는 데 충분하고도 남을 것이다.

목적

먼저 정규식의 목적이 무엇이냐는 질문에 답해야 한다.

주목적은 간단히 말해 문자열이 특정 패턴에 맞는지 확인하는 것이다. 이 패턴은 매우 복잡하고 정밀한 규칙을 정의할 수 있는 특정 언어로 작성됐다.

문자열	패턴	부합 여부	설명
hello	^hello$	O	문자열이 h로 시작하고(^h) e, l, l이 이어지며 o로 끝난다(o$).
hell	^hello$	X	문자열이 h로 시작하고(^h) e, l , l이 이어지지만 o로 끝나지 않았다.
Hello	^hello$	경우에 따라	엔진이 대소문자를 가린다면 이 문자열은 패턴에 부합하지 않는다.

이 개념은 복잡한 패턴을 사용할수록 흥미로워진다. 패턴 `^[A-Z0-9._%+-]+@[A-Z0-9.-]+\.[A-Z]{2,4}$`는 이메일 주소의 유효성을 확인한다. 프로그램으로 이메일 주소가 유효한지 확인하려면 다량의 코드가 필요하지만 패턴이 부합하는지 확인하면 정규식 하나로 충분하다.

PCRE 구문

엔진엑스가 도입한 정규식 구문은 **펄 호환 정규식**PCRE, Perl Compatible Regular Expression 라이브러리가 기원이다. 이 라이브러리는 2장에서 언급한 대로 이 모듈을 비활성화하지 않는 한 엔진엑스를 직접 컴파일하기 전에 미리 준비해야 하는 구성 요소다. PCRE

는 가장 많이 사용되는 형태의 정규식이며, 여기에서 다룰 내용 대부분은 다른 정규식 변종에서도 유효하다.

정규식의 가장 단순한 형태는 문자 하나로 구성된 패턴으로, 예를 들어 x다. 다양한 문자열로 이 패턴에 부합하는지 확인할 수 있다. example이란 문자열은 패턴 x에 부합할까? 그렇다. example이라는 문자열에는 x자가 들어 있다. 특정한 한 문자만 지정해야 하는 것은 아니다. 패턴 [a-z]는 a에서 z 사이의 어떤 문자에도 부합한다. [a-z0-9]처럼 글자와 숫자의 조합도 표현할 수 있다. 따라서 패턴 hell[a-z0-9]에는 hello와 hell4 모두 유효하지만 hell과 hell!에는 부합하지 않는다.

위 패턴에 대괄호 []가 쓰인 것을 봤을 것이다. 대괄호는 메타문자라고 부르는 것의 일부이고, 패턴에 특별한 영향을 미친다. 메타문자는 총 11가지가 있는데, 모두 다른 역할을 수행한다. 만드는 패턴에 메타문자가 쓰인 문자 자체를 포함시키고 싶다면 그 문자 앞에 역슬래시(\)를 두어 이스케이프시켜야 한다.

메타문자	설명
^ 시작	이 문자 뒤에 따르는 패턴 구성 요소가 시작 부분에 있어야 한다. 예: ^h 일치: hello, h, hh(h로 시작하는 모든 문자열) 불일치: character, ssh
$ 끝	이 문자 이전의 패턴 구성 요소가 끝부분에 있어야 한다. 예: e$ 일치: sample, e, file(e로 끝나는 모든 문자열) 불일치: extra, shell
. 모든 문자	모든 문자와 일치한다. 예: hell. 일치: hello, hellx, hell5, hell! 불일치: hell, helo

(이어짐)

<table>
<tr><th>메타문자</th><th>설명</th></tr>
<tr><td>[]
집합</td><td>집합 내 문자 중 하나와 일치한다.
구문: [a-z]는 범위, [abcd]는 문자 집합, [a-z0-9]는 두 범위. 문자 집합에 - 문자를 포함하고 싶다면 [바로 다음이나] 바로 전에 넣어야 한다.
예: hell[a-y123-]
일치: hello, hell1, hell2, hell3, hell-
불일치: hellz, hell4, heloo, he-llo</td></tr>
<tr><td>[^]
부정 집합</td><td>지정한 집합에 포함되지 않은 문자에 일치한다.
예: hell[^a-np-z0-9]
일치: hello, hell!
불일치: hella, hell5</td></tr>
<tr><td>|
또는</td><td>| 문자 앞이나 뒤의 패턴 요소 중 하나에 일치한다.
예: hello|welcome
일치: hello, welcome, helloes, awelcome
불일치: hell, ellow, owelcom</td></tr>
<tr><td>( )
그룹</td><td>여러 패턴 요소를 한 단위로 묶으며, 종종 |로 연결된 형태로 사용된다. 일치하는 문자열을 캡처하기도 하는데, 캡처는 나중에 설명한다.
예: ^(hello|hi) there$
일치: hello there, hi there
불일치: hey there, ahoy there</td></tr>
<tr><td>\
이스케이프</td><td>메타문자를 일반 문자로 인식하도록 이스케이프 처리한다.
예: Hello\.
일치: Hello., Hello. How are you?, Hi! Hello...
불일치: Hello, Hello! how are you?</td></tr>
</table>

수량 표식

아직은 제한된 개수의 문자로 간단한 패턴만 표현할 수 있다. 수량 표식으로 처리할 문자의 수를 확장할 수 있다.

수량 표식	설명
* 없거나 1회 이상	* 앞에 오는 패턴 요소가 없거나 1회 이상 있어야 한다. 예: he*llo 일치: hllo, hello, heeeello 불일치: hallo, ello
+ 1회 이상	+ 앞에 오는 패턴 요소가 1회 이상 있어야 한다. 예: he+llo 일치: hello, heeeello 불일치: hllo, helo
? 없거나 1회	? 앞에 오는 패턴 요소가 없거나 한 번 있어야 한다. 예: he?llo 일치: hello, hllo 불일치: heello, heeeello
{x} x회	{x} 앞에 오는 패턴 요소가 x회 있어야 한다. 예: he{3}llo 일치: heeello, oh heeello there! 불일치: hello, heello, heeeello
{x,} 최소 x회	{x,} 앞에 오는 패턴 요소가 x회 이상 있어야 한다. 예: he{3,}llo 일치: heeello, heeeeeeello 불일치: hllo, hello, heello
{x,y} x회에서 y회까지	{x,y} 앞에 오는 패턴 요소가 x회 이상, y회 이하 있어야 한다. 예: he{2,4}llo 일치: heello, heeello, heeeello 불일치: hello, heeeeello

이미 봤겠지만 정규식의 { } 문자는 엔진엑스 구성 파일 언어 구문의 블록 구분 문자와 충돌한다. 중괄호를 포함한 정규식 패턴을 작성하려면 인용부호로 패턴을 감싸야 한다.

```
rewrite hel{2,}o /hello.php;      # 부적합
rewrite "hel{2,}o" /hello.php;    # 적합
rewrite 'hel{2,}o' /hello.php;    # 적합
```

캡처

정규식 메커니즘의 마지막 특징 하나는 하위 정규식에 해당하는 문자를 캡처하는 기능이다. 두 괄호 ( ) 사이에 위치한 문자는 무엇이든 캡처해서 보관했다가 패턴 일치 절차 후에 사용할 수 있다. 캡처된 문자는 $N 같은 변수의 형태로 사용할 수 있다. 여기서 N은 캡처된 차례로 부여되는 순번이다. 아래 예처럼 캡처되는 지점에 임의의 이름을 지정할 수도 있다. 캡처 과정에서 생성된 변수는 지시어 값에 포함될 수 있다. 다음 예는 이 원칙을 설명한다.

패턴	일치하는 문자열 예	캡처된 문자열
^(hello|hi) (sir|mister)$	hello sir	$1 = hello $2 = sir
^(hello (sir))$	hello sir	$1 = hello sir $2 = sir
^(.*)$	nginx rocks	$1 = nginx rocks
^(.{1,3})([0-9]{1,4})([?!]{1,2})$	abc1234!?	$1 = abc $2 = 1234 $3 = !?
?<이름>과 같은 구문으로 캡처에 이름을 붙일 수 있다. 예: ^/(?<folder>[^/]+)/(?<file>.*)$	/admin/doc	$folder = admin $file = doc

엔진엑스에서 정규식을 location 블록 같은 곳에서 사용하면 캡처한 결과가 버퍼에 보관되므로 뒤따르는 지시어에서 사용할 수 있다.

```
server {
   server_name website.com;
   location ~* ^/(downloads|files)/(.*)$ {
      add_header Capture1 $1;
      add_header Capture2 $2;
   }
}
```

위 코드에서 location 블록은 요청 URI가 정규식에 일치하는지 확인할 것이다. /downloads/file.txt, /files/archive.zip, /files/docs/report.doc 같은 URI가 이 블록에 대응될 것이다. 캡처될 부분은 두 가지다. $1에는 downloads나 files가 저장되고, $2에는 /downloads/나 /files/ 뒤에 따를 어떤 문자열이 저장된다. add_header 지시어는 구문이 add_header 헤더_이름 헤더_값으로(HTTP 헤더 모듈 부분 참고) 순전히 시연 목적으로 임의의 헤더를 클라이언트 응답에 추가하려고 사용됐다.

내부 요청

엔진엑스에서는 외부 요청과 내부 요청을 구분한다. 외부 요청은 클라이언트에서 직접 온 요청이다. 외부 요청의 URI는 일치하는 location 블록에 대응된다.

```
server {
   server_name website.com;
   location = /document.html {
      deny all;   # 예제 지시어
   }
}
```

http://website.com/document.html로 들어오는 클라이언트 지시어는 이 location 블록에 직접 연결된다.

이와 반대로 내부 요청은 엔진엑스에서 특수한 지시어에 의해 발생한다. 기본 엔진엑스 모듈에서 제공되는 지시어에는 내부 요청을 발생시키는 지시어가 여럿인데, error_page, index, rewrite, try_files 외에 첨가 모듈Addition module의 add_before_body, add_after_body, SSI 명령 등이 있다.

내부 요청은 다음 두 가지 유형으로 나뉜다.

- **내부 경로 재설정:** 엔진엑스는 클라이언트 요청을 내부에서 경로를 변경해 처리한다. 원래 URI가 바뀌기 때문에 이 요청은 다른 location 블록에 부합하는 것으로 판단되도록 다른 설정이 적용된다. 내부 요청이 쓰이는 가장 일반적인 경우는 rewrite 지시어가 쓰일 때다. 이 지시어는 요청 URI를 재작성한다.
- **부가 요청:** 원래 요청을 보완할 내용을 생성하고자 내부에서 추가로 새로 만들어지는 요청이 있다. 단순한 예로 첨가 모듈을 들 수 있다. add_after_body 지시어는 원래 URI 후에 특정 URI가 처리되게 할 수 있다. 이렇게 생성된 내부 요청의 결과는 원래 요청의 본문 뒤에 첨가된다. SSI 모듈 역시 include SSI 명령으로 내용을 삽입하는 데 부가 요청을 사용한다.

error_page 지시어

엔진엑스 HTTP 핵심 모듈의 모듈 지시어에서 자세히 설명했던 error_page는 특정 오류 코드가 발생했을 때 서버의 행위를 정의한다. 가장 단순한 형태는 오류 코드에 URI를 적용하는 것이다.

```
server {
   server_name website.com;
   error_page 403 /errors/forbidden.html;
   error_page 404 /errors/not_found.html;
}
```

클라이언트가 (서버에 없는 문서나 파일을 읽어 404 오류가 발생한다거나 하는) 오류 중 하나를 일으키는 URI에 접근하려고 할 때 엔진엑스는 오류 코드에 연관된 페이지를 제공하게 된다. 사실 클라이언트에게 오류 페이지를 전송할 뿐 아니라 사실 새 URI에 따라 전혀 새로운 요청을 일으킨다.

결과적으로 다음 예제와 같이 다른 구성으로 대체된다.

```
server {
   server_name website.com;
   root /var/www/vhosts/website.com/httpdocs/;
   error_page 404 /errors/404.html;
   location /errors/ {
      alias /var/www/common/errors/;
      internal;
   }
}
```

클라이언트가 존재하지 않는 문서를 읽으려할 때 404 오류를 수신한다. 예에서는 `error_page` 지시어를 사용해 404 오류가 발생하면 내부적으로 /errors/404.html로 경로가 재설정되도록 지정했다. 결국 엔진엑스는 /errors/404.html로 새 요청을 생성한다. 이 URI는 `location` 블록 `/errors/`에 대응하게 되고 해당 구성이 적용된다.

경로 변경과 URL 재작성 작업을 할 때는 로그가 특히 유용하다. `error_log` 지시어를 `debug`로 설정했을 때에만 내부 경로 변경에 대한 정보가 로그에 보일 것이다. 필요하면 언제든 `rewrite_log on;`으로 지정해서 `notice` 수준으로 경로 재작성 정보를 로그에 남길 수도 있다.

디버그 로그에서 발췌한 다음 내용이 이 메커니즘을 잘 보여준다.

```
->http request line: "GET /page.html HTTP/1.1"
->http uri: "/page.html"
->test location: "/errors/"
->using configuration ""
->http filename: "/var/www/vhosts/website.com/httpdocs/page.html"
-> open() "/var/www/vhosts/website.com/httpdocs/page.html" failed (2: No such file
or directory), client: 127.0.0.1, server: website.com, request: "GET /page.html
HTTP/1.1", host:"website.com"
->http finalize request: 404, "/page.html?" 1
->http special response: 404, "/page.html?"
->internal redirect: "/errors/404.html?"
->test location: "/errors/"
->using configuration "/errors/"
->http filename: "/var/www/common/errors/404.html"
->http finalize request: 0, "/errors/404.html?" 1
```

location 블록에서 사용된 internal 지시어 덕에 클라이언트가 /errors/ 디렉터리에 접근하지 못하도록 차단된다는 점에 주의하자. 이 location 블록은 내부 경로 재설정을 통해서만 접근이 가능하다.

이 메커니즘은 (색인 모듈 항목에서 자세히 다루는) index 지시어에서도 동일하게 적용된다. 클라이언트의 요청에 파일 경로가 명시되지 않았다면 엔진엑스는 내부 경로를 재설정해서 특정 색인 페이지를 제공하려고 할 것이다.

재작성

error_page 지시어는 사실 재작성 모듈의 일부가 아니지만, 이 모듈의 기능을 자세히 알면 엔진엑스가 클라이언트 요청을 처리하는 방식을 명확히 알 수 있다.

error_page 지시어가 다른 위치로 경로를 재설정하는 방식과 비슷하게 rewrite 지시어로 URI를 재작성하면 내부 경로 재설정이 일어난다.

```
server {
   server_name website.com;
   root /var/www/vhosts/website.com/httpdocs/;
   location /storage/ {
      internal;
      alias /var/www/storage/;
   }
   location /documents/ {
      rewrite ^/documents/(.*)$ /storage/$1;
   }
}
```

http://website.com/documents/file.txt로 들어오는 클라이언트 요청은 처음에 두 번째 **location** 블록(/documents/)에 일치한다. 하지만 이 블록에는 **rewrite** 지시어가 있어 이 URI를 /documents/file.txt에서 /storage/file.txt로 변환한다. 이렇게 URI를 변환하면 요청 처리 과정을 처음부터 다시 시작하며, 새 URI를 처리할 **location** 블록을 새로 찾는다. 이 경우 첫 번째 **location** 블록(/storage/)이 변경된 URI(/storage/file.txt)에 해당한다.

다시 한 번 디버그 로그에서 해당 부분을 찾아보면 이 메커니즘을 자세히 알 수 있다.

```
->http request line: "GET /documents/file.txt HTTP/1.1"
->http uri: "/documents/file.txt"
->test location: "/storage/"
->test location: "/documents/"
->using configuration "/documents/"
->http script regex: "^/documents/(.*)$"
->"^/documents/(.*)$" matches "/documents/file.txt", client: 127.0.0.1, server:
website.com, request: "GET /documents/file.txt HTTP/1.1", host: "website.com"
->rewritten data: "/storage/file.txt", args: "", client: 127.0.0.1, server:
website.com, request: "GET /documents/file.txt HTTP/1.1", host: "website.com"
```

```
->test location: "/storage/"
->using configuration "/storage/"
->http filename: "/var/www/storage/file.txt"
->HTTP/1.1 200 OK
->http output filter "/storage/test.txt?"
```

무한 루프

구문과 지시어가 워낙 다양해서 헛갈리기 쉬운데 안타깝게도 사람뿐 아니라 엔진엑스도 헛갈리게 만들 수 있다. 재작성 규칙이 과하면 내부 경로 재설정이 무한히 반복하는 루프에 빠지는 경우가 그 예다.

```
server {
   server_name website.com;
   location /documents/ {
      rewrite ^(.*)$ /documents/$1;
   }
}
```

문제없다고 생각하지만 이 구성은 사실 내부 경로 재설정을 일으켜서 /documents/로 시작하는 모든 경로를 /documents//documents/로 시작하게 바꾼다. 게다가 location 패턴이 내부 경로 재설정 후 다시 평가되므로, /documents// documents/로 시작되는 경로는 다시 /documents//documents//documents/로 시작하도록 바뀐다.

다음은 디버그 로그에서 해당 부분을 발췌한 내용이다.

```
->test location: "/documents/"
->using configuration "/documents/"
->rewritten data: "/documents//documents/file.txt", [...]
```

```
->test location: "/documents/"
->using configuration "/documents/"
->rewritten data: "/documents//documents//documents/file.txt" [...]
->test location: "/documents/"
->using configuration "/documents/"
->rewritten data: -
>"/documents//documents//documents//documents/file.txt" [...]
->[...]
```

이런 일이 무한하게 일어날까 궁금하겠지만 그렇지 않다. 이 순환 주기는 10회로 제한돼 있다. 내부 경로 재설정은 10회까지만 일어날 수 있다. 이 한계를 넘으면 엔진엑스는 "500 내부 서버" 오류를 발생시킬 것이다.

SSI

SSI[Server Side Include] 모듈도 부가 요청의 근원 중 하나다. SSI은 PHP나 다른 전처리기와 비슷한 방식으로 서버가 클라이언트에 응답을 보내기 전에 문서를 분석하도록 하려는 것이 목적이다.

(예를 들어) 일반 HTML 파일 안에 엔진엑스가 실행할 명령에 해당하는 태그를 삽입할 수 있게 된다.

```
<html>
   <head>
      <!--# include file="header.html" -->
   </head>
   <body>
      <!--# include file="body.html" -->
   </body>
</html>
```

엔진엑스는 이 두 명령을 처리한다. 이 경우 엔진엑스는 header.html과 body.html을 읽어서 해당 내용을 원래 문서에 삽입하고 클라이언트에 전송한다.

여러 명령을 사용할 수 있는데, 자세한 내용은 SSI 모듈 항목에서 다룬다. 지금 당장은 `include` 명령이 궁금할 텐데, 이 명령은 다른 파일에 어떤 파일을 포함시킬 때 사용한다.

```
<!--# include virtual="/footer.php?id=123" -->
```

지정된 파일을 단순히 고정된 위치에서 찾아 읽지 않는다. 부가 요청 전체가 엔진엑스에 의해 처리되며, 이 요청의 본문이 `include` 태그 자리에 대신 삽입된다.

조건부 구조

재작성 모듈에서 제공하는 새로운 지시어와 블록 중에는 `if` 조건부 구조도 있다.

```
server {
   if ($request_method = POST) {
      [...]
   }
}
```

`if` 조건부 구조로 어떤 구성을 특정 조건에서만 적용하게 할 수 있다. 이 조건이 참이면 구성이 적용되고 그렇지 않으면 적용되지 않는다.

다음 표는 조건을 구성할 때 허용되는 다양한 구문을 설명한다.

연산자	설명

None 없음	지정된 변수나 데이터가 빈 문자열이거나 0이 아니라면 조건은 참이다.
	`if ($string) {`
	`  [...]`
	`}`

=, !=	=에 앞선 인자와 뒤따르는 인자가 같으면 이 조건은 참이다. 다음 예는 "request_method가 POST와 같다면 다음 구성을 적용하라"고 읽을 수 있다.
	`if ($request_method = POST) {`
	`  [...]`
	`}`
	!=는 반대로 동작해서 아래는 "요청 메서드가 GET이 아니면 다음 구성을 적용하라"이다.
	`if ($request_method != GET) {`
	`  [...]`
	`}`

~, ~, !~, !~	~ 기호에 선행하는 인자가 그다음에 오는 정규식 패턴과 일치하면 이 조건은 참이다.
	`if ($request_filename ~ "\.txt$") {`
	`  [...]`
	`}`
	~는 대소문자를 구분하지만 ~*는 구분하지 않는다. ! 기호는 정규식 평가 결과를 반대로 만든다.
	`if ($request_filename !~* "\.php$") {`
	`  [...]`
	`}`
	정규식으로 비교 값의 일부를 캡처할 수도 있다.
	`if ($uri ~ "^/search/(.*)$") {`
	`  set $query $1;`
	`  rewrite ^ http://google.com/search?q=$query;`
	`}`

(이어짐)

연산자	설명

-f, !-f	지정된 파일이 있는지 확인한다.
	`if (-f $request_filename) {`
	`  [...]   # 파일이 존재하는 경우`
	`}`
	!-f는 파일이 없는지 확인하는 데 쓰인다.
	`if (!-f $request_filename) {`
	`  [...] # 파일이 존재하지 않는 경우`
	`}`

-d, !-d	-f 연산자와 비슷하게 디렉터리가 있는지 확인하는 데 쓰인다.
-e, !-e	-f 연산자와 비슷하게 파일, 디렉터리, 심볼릭 링크가 있는지 확인하는 데 쓰인다.
-x, !-x	-f 연산자와 비슷하게 파일이 있고 실행 가능한지 확인하는 데 쓰인다.

버전 1.16.1을 기준으로 else나 else if와 유사한 명령은 없다. 하지만 제어 흐름을 제어할 수 있는 다른 지시어가 있다.

어쩌면 if 블록 대신 location 블록을 사용해서 얻는 이득이 뭔지 궁금할 것이다. 진짜로 다음 두 예는 결과가 동일하다.

```
if ($uri ~ /search/) {
   [...]
}

location ~ /search/ {
   [...]
}
```

정확히 말하면 주요 차이점은 각 블록에서 사용할 수 있는 지시어에 있다. 어떤 지시어는 if 블록에서 사용할 수 있지만 어떤 지시어는 쓰지 못한다. 반대로 location 블록에는 지금까지 지시어 목록에서 봤던 것처럼 거의 모든 지시어를 사용할 수 있다. 보통 `if` 블록 안에는 재작성 모듈의 지시어만 넣는 것이 가장 좋다. 애초에 다른 지시어는 염두에 두고 만들지 않았다.

지시어

재작성 모듈은 URI을 재작성하는 것 이상의 지시어를 제공한다. 다음 표에서는 이러한 지시어와 해당 지시어를 사용할 수 있는 맥락을 설명한다.

지시어	설명
`rewrite` 맥락: `server`, `location`, `if`	이전에 다룬 것처럼 `rewrite` 지시어는 현재 요청의 URI를 재작성할 수 있게 한다. 해당 요청은 재작성된 URI에 따라 처리 방식이 바뀐다. 구문: `rewrite` 정규식 대체 [플래그]; 정규식은 URI가 대체되려면 일치돼야 할 패턴이다. 플래그는 다음 값 중 하나를 취한다. • **`last`**: 현재 재작성 규칙이 적용될 규칙 중 마지막이어야 한다. 이 규칙이 적용되고 나면 엔진엑스는 재작성 작업을 끝내고 새 URI를 처리하기 시작하고 대응될 `location` 블록을 찾는다. 그 이상의 재작성 규칙은 무시된다. • **`break`**: 현재 재작성 규칙이 적용되기는 하지만 엔진엑스가 수정된 URI로 새 요청을 처리하지 않는다(일치하는 `location` 블록을 찾지 않는다). 이후의 모든 `rewrite` 지시어는 무시된다. • **`redirect`**: "302 임시 이동" HTTP 응답이 반환된다. 대체된 URI는 `location` 헤더의 값에 사용된다. • **`permanent`**: "301 영구 이동" HTTP 응답이 반환된다. 대체된 URI는 `location` 헤더의 값에 사용된다. • http://로 시작하는 대체 URI를 지정하면 엔진엑스는 자동으로 `redirect` 플래그를 사용한다. • 이 지시어로 처리되는 요청 URI는 호스트 이름과 프로토콜이 빠진 상대 URI이니 주의하자. http://website.com/documents/page.html 같은 요청의 경우 요청 URI는 /documents/page.html이다.

(이어짐)

지시어	설명

	• **디코딩 여부:** http://website.com/my%20page.html 같은 요청에 해당하는 URI는 /my page.html일 것이다. 인코딩된 URI의 %20은 공백 문자를 나타낸다.
	• **인자 포함 여부:** http://website.com/page.php?id=1&p=2 같은 요청의 경우 URI는 /page.php가 된다. 이 URI를 재작성할 때 엔진엑스가 알아서 해주기 때문에 대체 URI에 인자를 포함하도록 신경 쓸 필요가 없다. 재작성된 URI 뒤에 엔진엑스가 인자를 추가하게 하기 싫다면 `rewrite ^/ search/(.*)$ /search.php?q=$1?`처럼 대체 URI 끝에 ? 문자를 추가해야 한다.
	• **예:**
	`rewrite ^/search/(.*)$ /search.php?q=$1;`
	`rewrite ^/search/(.*)$ /search.php?q=$1?;`
	`rewrite ^ http://website.com;`
	`rewrite ^ http://website.com permanent;`

break
맥락: server, location, if
	break 지시어는 더 이상의 rewrite 지시어를 방지하는 데 사용된다. 이 지점 이후에는 URI가 고정돼 변경할 수 없다.
	예:
	`if (-f $uri) {`
	`  break; # 파일이 있으면 재작성 방지`
	`}`
	`if ($uri ~ ^/search/(.*)$) {`
	`  set $query $1;`
	`  rewrite ^ /search.php?q=$query?;`
	`}`
	이 예는 /search/ 키워드 같은 검색 질의를 /search.php?q=키워드로 재작성한다. 하지만 요청된 파일이 존재한다면 (/search/index.html 같이) break 명령 때문에 엔진엑스가 이 URI를 재작성하지 못한다.

(이어짐)

지시어	설명

return
맥락: server, location, if
	요청을 처리하는 것을 중단하고 특정 HTTP 상태 코드나 지정된 문자를 반환한다.
	구문: return 코드 | 문자;
	코드는 상태 코드 204, 400, 402~406, 408, 410, 411, 413, 416, 500~504 중 하나다. 여기에 더해 엔진엑스 고유 코드인 444를 추가적인 응답 헤더나 본문 없이 "HTTP 200 OK" 상태 코드를 반환하게 하는 데 사용할 수 있다.
	코드 대신 응답 본문으로 사용자에게 반환될 문자를 직접 지정할 수 있다. 요청이 특정 location 블록에 잘 들어갔는지 확인할 때 간편하게 사용할 수 있다.
	예:
	`if ($uri ~ ^/admin/) {`
	`  return 403;`
	`  # 엔진엑스가 이미 요청을 처리했으므로`
	`  # 이 아래 명령은 실행되지 않음`
	`  rewrite ^ http://website.com;`
	`}`

set
맥락: server, location, if
	변수를 초기화하거나 다시 정의한다. 어떤 변수는 재정의할 수 없으니 주의하자. 예를 들어 $url의 값은 변경할 수 없게 막혀 있다.
	구문: set $변수이름 값;
	예:
	`set $var1 "some text";`
	`if ($var1 ~ ^(.*) (.*)$) {`
	`  set $var2 $1$2; #이어붙임`
	`  rewrite ^ http://website.com/$var2;`
	`}`

uninitialized_variable_warn 맥락: http, server, location, if	on으로 설정하면 아직 초기화되지 않은 변수를 구성에서 사용할 때 엔진엑스가 로그 메시지를 발행한다. **구문**: on이나 off uninitialized_variable_warn on;

(이어짐)

지시어	설명
rewrite_log 맥락: http, server, location, if	on으로 설정하면 재작성 엔진이 수행하는 모든 동작에 엔진엑스가 notice 오류 수준에서 로그 메시지를 발행한다(error_log 지시어 참고). **구문:** on이나 off **기본값:** off rewrite_log off;

일반 재작성 규칙

이 항목에서는 동적 웹 사이트에서 페이지 링크를 깔끔하게 만들려고 할 때 기본으로 필요한 재작성 규칙을 소개한다. 모든 웹 사이트는 다르므로 당연히 상황에 따라 소개되는 규칙을 조정해서 사용해야 한다.

검색 수행

이 재작성 규칙은 검색 질의에 쓰이는 것으로, 검색 키워드가 URL에 포함된다.

입력 URI	http://website.com/search/검색-키워드
재작성 결과	http://website.com/search.php?q=검색-키워드
재작성 규칙	`rewrite ^/search/(.*)$ /search.php?q=$1?;`

회원 정보 페이지

회원 등록을 받는 동적 웹 사이트 대부분은 회원 정보를 보여주는 페이지를 제공한다. 이런 경우에는 URL에 사용자 ID와 사용자 이름이 모두 포함될 수 있다.

입력 URI	http://website.com/user/31/James
재작성 결과	http://website.com/user.php?id=31&name=James
재작성 규칙	`rewrite ^/user/([0-9]+)/(.+)$ /user.php?id=$1&name=$2?;`

다중 매개변수

일부 웹 사이트는 인자를 슬래시 문자로 구분해서 받거나 하는 식의 일반적이지 않은 형식으로 인자를 받기도 한다.

입력 URI	http://website.com/index.php/param1/param2/param3
재작성 결과	http://website.com/index.php?p1=param1&p2=param2&p3=param3
재작성 규칙	`rewrite ^/index.php/(.)/(.)/(.*)$ /index.php?p1=$1&p2=$2&p3=$3?;`

위키백과 방식

많은 웹 사이트가 위키백과가 소개한 폴더 이름에 이어 글 이름을 나열하는 URL 방식을 도입했다.

입력 URI	http:// website.com/wiki/키워드
재작성 결과	http://website.com/wiki/index.php?title=키워드
재작성 규칙	`rewrite ^/wiki/(.*)$ /wiki/index.php?title=$1?;`

뉴스 웹 사이트 기사

이 URL 구조는 URL이 기사의 내용을 나타내기 때문에 뉴스 웹 사이트에서 자주 채용된다. URL은 기사 ID에 이은 슬래시 문자와 키워드 목록으로 구성된다. 키워드는 보통 무시되고 재작성된 URI에서 제외된다.

입력 URI	http://website.com/33526/us-economy-strengthens
재작성 결과	http://website.com/article.php?id=33526
재작성 규칙	`rewrite ^/([0-9]+)/.*$ /article.php?id=$1?;`

토론 게시판

최신 게시판은 대부분 깔끔한 URL을 사용한다. 다음 예는 주제 ID와 시작 글의 두 매개변수를 받는 주제 화면 URL을 만드는 방식을 보여준다. 이번에도 키워드는 무시된다.

입력 URI	http://website.com/topic-1234-50-some-keywords.html
재작성 결과	http://website.com/viewtopic.php?topic=1234&start=50
재작성 규칙	`rewrite ^/topic-([0-9]+)-([0-9]+)-(.*)\.html$/viewtopic.php?topic=$1&start=$2?;`

SSI 모듈

SSI[Server Side Includes]는 서버 프로그래밍 언어의 일종으로 엔진엑스가 실행한다. 이름에 '포함'을 뜻하는 Include가 들어간 것은 이 언어에서 가장 많이 사용되는 기능이 `include` 명령이기 때문이다. 1990년대에는 클라이언트에서 스크립트가 실행되는 단순한 정적 HTML 파일부터 서버에서 명령을 처리하는 복잡한 페이지에 이르기까지 동적인 웹 페이지를 생성하는 데 이런 언어가 사용됐다. 웹 마스터는 SSI로 HTML 소스코드 중에 서버가 해석하는 지시어를 삽입할 수 있게 됐고, 이는 PHP나 ASP 같이 훨씬 복잡한 전처리기로 발전한다.

가장 유명한 SSI의 사례는 오늘의 명언 사례다. 웹 사이트의 모든 페이지 상단에 매일 새로운 명언을 삽입하려면 웹 마스터는 사이트의 모든 HTML 소스를 수정해서 기존 명언을 수작업으로 갱신해야만 한다. SSI를 사용하면 단 한 줄의 명령만으로 이 작업을 단순하게 만들 수 있다.

```
<html>
<head><title>My web page</title></head>
<body>
   <h1>오늘의 명언: <!--# include file="quote.txt" -->
   </h1>
</body>
</html>
```

명언을 새로 바꾸려면 quote.txt 파일의 내용만 수정하면 된다. 자동으로 모든 페이지에 수정된 명언이 보일 것이다. 오늘날 (아파치, IIS, Lighttpd 등) 대부분의 주요 웹 서버가 SSI를 지원한다.

모듈 지시어와 변수

엔진엑스가 제공하는 파일의 실제 내용에 지시어를 넣는다면 한 가지 해결할 문제가 대두된다. SSI 명령을 처리하려면 엔진엑스가 어떤 파일을 분석해야 할까? (.gif, .jpg, .png 등의) 이미지나 다른 미디어 파일 같은 이진 파일을 분석하는 것은 자원을 낭비할 뿐이다. 이런 파일에는 SSI 명령이 들어있지 않을 것이기 때문이다. SSI 모듈에서 제공하는 지시어를 사용해서 엔진엑스를 올바르게 설정해야 한다.

지시어	설명
ssi 맥락: http, server, location, if	SSI 명령을 처리하고자 파일을 분석한다. 엔진엑스는 ssi_types 지시어로 선택된 MIME 타입과 일치하는 파일만 분석한다. **구문**: on이나 off **기본값**: off ssi on;
ssi_types 맥락: http, server, location	SSI 분석에 적합한 파일의 MIME 타입을 정한다. text/html은 언제나 포함된다. **구문**: ssi_types type1 [type2] [type3...]; ssi_types *; **기본값**: text/html ssi_types text/plain;
ssi_silent_errors 맥락: http, server, location	일부 SSI 명령은 오류를 일으킨다. 이런 경우 엔진엑스는 지시어를 분석하는 중 오류가 발생한 명령 위치에 메시지를 출력한다. 이 옵션을 활성화하면 엔진엑스가 오류가 나도 메시지를 출력하지 않고 조용히 지나간다. **구문**: on이나 off **기본값**: off ssi_silent_errors off;
ssi_value_length 맥락: http, server, location	SSI 명령에는 값을 받는 인자가 있다(예를 들어 <!--# include file="value" -->). 이 지시어는 엔진엑스가 허용할 최대 길이를 정의한다. **구문**: 숫자 값 **기본값**: 256(문자) ssi_value_length 256;
ssi_min_file_chunk 맥락: http, server, location	버퍼의 크기가 ssi_min_file_chunk보다 크다면 데이터를 파일에 저장하고 sendfile 커널 호출을 사용해서 전송한다. 아니면 데이터를 메모리에서 직접 전송한다. 구문: 숫자 값(크기) 기본값: 1,024

(이어짐)

지시어	설명
ssi_last_modified 맥락: http, server, location	on으로 설정하면 엔진엑스는 캐시될 가능성을 높이고자 SSI를 처리하는 동안 원래 응답의 Last-modified 헤더를 보존한다. 기본으로는 응답에 포함된 동적 생성 요소가 수정 날짜가 다르기 때문에 Last-modified 필드를 제거한다. 구문: on이나 off 기본값: off

SSI 엔진의 자원 사용과 관련해 우려할만한 점을 간단히 언급하자면 location이나 server 블록에서 SSI 모듈을 활성화하면 모든 (클라이언트 브라우저에 표시될 거의 모든 페이지인) text/html 파일을 분석하게 된다. 엔진엑스 SSI 모듈이 효율적으로 최적화되긴 했지만 필요 없는 파일은 분석하지 않게 하고 싶을 것이다.

먼저 SSI 명령이 포함된 모든 페이지는 확장자가 .shtml(서버 HTML)이어야 한다. 그리고 location 블록의 구성에서 SSI 엔진을 특정 조건에서만 활성화되게 한다. 제공될 파일이 .shtml로 끝나야만 한다.

```
server {
   server_name website.com;
   location ~* \.shtml$ {
      ssi on;
   }
}
```

이렇게 하면 엔진엑스에 보내지는 모든 HTTP 요청은 부가적인 정규식 패턴 확인 과정을 거쳐야 한다. 반면에 정적인 HTML 파일이나 (.php 같은) 다른 인터프리터에서 처리하는 파일은 불필요하게 분석하지 않는다.

마지막으로, SSI 모듈로 다음 두 가지 변수가 생긴다.

- **$date_local:** 시스템의 시간대에 따른 현재 시간을 반환한다.

- **$date_gmt:** 서버 시간대에 상관없이 GMT 기준의 현재 시간을 반환한다.

SSI 명령

일단 웹 페이지에서 동작할 SSI 엔진이 활성화되면 첫 동적 HTML 페이지를 작성할 준비가 된 것이다. 다시 말하지만 원리는 단순하다. 일반 HTML 코드를 사용해서 웹 사이트의 페이지를 설계하라. 이 페이지 내부에 SSI 명령을 삽입하게 될 것이다.

SSI 명령은 특정 구문을 따르지만, 처음에는 일반 HTML의 주석처럼 보인다. 주석처럼 보이게 함으로써 뜻하지 않게 SSI 분석 기능이 비활성화되더라도 이 SSI 명령은 클라이언트 브라우저에 표시되지 않고 실제 HTML 주석처럼 소스코드에서만 볼 수 있다. 전체 구문은 다음과 같다.

```
<!--# 명령 매개변수1="값1" 매개변수2="값2" ... -->
```

외부 파일 포함

SSI 모듈의 핵심 명령은 분명 include 명령이다. 이 명령은 두 가지 다른 방식으로 사용할 수 있다.

첫째, 단순히 다른 파일을 포함시킬 수 있다.

```
<!--# include file="header.html" -->
```

이 명령은 엔진엑스가 처리할 부가 요청을 생성한다. 생성된 응답의 본문은 include 명령 자리에 대신 삽입된다.

둘째, include virtual 명령을 사용한다.

```
<!--# include virtual="/sources/header.php?id=123" -->
```

이 명령도 서버에 부가 요청을 보낸다. 엔진엑스가 지정한 파일을 가져오는 방법이 다르다(include file을 사용할 때는 wait 매개변수가 자동으로 활성화된다). 사실 include 명령 태그에 넣을 수 있는 매개변수는 두 가지다. 기본적으로 모든 SSI 요청은 병렬로 동시에 발생된다. 이 때문에 서버 부하가 심할 때에는 속도가 늦어지거나 제한시간 내에 처리되지 않을 수 있다. 대신 wait="yes" 매개변수를 사용해서 엔진엑스가 다른 설정 파일을 포함하기 전에 이 요청이 완료되기를 대기하도록 할 수 있다.

```
<!--# include virtual="header.php" wait="yes" -->
```

include 명령의 결과가 빈값이거나 (404, 500 등의) 오류가 발생한다면 엔진엑스는 해당 오류 페이지의 <html>[...]404 Not Found</body></html> 같은 HTML 코드를 그대로 삽입한다. 이 메시지는 include 명령을 삽입한 곳과 정확히 동일한 자리에 표시될 것이다. 이런 동작 방식을 바꾸고 싶다면 블록을 하나 만드는 방법이 있다. include 명령에 이 블록을 연결하면 오류가 발생하는 경우 include 명령 태그의 자리에 블록의 내용이 보일 것이다.

```
<html>
<head><title>SSI Example</title></head>
<body>
<center>
   <h1>Welcome to nginx</h1>
   <!--# block name="error_footer" -->Sorry, the footer file was not found.<!--#
endblock -->
   <!--# include virtual="footer.html" stub="error_footer" -->
</center>
</body>
</html>
```

클라이언트 브라우저에 보이는 결과는 다음과 같다.

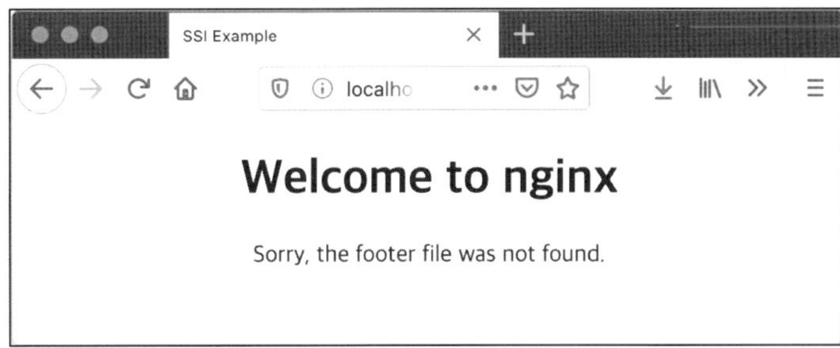

보는 바와 같이 `error_footer` 블록의 내용이 `include` 명령이 있던 `<h1>` 바로 뒤에 삽입됐다.

변수 사용

엔진엑스 SSI 모듈은 변수를 활용할 기회도 제공한다. echo 명령으로 변수를 화면에 표시할 수 있다. 다시 말해 변수의 값을 최종 HTML 소스코드에 삽입한다.

```
<!--# echo var="변수_이름" -->
```

이 명령에는 다음 세 가지 매개변수를 사용할 수 있다.

- **var:** 표시하기 원하는 변수의 이름, 예를 들어 REMOTE_ADDR 변수는 클라이언트의 IP 주소를 표시한다.
- **default:** 변수가 빈값일 때 대신 표시될 문자열이다. 이 매개변수를 지정하지 않으면 (none)이 출력된다.
- **encoding:** 문자열 인코딩 방법이다. 아무런 인코딩도 하지 않을 때는 none, 공백 문자를 %20이 된다거나 하는 식으로 문자열을 URL처럼 인코딩할 때는 `url`, & 문자를 &로 표현하는 식의 HTML 엔티티에는 entity를 지정할 수 있다.

set 명령을 사용해서 원하는 새 변수를 정의할 수도 있다.

```
<!--# set var="새_변수_이름" value="변수의 값" -->
```

value 매개변수에 지정된 값은 SSI 엔진이 해석을 하기 때문에 기존 변수를 사용할 수 있다.

```
<!--# echo var="MY_VARIABLE" -->
<!--# set var="MY_VARIABLE" value="hello" -->
<!--# echo var="MY_VARIABLE" -->
<!--# set var="MY_VARIABLE" value="$MY_VARIABLE there" -->
<!--# echo var="MY_VARIABLE" -->
```

다음은 위 예에서 각 echo 명령을 엔진엑스가 표시한 결과다.

```
(none)
hello
hello there
```

조건부 구조

이제 설명하는 명령으로 조건에 따라 문구를 삽입하거나 다른 지시어를 사용할 수 있다. 조건부 구조의 구문은 다음과 같다.

```
<!--# if expr="expression1" -->
[...]
<!--# elif expr="expression2" -->
[...]
<!--# else -->
[...]
```

```
<!--# endif -->
```

조건식은 다음과 같은 세 가지 다른 방식으로 형성된다.

- **변수 검사:** <!--# if expr="$variable" -->. 재작성 모듈의 if 블록과 비슷하게 변수가 빈값이 아니면 조건은 참이다.
- **두 문자열 비교:** <!--# if expr="$variable = hello" -->. 첫 문자열이 두 번째 문자열과 같으면 조건은 참이다. 첫 문자열과 두 번째 문자열이 달라야 참인 반대 조건을 만들려면 = 대신 !=를 사용하자.
- **정규식 패턴과 일치:** <!--# if expr="$variable = /pattern/" -->. 패턴은 두 / 문자 사이에 둬야 하며, 그렇지 않으면 일반 문자열로 취급된다(예를 들어 <!--# if expr="$MY_VARIABLE = /^/documents//" -->). 문자열 비교 방식과 비슷하게 != 연산자를 부정 조건에 사용한다. 문자열 캡처는 지원하지 않는다.

조건 블록 안에는 정규 HTML 코드나 if를 제외한 추가 SSI 지시어를 넣을 수 있다. if 블록은 중첩이 허용되지 않는다.

config 명령

마지막은 엔진엑스가 제공하는 SSI 명령 중 가장 쓸 일이 적은 config 명령이다. 이 명령으로 두 가지 단순한 매개변수를 구성할 수 있다.

먼저 SSI 엔진이 잘못된 태그나 유효하지 않은 식을 발견했을 때 표시할 메시지다. 기본적으로 엔진엑스는 [an error occurred while processing the directive]라고 표시한다. 다른 문구를 표시하고 싶다면 다음과 같이 입력한다.

```
<!--# config errmsg="뭔가 끔찍한 일이 일어났음" -->
```

여기에 더해 timefmt 매개변수를 사용해서 $date_local과 $date_gmt 변수로 얻는 날짜의 형식도 바꿀 수 있다.

```
<!--# config timefmt="%A, %d-%b-%Y %H:%M:%S %Z" -->
```

이 매개변수에 지정하는 문자열은 strftime C 함수의 형식 문자열과 같다. 이 인자에 사용할 수 있는 형식 문자열의 더 자세한 정보는 C 언어의 strftime 함수 문서를 참조하자(http://www.opengroup.org/onlinepubs/009695399/functions/strftime.html).

부가 모듈

4장의 처음 절반은 가장 중요한 두 가지 엔진엑스 모듈인 재작성 모듈과 SSI 모듈을 다뤘다. 엔진엑스에는 이 외에도 웹 서버의 기능을 풍부하게 하는 모듈이 많다. 이런 모듈을 주제별로 분류했다.

앞으로 설명할 모듈 중 어떤 것은 엔진엑스에 기본으로 포함되지만 어떤 것은 그렇지 않다. 이는 엔진엑스를 컴파일할 때 (1장에서 설명한 것처럼) 따로 이들을 포함하도록 구성하지 않으면 사용할 수 없다는 뜻이다. 하지만 부가 모듈을 포함하도록 엔진엑스를 재구축하는 작업은 상대적으로 빠르고 쉽다.

웹 사이트 접근 제어와 로그

다음 모듈은 방문자가 웹 사이트에 접근하는 방법과 서버가 요청을 로그에 남기는 방법을 구성하게 해준다.

색인 모듈

색인[Index] 모듈은 index라는 단순한 지시어를 제공한다. 이 지시어는 클라이언트 요청에 파일명이 명시돼 있지 않으면 엔진엑스가 기본으로 제공할 페이지를 정의하는 데 사용할 수 있다. 하나 이상의 파일명을 지정할 수 있는데, 이 파일 중 가장 먼저 발견되는 파일이 제공된다. 지정된 파일 중 아무 파일도 찾지 못하면 엔진엑스는 자동으로 파일 색인을 생성해서 제공하거나 "403 접근 금지" 오류를 반환한다.

선택적으로 (/page.html처럼) 파일명을 절대 경로로 넣을 수 있지만 이 지시어의 마지막 인자여야 한다.

구문: `index 파일1 [파일2...] [절대_경로_파일];`

기본값: `index index.html`

```
index index.php index.html index.htm;
index index.php index2.php /catchall.php;
```

index 지시어는 http, server, location 블록에서만 유효하다.

자동 색인 모듈

엔진엑스는 요청된 디렉터리의 색인 페이지를 제공할 수 없을 때 기본으로 "403 접근 금지" HTTP 오류 페이지를 반환하도록 동작한다. 다음 지시어는 요청된 디렉터리에 있는 파일의 목록을 자동으로 생성하게 한다.

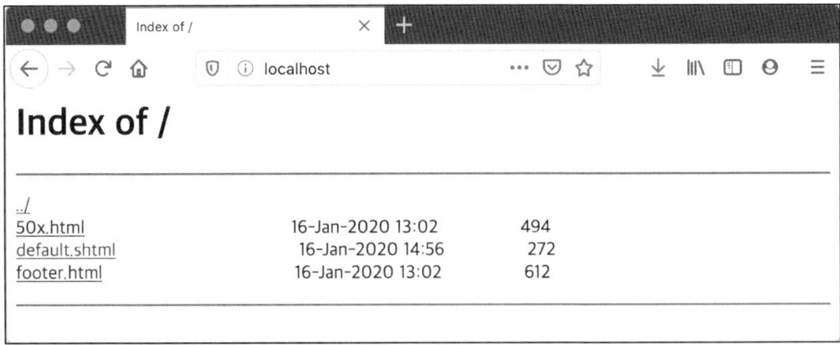

파일마다 세 가지 정보인 파일명, 날짜와 시간, 바이트 크기가 각 열에 표시된다.

지시어	설명
autoindex 맥락: http, server, location	색인 페이지가 없을 때 디렉터리 파일 목록을 자동으로 생성하는 기능을 끄거나 켠다. **구문**: on이나 off
autoindex_exact_size 맥락: http, server, location	on으로 설정하면 이 지시어는 목록에서 파일 크기를 바이트로 표시한다. off로 설정하면 KB, MB, GB 같은 다른 단위가 사용된다. **구문**: on이나 off **기본값**: on
autoindex_localtime 맥락: http, server, location	기본적으로 이 지시어는 off로 설정해서 목록에 보이는 파일의 날짜와 시간을 GMT 시간으로 표시하게 한다. 이 값을 on으로 설정하면 시간대가 고려되지 않은 서버의 지역 시간이 사용된다. **구문**: on이나 off **기본값**: off
autoindex_format 맥락: http, server, location	엔진엑스는 다양한 형태로 디렉터리 색인을 제공한다. **구문**: autoindex_format html | xml | json | jsonp; 지시어 값을 jsonp로 설정하면 엔진엑스는 JSONP 콜백으로 callback 질의 인자 값을 삽입한다. 작성하는 스크립트가 다음 URI처럼 callback 매개변수를 사용해 호출해야 한다. /folder/?callback=콜백_함수_이름

무작위 색인 모듈

이 모듈은 random_index 지시어 하나를 활성화한다. 이 지시어는 location 블록에서 사용할 수 있으며, 지정된 디렉터리의 파일 중에서 무작위[Random]로 선택해서 색인 페이지를 만들어 반환한다.

이 모듈은 엔진엑스를 컴파일할 때 기본적으로 포함되지 않는다.

구문: on이나 off

로그 모듈

이 모듈은 엔진엑스가 접근 로그[access log]를 다루는 동작 방식을 제어한다. 로그 모듈은 시스템 관리자에게는 핵심 모듈이다. 웹 애플리케이션이 어떤 식으로 실행되는지 분석할 수 있기 때문이다.

지시어	설명
access_log 맥락: http, server, location, (location 내) if, limit_except	이 매개변수는 접근 로그 파일 경로를 정한다. 템플릿 이름을 지정해 접근 로그 항목의 형식을 정할 수도 있으며, 접근 로그를 비활성화할 수도 있다. **구문**: access_log 경로 [format [buffer=크기]] | off; 몇 가지 지시어 구문 관련 유의 사항은 다음과 같다. • access_log off는 현 수준에서 접근 로그를 비활성화하는 데 쓴다. • 형식 인자는 앞으로 설명할 log_format 지시어로 선언한 템플릿에 대응한다. • 형식 인자가 지정되지 않으면 기본 형식인 combined가 사용된다. • 파일 경로에 변수를 사용할 수 있다.

(이어짐)

지시어	설명
log_format 맥락: http, server, location	접근 로그의 항목에 포함될 내용을 서술하는 식으로 access_log 지시어에서 활용할 템플릿을 정의한다. **구문**: log_format 템플릿_이름 [escape=default|json|none] 형식; 기본 템플릿의 명칭은 combined이며 다음 예에 해당한다. log_format combined '$remote_addr - $remote_user [$time_local] '"$request" $status $body_bytes_sent '"$http_referer" "$http_user_agent"'; # 다른 예 log_format simple '$remote_addr $request'; escape 매개변수는 문자 이스케이핑을 json이나 default 중 하나로 설정하는 데 사용된다. 사용하는 로그 형식에 맞춰 값을 지정하자.
open_log_file_cache 맥락: http, server, location	로그 파일 서술자(log file descriptors)용 캐시를 구성한다. 추가 정보는 HTTP 핵심 모듈의 open_file_cache 지시어를 참고하자. **구문**: open_log_file_cache max=숫자 [inactive=시간] [min_uses=숫자] [valid=시간] | off; 인자는 open_file_cache나 다른 관련 지시어와 비슷하다. 차이라면 이 지시어는 접근 로그 파일에만 적용된다는 점이다.

로그 모듈에서 로그를 남길 때 다음과 같은 몇 가지 새로운 변수를 사용할 수 있다.

- **$connection:** 연결 번호
- **$pipe:** 파이프라인으로 처리되는 요청일 경우 "p" 값이 되는 변수
- **$time_local:** 지역 시간(로그를 남기는 시점)
- **$msec:** 1/1000초 단위로 표현된 지역 시간(로그를 남기는 시점)
- **$request_time:** 요청을 처리한 총 시간, 1/1000초 단위
- **$status:** 응답 상태 코드
- **$bytes_sent:** 클라이언트에 전송된 총 바이트 수
- **$body_bytes_sent:** 클라이언트에 전송된 응답에서 헤더를 제외한 데이터 자체의 총 바이트 수

- **$apache_bytes_sent:** $body_bytes와 비슷하며 아파치 mod_log_config의 매개변수 %B에 해당
- **$request_length:** 요청으로 수신된 데이터 자체의 크기

제한과 제약

여기서 다루는 모듈로 웹 사이트의 문서에 접근할 때 일정한 제한을 줄 수 있다. 사용자에게 인증을 하게 하거나, 규칙에 부합하는지 확인하거나, 단순히 특정 방문자가 접근하지 못하게 막거나 하는 식이다.

auth_basic 모듈

auth_basic 모듈은 기본 인증 기능을 제공한다. 이 모듈의 두 지시어를 사용해서 웹 사이트나 서버의 특정 위치를 사용자 이름과 비밀번호로 인증한 사용자만 사용하게 제한할 수 있다.

```
location /admin/ {
   auth_basic "Admin control panel"; # 변수 사용 가능
   auth_basic_user_file access/password_file;
}
```

첫 번째 지시어 auth_basic에는 off나 메시지 문구를 지정할 수 있다. 이 문구는 흔히 인증 시도authentication challenge나 인증 영역authentication realm이라고 부른다. 이 메시지는 클라이언트가 인증이 필요한 자원에 접근하려고 할 때 웹 브라우저의 사용자 번호/비밀번호 입력 창에 표시된다.

두 번째 지시어 auth_basic_user_file은 비밀번호가 저장된 파일의 경로를 정하는데, 이 경로는 구성 파일의 디렉터리에 대한 상대 경로다. 비밀번호 파일은 각

줄마다 사용자_이름:[{해싱_방법}]비밀번호[:주석]의 구문을 따른다. 각 항목의 의미는 다음과 같다.

- **사용자_이름**: 평문으로 된 사용자 이름
- **{해싱_방법}**: 선택 항목이며 비밀번호 해싱 방법(scheme)을 나타낸다. 현재 다음 세 가지를 지원한다.
    - {PLAIN}은 평문 비밀번호
    - {SHA}은 SHA-1 해싱
    - {SSHA}은 SHA-1 해싱에 솔트salt를 더해서 보안 강도를 너 높인 방법
- **비밀번호**: 비밀번호
- **주석**: 임의의 목적으로 적는 평문 설명

해싱 방법을 지정하지 않으면 비밀번호는 crypt(3) 함수로 암호화해야 한다. 아파치 패키지에 포함된 htpasswd 명령행 유틸리티를 사용해서 crypt로 암호화할 수 있다.

단지 htpasswd 도구 때문에 아파치를 시스템에 설치하는 열정을 보이고 싶지 않다면 온라인에서 사용할 수 있는 도구가 많으니 이를 사용할 수도 있다. 자주 쓰는 검색 엔진을 실행하고 "online htpasswd"라고 입력해보라.

접근 모듈

allow와 deny라는 두 가지 중요한 지시어가 접근Access 모듈을 통해 제공된다. 이 지시어로 특정 IP 주소나 IP 주소 범위에서 자원에 접근하도록 허가하거나 거절할 수 있다.

두 지시어 모두 구문이 allow IP | CIDR | unix: | all과 같은 식이다. IP는 IP 주소, CIDR은 IP 주소 범위(CIDR 표현 방식), unix:는 유닉스 도메인 소켓, all은 지시

어가 모든 클라이언트에 적용됨을 지정한다.

```
location {
    allow 127.0.0.1;    # 로컬 IP 주소를 허용
    allow unix:;        # 유닉스 도메인 소켓을 허용
    deny all;           # 모든 IP 주소 차단
}
```

규칙들이 위에서 아래로 처리된다는 점에 주의하자. 첫 명령이 deny all이면 그 뒤에 따르는 모든 allow 예외 조건이 아무런 효력도 발휘하지 못한다. 그 역도 마찬가지인데, allow all로 시작하면 그 후에 적힌 모든 deny 지시어는 이미 모든 IP 주소를 허용했기 때문에 무효가 된다.

접속 제한 모듈

이 모듈의 처리 구조는 정규식 모듈보다 좀 더 복잡하다. 이 모듈은 특정 구역[zone]별로 서버 최대 동시 접속 수를 정하게 해준다.

첫 단계는 limit_conn_zone 지시어로 구역을 정의하는 것이다.

- **지시어 구문**: limit_conn_zone $변수 zone=이름:크기;
- **$변수**: 한 고객을 다른 고객과 구분하는 데 사용될 변수로 주로 클라이언트의 IP 주소를 이진 형식으로 갖고 있어서 아스키 형식보다 효율이 좋은 $binary_remote_addr을 사용
- **이름**: 지정하는 구역에 부여할 임의의 이름
- **크기**: 세션 상태를 보관하고자 할당할 저장 공간의 최대 크기

다음은 클라이언트 IP 주소로 구역을 정의한 예다.

```
limit_conn_zone $binary_remote_addr zone=myzone:10m;
```

이제 구역을 정의했으니 limit_conn으로 접속 수를 제한한다.

```
limit_conn 구역_이름 접속_제한;
```

이전 예에 적용해보면 다음과 같다.

```
location /downloads/ {
   limit_conn myzone 1;
}
```

결국 같은 $binary_remote_addr을 공유하는 요청은 동시에 한 접속만 허용하는 제한의 대상이 된다. 제한 수준에 도달하면 부가되는 동시 접속은 "503 서비스 사용 불가" HTTP 응답을 받게 된다. 이 응답 코드는 limit_conn_status 지시어에 지정한 다른 코드로 대체할 수 있다. 설정한 한계에 제한된 클라이언트 응답을 로그에 남기고 싶다면 limit_conn_log_level 지시어로 로그 수준(info|notice|warn|error)을 지정한다.

요청 제한 모듈

비슷한 방식으로 요청 제한 모듈은 정의된 구역에 요청 수를 제한할 수 있게 해준다.

구역은 limit_req_zone 지시어로 정의한다. 이 지시어의 구문은 limit_conn_zone 지시어와 다르다

```
limit_req_zone $변수 zone=이름:최대_메모리_크기 rate=비율;
```

이 지시어의 매개변수는 뒤에 붙은 초당 또는 분당 요청 횟수를 나타내는 rate를 제외하고는 동일하다. 이 매개변수는 특정 구역에서 클라이언트에 적용될 시간당 요청 횟수를 정한다. 구역을 위치에 적용하는 데에는 limit_req 지시어를 쓴다.

```
limit_req zone=이름 burst=허용_초과_요청 횟수 [nodelay|delay=숫자];
```

burst 매개변수는 최대 허용 초과 요청 횟수를 정한다. 구역에 정의된 시간당 요청 횟수 한도를 초과해서 요청이 수신되면 한도를 충족시키고자 요청을 지연하게 된다. 어느 정도까지는 burst 매개변수의 값만큼만 동시에 받아들여질 것이다. burst 값을 넘는 요청은 엔진엑스가 "503 서비스 사용 불가" 오류 응답을 반환한다. 이 응답 코드는 limit_req_status 지시어에 다른 코드를 지정해서 변경할 수 있다.

지연을 원하지 않으면 nodelay 옵션을 지정하고, 일정 수 이후로 지연시키고 싶으면 한도를 delay에 지정한다.

```
limit_req_zone $binary_remote_addr zone=myzone:10m rate=2r/s;
[...]
location /downloads/ {
   limit_req zone=myzone burst=10;
   limit_req_status 404; # 한도를 초과하면 404 오류를 반환
}
```

지정한 한도의 영향을 받은 클라이언트 요청을 로그에 남기고 싶다면 limit_req_log_level 지시어를 사용해서 로그 수준(info|notice|warn|error)을 지정한다.

auth_request 모듈

auth_request 모듈은 최근 엔진엑스에 도입됐고 부가 요청의 결과에 따라 자원 접근을 허락할지 거부할지 결정할 수 있게 해준다. 엔진엑스는 auth_request 지시

어에 지정한 URI를 호출해서 이런 부가 요청이 2XX 응답 코드(정확히는 HTTP/200 OK)를 반환하면 접근을 허용한다. 부가 요청이 401이나 403 상태 코드를 반환하면 접근이 거부되고 엔진엑스는 해당 응답 코드를 클라이언트에 전달한다. 뒷단에서 다른 응답 코드가 반환되면 엔진엑스는 이를 오류로 간주하고 자원 접근을 불허한다.

```
location /downloads/ {
    # 스크립트가 200 상태 코드를 반환하면
    # 자료를 다운로드하도록 허용한다.
    auth_request /authorization.php;
}
```

이 모듈은 auth_request_set이라는 두 번째 지시어를 제공함으로써 부가 요청이 수행된 후에 변수 값을 설정할 수 있게 해준다. 부가 요청에서 기인하는 $upstream_http_server나 다른 서버 응답의 HTTP 헤더 값을 $upstream_http_* 형태의 변수로 삽입할 수 있다.

```
location /downloads/ {
    # PHP 스크립트로 인증 요청
    auth_request /authorization.php;

    # 인증이 허용됐다고 가정하고, 부가 요청 응답 헤더에서
    # 파일명을 취해 경로를 재설정한다.
    auth_request_set $filename "${upstream_http_x_filename}.zip";
    rewrite ^ /documents/$filename;
}
```

콘텐트와 인코딩

다음의 각 모듈은 클라이언트에 전송되는 콘텐트에 영향을 주는 기능을 제공한다. 응답이 인코딩되는 방식을 수정하거나, 헤더에 영향을 미치거나, 응답을 완전히 새로 생성하기도 한다.

빈 GIF

이 모듈의 목적은 1 × 1 크기의 투명한 GIF 이미지를 메모리에서 전송하는 지시어를 제공하는 것이다. 이런 파일은 웹 디자이너가 웹 사이트를 조작할 때 종종 사용한다. 이 지시어로 저장 공간에서 실제 GIF 파일을 읽어 처리하는 대신 메모리에서 직접 빈 GIF를 얻을 수 있다.

이 기능을 활용하려면 `empty_gif` 지시어를 원하는 `location` 블록에 삽입하기만 하면 된다.

```
location = /empty.gif {
   empty_gif;
}
```

FLV와 MP4

FLV와 MP4는 별도 모듈로 플래시(FLV)나 MP4 비디오 파일을 제공할 때 유용하게 쓰일 수 있는 단순한 기능을 활성화한다. 이 모듈은 요청의 `start`라는 특별한 인자를 분석하는데, 이 인자는 클라이언트가 다운로드하거나 스트리밍하기 원하는 부분의 시작 위치를 나타낸다. 따라서 이 비디오 파일은 `video.flv?start=XXX` 같은 URI로 접근해야 한다. 이 매개변수는 JWPlayer 같은 유명한 비디오 재생기가 자동으로 보내준다.

이 모듈은 엔진엑스가 컴파일될 때 자동으로 포함되지 않는다.

이 기능을 활용하려면 flv나 mp4 지시어를 선택된 location 블록에 삽입하기만 하면 된다.

```
location ~* \.flv {
   flv;
}

location ~* \.mp4 {
   mp4;
}
```

엔진엑스가 비디오 파일에서 요청된 위치를 찾지 못한 경우에는 주의해야 한다. "500 내부 서버" 오류 HTTP 응답이 요청 결과로 반환될 것이다. JWPlayer는 종종 이 오류를 잘못 해석해서 비디오를 찾을 수 없다는 문구를 표시한다.

HTTP 헤더

이 모듈이 소개하는 두 지시어는 클라이언트에 보내는 응답의 헤더에 영향을 미친다.

먼저 add_header 이름 값 [always]는 응답 헤더에 새로운 줄을 추가할 수 있게 해준다. 추가되는 헤더의 구문은 이름: 값 같은 식이다. 이 헤더는 응답 코드가 200, 201, 204, 301, 302, 304일 때만 추가된다. 값 인자에는 변수를 사용할 수 있다. 지시어 값의 끝에 always를 명기하면 새 헤더가 응답 코드와 상관없이 언제나 추가된다.

add_trailer는 add_header와 거의 같지만 헤더가 아닌 응답 뒤에 필드를 더한다.

여기에 더해 expires 지시어는 클라이언트에 전송될 Expires와 Cache-Control HTTP 헤더의 값을 제어할 수 있게 해준다. 이 지시어도 앞에 나열한 코드의 응답에 영향을 미친다. 값은 다음 중 하나만 받는다.

- **off:** 두 헤더 모두 그대로 둔다.
- **시간 값:** 파일의 만기일이 현재 시간에 지정한 시간을 더해서 지정된다. 예를 들어 expires 24h는 만기일을 지금 시간에 24시간을 더한 시간으로 반환할 것이다
- **epoch:** 파일의 만기일이 1970년 1월 1일로 설정된다. Cache-Control 헤더는 no-cache로 된다.
- **max:** 파일의 만기일이 2037년 12월 31일이 된다. Cache-Control 헤더는 10년으로 된다.

첨가 모듈

이 첨가Addition 모듈은 단순한 지시어를 통해 HTTP 응답의 본문 앞이나 뒤에 내용을 추가할 수 있게 해준다.

이 모듈은 엔진엑스가 컴파일될 때 자동으로 포함되지 않는다.

두 가지 주요 지시어는 다음과 같다.

```
add_before_body file_uri;
add_after_body file_uri;
```

앞에서 언급했듯이 엔진엑스는 지정된 URI의 내용을 얻고자 부가 요청을 발생시킨다. location 블록의 패턴이 충분히 구체적이지 않을 경우 내용이 추가될 파일의

유형을 정의할 수도 있다. 기본 파일 유형은 text/html이다.

```
addition_types mime_type1 [mime_type2...];
addition_types *;
```

대체 모듈

앞의 첨가 모듈과 같은 선상에서 이 대체Substitution 모듈은 응답 본문에서 직접 문자를 찾아 바꿀 수 있게 해준다. 한 블록에서 여러 번 사용할 수 있다.

```
sub_filter 찾을_문자 바꿀_문자;
```

찾을 문자에 변수를 쓸 수 있다.

이 모듈은 엔진엑스가 컴파일될 때 자동으로 포함되지 않는다.

다양한 상황에 대응하게 다음과 같은 두 가지 추가 지시어가 제공된다.

- **sub_filter_once(on이나 off, 기본값 on)**: 문자를 한 번만 교체하고 첫 번째 문자를 발견한 후에는 더 이상 찾지 않는다.
- **sub_filter_types(기본값 text/html)**: 문자를 교체할 대상이 될 MIME 타입을 추가한다. 와일드카드 문자(*)가 허용된다.

GZip 필터

이 모듈은 클라이언트에 전송하기 전에 Gzip 알고리즘으로 응답의 본문을 압축할 수 있게 한다. GZip 압축을 하려면 gzip 지시어를 http, server, location 블록에 사용하면 된다. if 수준에도 사용할 수는 있지만 권장하지 않는다. 다음은 추가로 이 필터 옵션을 구성하는 데 도움이 되는 지시어들이다.

지시어	설명
gzip_buffers 맥락: http, server, location	압축된 응답을 저장하는 데 사용될 버퍼의 개수와 크기를 정의한다. **구문:** gzip_buffers 버퍼 수 크기; **기본값:** gzip_buffers 4 4k(OS에 따라 8k)
gzip_comp_level 맥락: http, server, location	GZip 알고리즘의 압축 정도를 정한다. 압축 정도로 지정할 값의 범위는 1(압축률은 낮지만 빠름)에서 9(압축이 많이 되지만 느림)까지다. **구문:** gzip_comp_level 숫자; **기본값:** 1
gzip_disable 맥락: http, server, location	요청의 User-Agent HTTP 헤더가 지정된 정규식과 일치할 경우 GZip 압축을 비활성화한다. **구문:** gzip_disable 정규식 **기본값:** 없음
gzip_http_version 맥락: http, server, location	특정 프로토콜 버전(1.0 또는 1.1)에서 Gzip 압축을 활성화한다. **구문:** gzip_http_version HTTP_버전; **기본값:** 1.1
gzip_min_length 맥락: http, server, location	응답 본문의 길이가 지정된 값보다 작으면 압축을 하지 않는다. **구문:** gzip_min_length 크기; **기본값:** 0
gzip_proxied 맥락: http, server, location	프록시에서 받은 응답의 본문을 Gzip으로 압축할지 여부를 결정한다. 역프록시(reverse proxy) 메커니즘은 나중에 설명한다. 이 지시어에 다음 매개변수를 사용할 수 있으며, 일부는 조합할 수도 있다. • **off/any:** 모든 요청을 압축할지 여부를 결정 • **expired:** Expires 헤더가 캐싱을 하지 않게 돼 있다면 압축을 활성화 • **no-cache/no-store/private:** Cache-Control 헤더가 no-cache나 no-store, 또는 private으로 설정됐으면 압축을 활성화 • **no_last_modified:** Last-Modified 헤더가 없는 경우에 압축을 활성화 • **no_etag:** ETag 헤더가 없을 경우에 압축을 활성화 • **auth:** Authorization 헤더가 있으면 압축을 활성화

(이어짐)

지시어	설명
gzip_types 맥락: http, server, location	기본 MIME 타입인 text/html 외의 다른 타입에 압축을 활성화한다. 구문: gzip_types mime_타입1 [mime_타입2...]; gzip_types *; 기본값: text/html(비활성화할 수 없음)
gzip_vary 맥락: http, server, location	Vary: Accept-Encoding HTTP 헤더를 응답에 추가한다. 구문: on이나 off 기본값: off

정적 Gzip

이 모듈은 Gzip 필터 메커니즘에 간단한 기능을 추가한다. **gzip_static** 지시어가 활성화되면 엔진엑스는 요청된 문서를 제공하기 전에 자동으로 그에 상응하는 .gz 파일을 찾는다. 이를 통해 엔진엑스는 요청이 올 때마다 문서를 압축하는 대신 미리 압축된 파일을 전송할 수 있게 된다. **always** 인자가 지정해서 엔진엑스에게 클라이언트가 **gzip** 인코딩을 받을 수 있든 말든 상관없이 **gzip** 버전을 제공하게 할 수 있다.

이 모듈은 엔진엑스가 컴파일될 때 자동으로 포함되지 않는다.

클라이언트가 **/디렉터리/페이지.html**를 요청하면 엔진엑스는 **/디렉터리/페이지.html.gz** 파일이 있는지 확인한다. .gz 파일을 찾으면 클라이언트에 전송한다. 엔진엑스는 요청된 파일을 전송한 후라도 직접 .gz 파일을 생성하지는 않는다.

gzip 압축 해제 필터

Gunzip 필터 모듈을 사용하면 뒷단의 서버에서 gzip으로 압축된 응답을 전송받아도 클라이언트에게는 압축되지 않은 그대로 데이터를 제공할 수 있다. 예를 들어 (마이크로소프트 인터넷 익스플로러 6 같이) 클라이언트 브라우저가 gzip으로 압축된 파일을 처리하지 못할 때는 이 모듈을 사용할 location 블록에 gunzip on;을 삽입하기만 하면 된다. gunzip_buffers 버퍼 수 크기로 버퍼의 수와 크기를 지정할 수도 있다. 여기서 버퍼 수는 할당할 버퍼의 개수이고, 크기 인자는 할당될 각 버퍼의 크기다.

문자 세트 필터

문자 세트 필터 모듈로는 응답 본문의 문자 세트를 더 정확히 제어할 수 있다. (Content-Type: text/html; charset=utf-8처럼) Content-Type HTTP 헤더의 charset 인자 값을 지정할 수 있을 뿐 아니라 엔진엑스가 자동으로 특정 인코딩 방법으로 다시 인코딩을 할 수도 있다.

지시어	설명
charset 맥락: http, server, location, if	이 지시어는 응답의 Content-Type 헤더에 특정 인코딩을 추가한다. 지정된 인코딩과 source_charset의 값이 다를 경우 엔진엑스는 문서를 다시 인코딩한다. **구문**: charset 인코딩 | off; **기본값**: off **예**: charset utf-8;
source_charset 맥락: http, server, location, if	응답의 초기 인코딩을 정한다. 이 값이 charset 지시어에 지정된 값과 다르다면 엔진엑스는 문서를 다시 인코딩한다. **구문**: source_charset encoding;

(이어짐)

지시어	설명
override_charset 맥락: http, server, location, if	엔진엑스가 프록시나 FastCGI 게이트웨이에서 응답을 받았을 때 이 지시어는 문자 인코딩을 확인해서 재지정해야 할지 여부를 정한다. **구문**: on이나 off **기본값**: off
charset_types 맥락: http, server, location	재인코딩 대상이 되는 문서의 MIME 타입을 정한다. **구문**: charset_types mime_타입1 [mime_타입2...]; charset_types * ;9 **기본값**: text/html, text/xml, text/plain, text/vnd.wap.wml, application/x-javascript, application/rss+xml
charset_map 맥락: http	문자 재인코딩 테이블을 정의할 수 있다. 테이블의 각 행은 교환될 두 16진수 코드로 구성돼 있다. 기본 엔진엑스 구성 폴더를 보면 koi8-r 문자 세트용 재인코딩 테이블(koi-win과 koi-utf)을 볼 수 있다. 구문: charset_map 원천_인코딩 대상_인코딩 { ... }

멤캐시디

멤캐시디Memcached는 소켓으로 접속할 수 있는 데몬 애플리케이션이다. 이 애플리케이션의 주목적은 이름에서 알 수 있듯 효과적인 분산 키-값 메모리 캐싱 시스템을 제공하는 것이다. 엔진엑스 멤캐시디 모듈은 멤캐시디 데몬에 접속하도록 구성할 수 있는 지시어를 제공한다.

지시어	설명
memcached_pass 맥락: location, if	멤캐시디 데몬의 호스트 이름과 포트를 정의한다. **구문**: memcached_pass 호스트_이름:포트; **예**: memcached_pass localhost:11211;

(이어짐)

지시어	설명
memcached_bind 맥락: http, server, location	엔진엑스가 멤캐시디 서버에 접속할 때 강제로 특정 로컬 IP 주소를 사용하게 만든다. 서버에 여러 네트워크 인터페이스 카드가 서로 다른 네트워크에 연결돼 있다면 편리하게 쓸 수 있다. off 값으로 지정하면 상위 수준에서 상속된 구성을 취소한다. transparent 옵션을 지정하면 기기의 IP가 아닌, 예를 들어 클라이언트의 IP로 지정할 수 있다. **구문**: memcached_bind IP주소 [tansparent]|off; **예**: memcached_bind 192.168.1.2;
memcached_connect_timeout 맥락: http, server, location	1/1000초 단위로 연결 시한을 정한다. 기본값: 60,000 **예**: memcached_connect_timeout 5000;
memcached_send_timeout 맥락: http, server, location	1/1000초 단위로 데이터 전송 작업 시한을 정한다. 기본값: 60,000 **예**: memcached_send_timeout 5,000;
memcached_read_timeout 맥락: http, server, location	1/1000초 단위로 데이터 수신 작업 시한을 정한다. 기본값: 60,000 **예**: memcached_read_timeout 5,000;
memcached_socket_keepalive 맥락: http, server, location	멤캐시디 연결이 유지되도록 TCP 소켓을 구성한다. 기본적으로는 운영체제의 소켓 설정이 그대로 반영된다. 이 지시어의 값이 on이면 SO_KEEPALIVE 소켓 옵션이 사용하는 소켓에 활성화된다. **구문**: memcached_socket_keepalive on | off; **기본값**: off **예**: memcached_socket_keepalive on;
memcached_buffer_size 맥락: http, server, location	데이터를 송수신하는 데 사용할 버퍼의 크기를 바이트 단위로 정한다. 기본값: 페이지 크기 **예**: memcached_ buffer_size 8k;

(이어짐)

지시어	설명
memcached_next_upstream 맥락: http, server, location	memcached_pass 지시어가 업스트림 블록에 연결돼 있다면(업스트림 모듈 항목 참조) 이 지시어는 다음 업스트림 서버로 무시하고 넘어갈 조건을 정의한다. **구문:** memcached_next_upstream error | timeout | invalid_response | not_found | off **기본값:** error timeout **예:** memcached_next_upstream off;
memcached_next_upstream_timeout 맥락: http, server, location	요청을 다음 서버로 넘길 시간을 제약한다. 0 값은 이 제약을 없앤다. **구문:** memcached_next_upstream_timeout 시간; **기본값:** 0 **예:** memcached_next_upstream_timeout 3s;
memcached_next_upstream_tries 맥락: http, server, location	요청을 다음 서버로 넘기는 최대 시도 횟수를 정한다. 0 값은 이 제약을 없앤다. **구문:** memcached_next_upstream_tries 숫자; **기본값:** 0 **예:** memcached_next_upstream_tries 3;
memcached_gzip_flag 맥락: http, server, location	멤캐시디 서버 응답에 특정 플래그가 있는지 확인한다. 해당 플래그가 있다면 엔진엑스는 Content-encoding 헤더를 gzip으로 설정해서 gzip으로 압축한 내용임을 알 수 있게 한다. **구문:** memcached_gzip_flag 플래그_숫자; **기본값:** (없음) **예:** memcached_gzip_flag 1;
memcached_force_ranges 맥락: http, server, location	멤캐시디 서버 캐시 여부와 상관 응답의 바이트 범위(byte-range)의 지원을 활성화한다. **구문:** memcached_force_ranges on | off; **기본값:** off **예:** memcached_force_ranges off;

덧붙이자면 캐시에 데이터를 넣거나 뺄 때 사용할 요소의 키를 정하는 $memcached_key 변수를 정의해야 한다. 예를 들어 set $memcached_key $uri나 set $memcached_ key $uri?$args 같은 구성을 사용할 수 있다.

엔진엑스 멤캐시디 모듈은 캐시의 데이터를 얻어올 수 있을 뿐임을 알아두자. 이 모듈은 요청의 결과를 저장하지는 못한다. 데이터를 캐시에 저장하는 일은 서버의 스크립트에서 처리해야 한다. 서버 스크립트와 엔진엑스 구성이 정확히 같은 키 명명 규칙을 사용하도록 확인해야 한다. 예를 들어 요청이 들어오면 캐시에서 데이터를 먼저 얻으려고 시도하고, 요청된 URI가 캐시에 없을 때 요청을 프록시에 전달하는 식으로 멤캐시디를 사용할 수 있다.

```
server {
   server_name example.com;
   [...]
   location / {
      set $memcached_key $uri;
      memcached_pass 127.0.0.1:11211;
      error_page 404 @notcached;
   }
   location @notcached {
      internal;
      # 파일을 찾지 못하면 프록시에 요청을 전달한다.
      proxy_pass 127.0.0.1:8080;
   }
}
```

이미지 필터

이 모듈은 GD 그래픽 라이브러리(흔히 gdlib라고 부름)를 통해 이미지 처리 기능을 제공한다. Webp를 지원하게 컴파일된 gdlib를 사용해야 Webp 형식으로 변환할 수 있다.

이 모듈은 엔진엑스가 컴파일될 때 자동으로 포함되지 않는다.

다음 표의 지시어들은 location ~* \.(png|jpg|webp|gif)$ { ... } 같이 이미지 파일만 고르는 location 블록에서 사용해야 한다.

지시어	설명
image_filter 맥락: location	이미지를 클라이언트에 전송하기 전에 변형을 가한다. 가용한 다섯 가지 옵션이 있다. • **test:** 요청된 문서가 이미지 파일인지 확인하고, 확인하지 못했을 경우 "415 지원하지 않는 미디어" HTTP 오류를 반환 • **size:** 이미지의 크기나 종류 같은 정보를 나타내는 단순한 JSON 응답을 구성함(예: {"img": {"width":50, "height":50, "type":"png"}}). 파일이 유효하지 않다면 {}만 반환됨 • **resize 폭 높이:** 지정한 치수대로 이미지의 크기를 변형 • **crop 폭 높이:** 지정한 치수에 따라 이미지의 일부를 잘라냄 • **rotate 90 | 180 | 270:** 지정한 각도에 따라 이미지를 회전 **예:** image_filter resize 200 100;
image_filter_buffer 맥락: http, server, location	처리할 최대 이미지 파일 크기를 정한다. **기본값:** image_filter_buffer 1m;
image_filter_jpeg_quality 맥락: http, server, location	생성될 JPEG 이미지의 품질을 정한다. 1에서 100까지의 수치를 사용할 수 있다. 권장하는 최대 수치는 95다. 변수를 사용할 수 있다. **기본값:** image_filter_jpeg_quality 75;
image_filter_webp_quality 맥락: http, server, location	생성될 Webp 이미지의 품질을 정한다. 1에서 100까지의 수치를 사용할 수 있다. 변수를 사용할 수 있다. **기본값:** image_filter_jpeg_quality 75;

(이어짐)

지시어	설명
image_filter_transparency 맥락: http, server, location	기본적으로 PNG와 GIF 이미지의 투명도는 이미지 필터 모듈을 사용해서 처리되는 동안 유지된다. 이 지시어를 off로 설정하면 기존 투명도는 무시되지만 이미지의 품질은 향상될 것이다. **구문**: on이나 off **기본값**: on
image_filter_sharpen 맥락: http, server, location	지정한 백분율에 따라 이미지를 더 선명하게 만든다. **구문**: 숫자(100 이상) **기본값**: 0
image_filter_interlace 맥락: http, server, location	생성되는 이미지를 비월 주사 방식(interlacing)으로 이미지가 생성되게 한다. 이미지가 JPG 파일이면 이미지는 점진적 JPG(progressive JPEG) 형식으로 생성된다. **구문**: on이나 off **기본값**: off

JPG 이미지일 경우 메타데이터가 전체 파일 크기의 5% 이상을 차지하면 엔진엑스는 자동으로 (EXIF 같은) 메타데이터를 제거한다는 점을 알아두자.

XSLT

엔진엑스 XSLT 모듈은 XML 파일이나 뒷단 서버(프록시, FastCGI 등)에서 받은 응답을 클라이언트에 제공하기 전에 XSLT로 변환하게 해준다.

이 모듈은 엔진엑스가 컴파일될 때 자동으로 포함되지 않는다.

지시어	설명
xml_entities 맥락: http, server, location	요소 정의가 담긴 DTD 파일을 지정한다. **구문**: 파일 경로 **예**: xml_entities xml/entities.dtd;
xslt_stylesheet 맥락: location	XSLT 템플릿 파일 경로를 매개변수와 함께 지정한다. 변수를 매개변수에 사용할 수 있다. **구문**: xslt_stylesheet template [param1] [param2...]; **예**: xslt_stylesheet xml/sch.xslt param=value;
xslt_types 맥락: http, server, location	text/xml 외에 XSLT 변환을 추가로 적용할 MIME 타입을 정의한다. 구문: MIME 타입 **예**: xslt_types text/xml text/plain; xslt_types *;
xslt_paramxslt_string_param 맥락: http, server, location	이 두 지시어로 XSLT 스타일시트에 사용할 매개변수를 정할 수 있다. 둘의 차이는 지정된 값을 해석하는 방법에 있다. xslt_param은 값에 포함된 XPath 식을 처리하는 데 쓰이고 xslt_string_param은 평문 문자열에 쓰인다. **구문**: xslt_param 키 값;

방문자 정보

다음 모듈은 요청 헤더를 분석해서 브라우저 이름과 버전이나 유사성을 제시하는 요청에 ID를 할당하는 등 방문자의 더 자세한 정보를 알아내는 데 도움이 되는 부가 기능을 제공한다.

브라우저 모듈

브라우저 모듈은 클라이언트 요청의 User-Agent HTTP 헤더를 분석해서 나중에 엔진엑스 구성에 사용할 수 있는 변수의 값을 얻는다. 다음 세 변수가 만들어진다.

- **$modern_browser:** 클라이언트 브라우저가 최신 웹 브라우저인 것으로 밝혀지면 이 변수에는 modern_browser_value 지시어로 정한 값이 담긴다.
- **$ancient_browser:** 브라우저가 구식 웹 브라우저인 것으로 밝혀지면 이 변수에는 ancient_browser_value 지시어로 정한 값이 담긴다.
- **$msie:** 클라이언트가 마이크로소프트 IE 브라우저면 이 변수에는 1이 담긴다.

웹 브라우저를 식별해서 최신뿐 아니라 구식 버전까지 지원하도록 엔진엑스를 도우려면 ancient_browser와 modern_browser 지시어를 여러 번 사용해야 한다.

```
modern_browser opera 10.0;
```

이 예에서 User-Agent HTTP 헤더에 Opera 10.0 문자가 포함돼 있으면 클라이언트는 최신으로 취급된다.

맵 모듈

브라우저 모듈처럼 맵Map 모듈은 한 변수의 값에 따라 그에 대응하는 값을 새 변수에 할당한다.

```
map $uri $variable {
   /page.html 0;
   /contact.html 1;
   /index.html 2;
   default 0;
}
rewrite ^ /index.php?page=$variable;
```

map 지시어는 http 블록 안에만 쓸 수 있다는 점을 주의하자. 이 예에 따르면 $variable은 세 가지 다른 값을 갖는다. $url 값이 /page.html이면 $variable은 0이 된다. $url이 /contact.html이면 $variable은 1이다. $url이 /index.html이면 $variable은 2다. 그 외의 경우(default), $variable은 0이 된다. 마지막 명령은 URL을 새로 생성된 변수의 값에 따라 재작성한다. default 외에도 이 지시어에서 쓸 수 있는 특별한 키워드로 hostnames와 volatile이 있다. hostnames는 *.domain.com과 같이 호스트 이름에 와일드카드를 사용해서 일치하는지 따진다. volatile은 변수가 캐시되지 않도록 한다.

엔진엑스가 메모리에서 이런 메커니즘을 관리하는 방법을 조작할 수 있는 다음과 같은 지시어 두 가지가 더 있다.

- **map_hash_max_size:** 맵을 보관하는 해시 테이블의 최대 크기
- **map_hash_bucket_size:** 맵에 쓸 수 있는 각 항목의 최대 크기

~(대소문자 구분) 또는 ~*(대소문자 구분하지 않음)으로 시작하는 패턴 형태로 정규식도 사용할 수 있다.

```
map $http_referer $ref {
   ~google "Google";
   ~* yahoo "Yahoo";
   \~bing "Bing"; # ~ 문자 앞에 \이 있어 정규식이 아님
   default $http_referer;   # 변수 사용
}
```

지리 정보 모듈

이 모듈의 목적은 클라이언트 데이터(이 경우엔 IP 주소)에 기반을 두고 변수 값을 결정한다는 면에서 map 지시어와 매우 비슷한 기능을 제공하는 것이다.

```
geo $variable {
   default unknown;
   127.0.0.1 local;
   123.12.3.0/24 uk;
   92.43.0.0/16 fr;
}
```

위 블록은 예일 뿐이어서 진짜로 영국과 프랑스 방문객을 구분해주지는 못한다. 적절한 지리상 위치를 탐지하려면 GeoIP 모듈을 사용해야 한다. 이 블록에는 이 모듈 고유의 여러 가지 지시어를 사용할 수 있다.

- **delete:** 특정 하위 네트워크를 일치 여부 판단에서 제외한다.
- **default:** 사용자의 IP 주소가 지정된 IP 범위 중 어느 것에도 부합되지 않을 때 `$variable`에 부여할 기본값이다.
- **include:** 외부 파일의 내용을 포함한다.
- **proxy:** 신뢰할 수 있는 주소의 서브넷을 정의한다. IP 주소가 신뢰할 수 있으면 소켓의 IP 주소 대신 `X-Forwarded-For` 헤더를 IP 주소로 사용한다.
- **proxy_recursive:** 이 지시어가 사용되면 클라이언트의 IP 주소가 신뢰할 수 없을 때 `X-Forwarded-For` 헤더의 값을 찾는다.
- **ranges:** geo 블록의 첫 줄에 이 지시어를 넣으면 CIDR 마스크 대신 IP 주소 범위를 지정할 수 있게 된다. `127.0.0.1-127.0.0.255 LOCAL;` 같은 구문을 허용한다.

GeoIP 모듈

이름에서 알 수 있는 것처럼 앞의 모듈과 비슷한 면도 있다. 이 모듈은 옵션으로 맥스마인드(http://www.maxmind.com)의 GeoIP 이진 데이터베이스를 사용해서 방문객에 대한 정확한 지리 정보를 제공한다. 맥스마인드 웹 사이트에서 이 데이터베이스를 다운로드한 후 엔진엑스 디렉터리에 저장해야 한다.

이 모듈은 엔진엑스가 컴파일될 때 자동으로 포함되지 않는다.

이제 해야 할 일은 다음 지시어 중 하나를 사용해서 데이터베이스 경로를 지정하는 것이다.

```
geoip_country country.dat;  # 국가 정보 DB
geoip_city city.dat;        # 도시 정보 DB
geoip_org geoiporg.dat;     # ISP/기관 DB
```

첫 지시어는 몇 가지 변수를 사용할 수 있게 한다. $geoip_country_code는 두 문자 국가 코드, $geoip_country_code3는 세 문자 국가 코드, $geoip_ country_name은 전체 국가명이다. 두 번째 지시어는 같은 변수를 포함하면서 $geoip_region, $geoip_city, $geoip_postal_code, $geoip_city_continent_code, $geoip_latitude, $geoip_longitude, $geoip_dma_code, $geoip_area_code, $geoip_region_name 등 추가 정보를 제공한다. 세 번째 지시어는 특정 IP를 소유한 조직이나 ISP의 정보를 갖는 $geoip_org 변수를 제공한다.

변수가 UTF-8로 인코딩돼야 한다면 utf8 키워드를 geoip_ 지시어의 끝에 추가하기만 하면 된다.

UserID 필터

이 모듈은 쿠키를 생성해서 클라이언트에 ID를 할당한다. 이 ID는 엔진엑스 구성에서 $uid_got와 $uid_set 변수를 통해 얻을 수 있다.

지시어	설명
userid 맥락: http, server, location	쿠키를 발급하고 로그에 남기는 기능을 켜거나 끈다. 이 지시어에는 네 가지 값을 사용할 수 있다. • **on:** v2 쿠키를 발급하고 로그에 남김 • **v1:** v1 쿠키를 발급하고 로그에 남김 • **log:** 쿠키 데이터를 보내지 않고 수신되는 쿠키만 로그에 남김 • **off:** 쿠키 데이터를 보내지 않음 **기본값:** userid off;
userid_service 맥락: http, server, location	쿠키를 발급하는 서버의 IP 주소를 정한다. **구문:** userid_service ip; **기본값:** 서버의 IP 주소
userid_name 맥락: http, server, location	쿠키에 할당할 이름을 정한다. **구문:** userid_name 이름; **기본값:** uid
userid_domain 맥락: http, server, location	쿠키에 할당할 도메인을 정한다. **구문:** userid_domain domain; **기본값:** 없음(쿠키의 도메인 부분이 전송되지 않음)
userid_path 맥락: http, server, location	쿠키의 경로 부분을 정한다. **구문:** userid_path 경로; **기본값:** /
userid_expires 맥락: http, server, location	쿠기의 만기일을 정한다. **구문:** userid_expires 날짜 | max; **기본값:** 만기일 없음
userid_p3p 맥락: http, server, location	쿠키와 함께 전송될 P3P 헤더의 값을 할당한다. **구문:** userid_p3p 문자열 | none; **기본값:** none

참조 모듈

참조(Referer) 모듈의 지시어는 단순한 `valid_referers` 하나뿐이다. 이 지시어의 목적은 클라이언트 요청에서 `Referer` HTTP 헤더를 확인하고, 값에 따라 접근을 거절할 수도 있다. 참조 사이트가 유효하지 않다고 판단되면 `$invalid_referer` 변수가 `1`이 된다. 유효한 참조 사이트 목록에 다음 세 종류의 값을 사용할 수 있다.

- **none:** 참조 사이트 정보가 없으면 유효하다고 취급
- **blocked:** (XXXXX 같이) 마스킹된 참조 사이트도 유효하다고 취급
- **서버 이름:** 특정 서버 이름은 유효하다고 취급

다음은 `$invalid_referer` 변수를 정한다. 예를 들어 참조 사이트가 유효하지 않다고 판단되면 오류 코드를 반환한다.

```
valid_referers none blocked *.website.com *.google.com;
if ($invalid_referer) {
   return 403;
}
```

`Referer` HTTP 헤더를 조작하는 것은 매우 간단한 일이다. 따라서 클라이언트 요청의 참조 사이트를 확인하는 것은 보안 목적으로 쓰여서는 안 된다.

이 모듈에는 두 가지 지시어가 더 제공된다. `referer_hash_bucket_size`는 해시 테이블의 버킷 크기를 정하고 `referer_hash_max_size`는 해시 테이블의 최대 유효 참조 사이트 길이다.

Real IP 모듈

이 모듈은 단순 기능 하나를 제공한다. 프록시를 통해 방문한 클라이언트의 IP 주소와 포트 번호를 `X-Real-IP` HTTP 헤더에 지정된 값으로 교체하거나, 엔진엑스가

뒷단 서버로 사용될 경우에 적절한 헤더에서 IP 주소를 취득한다(이 모듈은 아파치의 mod_rpaf와 같은 효과를 준다. 자세한 것은 7장을 참고하자). 이 기능을 활성화하려면 활용할 HTTP 헤더(X-Real-IP나 X-Forwarded-For)를 정의하는 real_ip_header 지시어를 삽입해야 한다. 그다음엔 신뢰하는 IP 주소, 다시 말해 이 헤더를 사용할 클라이언트를 정의해야 한다. 이 작업은 IP 주소와 CIDR 주소 범위를 모두 인자로 받는 set_real_ip_from 지시어로 할 수 있다.

```
real_ip_header X-Forwarded-For;
set_real_ip_from 192.168.0.0/16;
set_real_ip_from 127.0.0.1;
set_real_ip_from unix:; # UNIX 도메인 소켓은 모두 신뢰
```

원래 클라이언트 주소와 포트 번호는 $realip_remote_addr과 $realip_remote_port 변수에 보관된다.

이 모듈은 엔진엑스가 컴파일될 때 자동으로 포함되지 않는다.

클라이언트 분리 모듈

클라이언트 분리 모듈은 방문객 전체를 특정 비율에 따라 하위 그룹으로 나눠 자원을 효율적으로 활용할 수 있게 해준다. 방문객을 여러 그룹으로 분산시킬 때 엔진엑스는 (방문객의 IP 주소, 쿠키 데이터, 질의 인자 등) 제공되는 값을 해시해서 어느 그룹에 방문객을 배정할지 결정한다. 다음은 방문객을 IP 주소에 따라 세 그룹으로 나누는 구성 예다. 방문객이 처음 50%에 해당하면 $variable 값은 group1이 된다.

```
split_clients "$remote_addr" $variable {
   50% "group1";
   30% "group2";
   20% "group3";
}
location ~ \.php$ {
   set $args "${query_string}&group=${variable}";
}
```

SSL과 보안

엔진엑스는 SSL 모듈을 통해 안전한 HTTP 기능을 제공한다. 그러면서도 보안 링크라고 부르는 부가 모듈도 공급해 전혀 새로운 방식으로 웹 사이트와 방문자를 보호한다.

SSL 모듈

SSL 모듈은 HTTPS를 지원한다. 정확히 말하면 SSL/TLS 보안 계층 위로 HTTP를 전송한다. 이 모듈에는 아래 지시어로 정의하는 인증서, 인증 키 등 다양한 매개변수를 통해 안전한 웹 사이트를 제공하는 여러 옵션이 있다.

이 모듈은 엔진엑스가 컴파일될 때 자동으로 포함되지 않는다.

지시어	설명
ssl 맥락: http, server	구형 버전에서만 사용할 수 있다. 엔진엑스 1.15.0 이후에는 listen의 ssl 인자를 대신 사용하자. 지정한 서버에 HTTPS를 활성화한다. 이 지시어는 좀 더 일반적으로 listen 443 ssl이나 listen port ssl과 동등한 것이다. **구문:** on이나 off **기본값:** ssl off;
ssl_certificate 맥락: http, server	PEM 인증서의 경로를 정한다. 다른 유형의 인증서를 지정하도록 여러 번 사용할 수 있다. 변수를 사용할 수 있다. **구문:** 파일 경로
ssl_certificate_key 맥락: http, server	PEM 비밀 키 파일 경로를 정한다. 다른 유형의 인증서를 지정하게 여러 번 사용할 수 있다. 변수를 사용할 수 있다. **구문:** 파일 경로
ssl_client_certificate 맥락: http, server	클라이언트 PEM 인증서의 경로를 정한다. **구문:** 파일 경로
ssl_crl 맥락: http, server	엔진엑스에게 인증서의 폐기 상태를 확인할 수 있는 인증서 폐기 목록(CRL, Certificate Revocation List) 파일을 읽도록 지시한다.
ssl_dhparam 맥락: http, server	디피 헬만(Diffie-Hellman) 매개변수 파일의 경로를 정한다. **구문:** 파일 경로
ssl_protocols 맥락: http, server	사용할 프로토콜을 지정한다. **구문:** ssl_protocols [SSLv2] [SSLv3] [TLSv1] [TLSv1.1] [TLSv1.2] [TLSv1.3]; **기본값:** ssl_protocols TLSv1 TLSv1.1 TLSv1.2;
ssl_ciphers 맥락: http, server	사용할 암호화 방식을 지정한다. 사용할 수 있는 암호화 방식은 셸에서 openssl ciphers 명령을 실행시켜 얻을 수 있다. **구문:** ssl_ciphers cipher1[:cipher2...]; **기본값:** ssl_ciphers ALL:!ADH:RC4+RSA:+HIGH:+MEDIUM:+LOW:+SSLv2:+EXP;

(이어짐)

지시어	설명
ssl_prefer_server_ciphers 맥락: http, server	서버의 암호화 방식을 클라이언트의 암호화 방식보다 선호할지 여부를 지정한다. **구문:** on이나 off **기본값:** off
ssl_verify_client 맥락: http, server	클라이언트에서 보내온 인증서를 검증해서 그 결과를 $ssl_client_verify 변수에 저장하게 한다. optional_no_ca 인자를 주면 인증서가 유효한지 검증은 하지만 신뢰할 수 있는 인증기관의 서명이 필요하진 않다. **구문:** on | off | optional | optional_no_ca **기본값:** off
ssl_verify_depth 맥락: http, server	클라이언트 인증 사슬(certificate chain)의 검증 깊이를 지정한다. **구문:** 숫자 값 **기본값:** 1
ssl_session_cache 맥락: http, server	SSL 세션의 캐시를 구성한다. **구문:** off, none, builtin:크기, shared:이름:크기 **기본값:** off(SSL 세션 비활성화)
ssl_session_timeout 맥락: http, server	SSL 세션이 활성화됐을 경우 이 지시어는 세션 데이터의 제한시간을 정한다. **구문:** 시간 값 **기본값:** 5m
ssl_password_phrase 맥락: http, server	비밀 키의 비밀번호를 담고 있는 파일을 지정한다. 각 비밀번호는 별도 줄에 지정된다. 인증서 키를 읽을 때 첫 비밀번호부터 하나씩 시도하게 된다. **구문:** 파일명 **기본값:** 없음
ssl_buffer_size 맥락: http, server	SSL을 통해 요청을 제공할 때 사용할 버퍼 크기를 지정한다. **구문:** 크기 값 **기본값:** 16k

(이어짐)

지시어	설명
ssl_session_tickets 맥락: http, server	TLS 세션 티켓을 활성화한다. 이 티켓을 통해 클라이언트가 다시 협상하는 과정 없이 신속히 재접속할 수 있게 된다. **구문**: on이나 off **기본값**: on
ssl_session_ticket_key 맥락: http, server	TLS 세션 티켓을 암/복호화할 때 사용되는 키 파일의 경로를 설정한다. 기본적으로 임의의 값이 생성된다. **구문**: 파일명 **기본값**: 없음
ssl_trusted_certificate 맥락: http, server	클라이언트 인증서의 신뢰성을 확인할 뿐 아니라 OSCP 응답에 스테이플링(stapling)하는 데도 사용할 신뢰할 수 있는 인증서 파일(PEM 형식)의 경로를 설정한다. **구문**: 파일명 **기본값**: 없음

이 모듈에서는 다음 변수들도 사용할 수 있다.

- **$ssl_cipher:** 현재 요청에 사용된 암호 방식
- **$ssl_client_serial:** 클라이언트 인증서의 일련번호
- **$ssl_client_s_dn**와 **$ssl_client_i_dn:** 클라이언트 인증서의 주체[subject]와 발행자 DN 값(RFC 2253 형식)
- **$ssl_client_s_dn_legacy**와 **$ssl_client_i_dn_legacy:** 클라이언트 인증서의 주체와 발행자 DN 값(기존 형식)
- **$ssl_protocol:** 현재 요청에 사용된 프로토콜
- **$ssl_client_cert, $ssl_client_raw_cert, ssl_client_escaped_cert:** 각각 클라이언트 인증서 데이터와 가공되지 않은 원천 인증서 데이터와 PEM 형태로 인코딩된 인증서 데이터
- **$ssl_client_verify:** 클라이언트 인증서가 성공적으로 검증되면 SUCCESS 값을, 실패할 때 "FAILED:certificate has expired" 같이 실패한 이유를 갖음

- **$ssl_client_v_start:** 클라이언트 인증서 시작일
- **$ssl_client_v_end:** 클라이언트 인증서 만료일
- **$ssl_client_v_remain:** 클라이언트 인증서 만료일까지 남은 일 수
- **$ssl_session_id:** SSL 세션의 ID

SSL 인증서 설정

SSL 모듈이 많은 기능을 제공하지만 대부분의 경우 보안 웹 사이트를 설정하는 데 두어 가지 지시어만 실제로 유용하게 쓰인다. 이 지침은 웹 사이트용 SSL 인증서를 사용하도록 엔진엑스를 구성하는 데 도움이 될 것이다. 여기에서 대상 웹 사이트는 secure.website.com이라고 정하겠다. 설정을 하기 전에 다음이 준비돼 있는지 확인하자.

- openssl genrsa -out secure.website.com.key 1024 명령으로 생성한 .key 파일(1024 이외의 암호화 수준도 가능)
- openssl req -new -key secure.website.com.key -out secure.website.com.csr 명령으로 생성한 .csr 파일
- 인증기관에서 발급받은 경우 웹 사이트 인증서 파일, 예를 들어 secure.website.com.crt(주의: 인증기관에서 인증서를 얻으려면 .csr 파일을 제공해야 함)
- 인증기관에서 발급받은 경우 인증기관 인증서 파일(예를 들어 http://www.GoDaddy.com에서 인증서를 구입했다면 gd_bundle.crt)

첫 단계에는 다음 명령으로 웹 사이트 인증서와 인증기관 인증서를 하나로 합친다.

```
cat secure.website.com.crt gd_bundle.crt > combined.crt
```

이제 엔진엑스를 보안 콘텐트를 제공하도록 구성할 준비가 됐다.

```
server {
   listen 443;
   server_name secure.website.com;
   ssl on;
   ssl_certificate /path/to/combined.crt;
   ssl_certificate_key /path/to/secure.website.com.key;
   [...]
}
```

SSL 스테이플링

온라인 인증 상태 프로토콜OCSP, Online Certificate Status Protocol 스테이플링으로도 불리우는 SSL 스테이플링SSL Stapling은 인증기관에 접속할 필요 없이 클라이언트가 SSL/TLS 서버와 접속하거나 세션을 재개하기 쉽게 해주는 기술로, SSL 협상 시간을 단축한다. 보통 OCSP 트랜잭션은 클라이언트가 일반적으로 인증기관에 접속해서 서버의 인증서 폐기 상태를 확인하기 때문에 인증기관 서버에 엄청난 부하를 줄 수 있다. 이런 문제를 위해 설계된 해법이 스테이플링이다. OCSP 기록은 서버가 인증기관에서 정기적으로 취득한다. 그리고 클라이언트와 교환하려고 스테이플된다. 인증기관과 통신을 줄이고자 OCSP 기록이 서버에 최대 48시간까지 캐시된다.

SSL 스테이플링을 사용하면 방문객과 서버 간의 통신 속도가 올라간다. 엔진엑스에 이를 적용하는 건 상대적으로 단순하다. 실제 필요한 작업은 다음과 같은 세 지시어를 server 블록에 추가하고 (루트와 중간 인증서 모두를 갖고 있는) 신뢰하는 인증서 사슬 파일을 인증기관에서 얻는 것뿐이다.

- **ssl_stapling on:** server 블록 내에 SSL 스테이플링 활성화
- **ssl_stapling_verify on:** OCSP 응답 검증 활성화
- **ssl_trusted_certificate 파일 경로:** 신뢰할 전체 인증서 파일 경로 지정 (확장자는 .pem이어야 함)

이 모듈의 동작을 변경하는 데 선택적으로 사용할 수 있는 지시어가 두 개 있다.

- **ssl_stapling_file 파일명:** 캐시된 OCSP 기록의 경로, 인증서 파일에 지정된 OCSP 서버 응답의 기록을 대체한다.
- **ssl_stapling_responder url:** url은 인증기관의 OCSP 서버 URL이며, 인증서 파일에 지정된 URL 값을 대체한다.

OCSP 서버에 접속하는 데 문제가 있다면 엔진엑스 구성에 유효한 DNS 서버가 (resolver 지시어를 사용해서) 지정됐는지 확인하자.

HTTP/2

엔진엑스는 1.9.5부터 그동안 지원하던 SPDY 프로토콜을 제거하고 대신 HTTP/2를 지원한다. HTTP/2 모듈은 기본으로 포함되지 않는다. listen 지시어의 마지막에 http2 키워드를 서버에 추가해서 HTTP/2를 활성화할 수 있다.

```
server {
   listen 443 ssl http2;
   [...]
}
```

HTTP/2의 속성상 SSL 계층 위에서만 동작한다. 다음과 같은 지시어들이 이 모듈에서 제공된다.

지시어	설명
http2_body_preread_size 맥락: http, server	각 요청의 본문을 처리하기 전에 보관할 버퍼의 크기를 지정한다. **구문:** 크기 **기본값:** http2_body_preread_size 64k;

(이어짐)

지시어	설명
http2_chunk_size 맥락: http, server, location	응답 본문을 분할할 HTTP/2 분할의 크기를 지정한다. **구문:** 크기 **기본값:** http2_chunk_size 8k
http2_idle_timeout 맥락: http, server	연결이 닫힌 후 비활성 시간의 한도를 지정한다. **구문:** 시간 **기본값:** http2_idle_timeout 3m;
http2_max_concurrent_pushes 맥락: http, server	한 연결에서 동시 푸시 요청의 최대 수를 제한한다. **구문:** 숫자 **기본값:** http2_max_concurrent_pushes 10;
http2_max_concurrent_streams 맥락: http, server	한 연결에서 동시 HTTP/2 스트림의 최대 수를 지정한다. **구문:** 숫자 **기본값:** http2_max_concurrent_streams 128;
http2_max_header_size 맥락: http, server	HPACK 압축을 해제한 후 전체 요청 헤더 목록의 최대 크기를 지정한다. **구문:** 크기 **기본값:** http2_max_field_size 16k;
http2_max_field_size 맥락: http, server	HPACK으로 압축된 헤더 필드의 최대 크기를 지정한다. **구문:** 크기 **기본값:** http2_max_field_size 4k;
http2_max_requests 맥락: http, server	HTTP/2 연결 하나로 제공되는 최대의 요청 수를 지정한다. **구문:** 숫자 **기본값:** http2_max_requests 1000;
http2_push 맥락: http, server, location	요청에 대한 응답을 클라이언트에 보내면서 지정된 uri로 선제적(pre-emptively) 요청을 발행한다. uri에는 변수를 포함시킬 수 있고 http2_push 지시어를 한 블록에서 여러 번 사용할 수 있다. **구문:** 숫자 값 **기본값:** http2_push off;

(이어짐)

지시어	설명
http2_push_preload 맥락: http, server, location	응답 Link 헤더에 지정된 preload 유형의 링크를 푸시 요청으로 자동 변환한다. **구문:** on|off **기본값:** http2_push_preload off;
http2_recv_buffer_size 맥락: http	작업자 프로세스당 입력 버퍼의 크기를 지정한다. **구문:** 크기 **기본값:** http2_recv_buffer_size off;
http2_recv_timeout 맥락: http, server	연결이 닫힌 후에 클라이언트의 추가 데이터를 기다릴 최대의 대기 시한을 지정한다. **구문:** 시간 값 **기본값:** http2_recv_timeout 30s;

위 지시어와 함께 엔진엑스 HTTP/2 모듈은 **$http2** 변수도 제공한다. 이 변수에는 합의된 프로토콜 ID 값을 갖는다.

- **h2:** TLS 기반의 HTTP/2
- **h2c:** TCP 평문 기반의 HTTP/2
- **빈문자열:** 기타

보안 링크

SSL 모듈과는 아무런 상관없이 보안 링크Secure link는 사용자가 자원에 접근하기 전에 URL에 특정 해시 값이 있는지 확인함으로써 기본적으로 보호한다.

```
location /downloads/ {
   secure_link_md5 "secret";
   secure_link $arg_hash,$arg_expires;
   if ($secure_link = "") {
      return 403;
```

```
    }
}
```

이 구성으로 /downloads/ 폴더의 문서는 URL의 질의 문자열에 hash=XXX 매개변수가 있어야 한다(예제의 $arg_hash에 주의). 여기서 XXX는 secure_ link_md5 지시어로 정의한 비밀코드의 MD5 해시 값이다. secure_link 지시어의 두 번째 인자는 만기일을 정하는 유닉스 타임스탬프다. URI에 적절한 해시 값이 없거나 만기일을 넘었을 경우 $secure_link 변수는 빈값이 된다. 그 외에는 1이 된다.

이 모듈은 엔진엑스가 컴파일될 때 자동으로 포함되지 않는다.

기타 잡다한 모듈

남은 세 가지 모듈은 컴파일할 때 별도로 활성화해야 하는 옵션이고, 부가적인 고급 기능을 제공한다.

현황 모듈

현황stup status 모듈은 활성 연결 횟수, 처리된 총 요청 횟수 등 서버의 현재 상태에 대한 정보를 제공하도록 설계됐다. 이 모듈을 사용하려면 location 블록에 stub_status 지시어를 추가한다. 이 location 블록에 해당하는 요청은 상태 페이지를 얻게 된다.

```
location = /nginx_status {
    stub_status on;
    allow 127.0.0.1; # 정보를 외부에 노출하지 않음
```

```
    deny all;
}
```

이 모듈은 엔진엑스가 컴파일될 때 자동으로 포함되지 않는다.

엔진엑스가 만들어내는 결과의 예는 다음과 같다.

```
Active connections: 1
server accepts handled requests
 10 10 23
Reading: 0 Writing: 1 Waiting: 0
```

모니터릭스Monitorix처럼 현황 페이지를 정기적으로 호출하고 통계를 분석하는 서버 모니터링 솔루션이 많으니 관심을 갖자.

품질 저감 모듈

HTTP 품질 저감Degradation 모듈은 여유 메모리가 낮아지면 오류 페이지를 반환하도록 서버를 구성해준다. 낮다고 판단할 메모리양을 정의해주면 그에 따라 동작한다. 기준을 정한 후에는 품질 저감을 확인할 위치를 지정해주면 된다.

```
degradation sbrk=500m; #http 블록 수준에 추가
degrade 204;    # location 블록에 추가, 품질 저감 조건이 되면 (204 또는 444) 오류 코드를
                # 반환하도록 지정
```

gperftools

이 모듈은 엔진엑스 작업자 프로세스를 위해 구글 성능 도구 프로파일링 메커니즘과 인터페이스한다. 이 도구는 실행 코드의 성능을 분석해서 보고서를 생성해준다. 프로젝트 공식 웹 사이트(https://github.com/gperftools/gperftools)에서 더 자세한 정보를 찾을 수 있다.

이 모듈은 엔진엑스가 컴파일될 때 자동으로 포함되지 않는다.

이 기능을 활성화하려면 `google_perftools_profiles` 지시어를 사용해서 리포트 파일을 생성할 경로를 지정해야 한다.

```
google_perftools_profiles logs/profiles;
```

WebDAV

WebDAV는 잘 알려진 HTTP 프로토콜의 확장한 프로토콜이다. HTTP가 방문객이 웹 사이트에서 자원을 다운로드하게(다시 말해 데이터를 읽게) 설계됐다면 WebDAV는 파일이나 폴더를 생성하거나 파일을 이동하고 복사하는 등의 쓰기 작업을 추가함으로써 웹 서버의 기능을 확장한다. 엔진엑스 WebDaV 모듈은 WebDAV 프로토콜의 작은 일부를 구현한다.

이 모듈은 엔진엑스가 컴파일될 때 자동으로 포함되지 않는다.

지시어	설명
dav_methods 맥락: http, server, location	활성화할 DAV 메서드를 선택한다. **구문**: dav_methods [off | [PUT] [DELETE] [MKCOL] [COPY] [MOVE]]; **기본값**: off
dav_access 맥락: http, server, location	현 수준의 접근 권한을 정한다. **구문**: dav_access [user:r|w|rw] [group:r|w|rw] [all:r|w|rw]; **기본값**: dav_access user:rw;
create_full_put_path 맥락: http, server, location	이 지시어는 클라이언트 요청이 존재하지 않는 디렉터리 안에 파일을 생성할 때 어떤 행동을 할지 정한다. on으로 설정하면 디렉터리 경로가 생성된다. off로 설정하면 파일이 생성되지 않는다. **구문**: on이나 off **기본값**: off
min_delete_depth 맥락: http, server, location	이 지시어는 DELETE 명령을 처리할 때 삭제할 파일이나 디렉터리 URI의 최소 깊이를 정한다. **구문**: 숫자 값 **기본값**: 0

서드파티 모듈

엔진엑스 커뮤니티는 지난 수년간 더 성장했고 많은 첨가 모듈이 서드파티 개발자에 의해 작성됐다. 이런 모듈은 위키 공식 웹 사이트인 http://wiki.nginx.org/nginx3rdPartyModules에서 다운로드할 수 있다. 지금 다운로드할 수 있는 모듈은 광범위한 새로운 기능을 제공하는데, 다음과 같은 것이 있다.

- 화려한 인덱스Fancy Indexes 모듈은 엔진엑스의 자동 디렉터리 목록 생성 기능을 향상시킨다.
- 추가 헤더Headers More 모듈은 HTTP 헤더의 유연성을 향상시킨다.
- 웹 서버의 다양한 부분과 관련된 더 많은 기능이 있다.

서드파티 모듈을 엔진엑스에 통합하려면 다음의 단순한 세 단계를 따르면 된다.

1. 모듈과 관련된 .tar.gz 압축 파일을 다운로드한다.
2. tar xzf 모듈_이름.tar.gz 명령으로 압축 파일을 푼다.
3. 엔진엑스를 컴파일할 때 다음과 같이 옵션을 추가한다.

```
./configure --add-module=/모듈/소스코드/경로 [...]
```

애플리케이션을 컴파일해서 설치하고 나면 일반 엔진엑스 모듈과 같은 방식으로 모듈의 지시어와 변수를 사용할 수 있다.

자신만의 엔진엑스 모듈을 만드는 데 관심이 있다면 에반 밀러Evan Miller가 공개한 훌륭한 지침서 "에밀러의 엔진엑스 모듈 개발 가이드"가 있다. 이 전체 가이드는 그의 개인 웹 사이트(http://www.evanmiller.org/nginx-modules-guide.html)에서 볼 수 있다.

요약

4장에서는 웹 서버의 구성을 개선하거나 미세 조정하는 데 도움이 되는 모듈을 살펴봤다. 엔진엑스는 기능 면에서 공존하는 웹 서버에 맹렬히 맞서고 있으며, 가상 호스트의 접근 방식과 구성 방식으로 많은 관리자를 엔진엑스로 바꾸도록 설득시킬 수 있을 것이다.

세 가지 모듈을 4장에서 다루지 않았다. 첫 번째 FastCGI 모듈은 PHP나 파이썬 애플리케이션과 연동하게 구성하는 데 사용되고, 5장에서 다룬다. 두 번째 모듈은 복잡한 시스템을 설계할 수 있게 해주는 프록시 모듈로, 7장에서 다룬다. 세 번째 업스트림 모듈은 8장에서 상세히 다룬다.

05

엔진엑스와 PHP/파이썬 통합

21세기의 첫 10년은 서버 관련 기술의 시대였다. 지난 15년 동안 주류 웹 사이트 대부분은 단순한 정적 HTML 콘텐츠에서 매우 동적인 페이지로 이전했고, 방문자와 상호작용 관점에서 완전히 새로운 수준의 웹이 됐다. 오픈소스를 포함한 소프트웨어 기술이 바로 출현했고 일부는 대용량 웹 사이트를 충분히 처리할 정도로 성숙했다. 5장에서는 이런 애플리케이션과 상호 운영되는 엔진엑스의 능력을 알아본다. 각기 다른 이유로 두 애플리케이션을 골랐다. 첫 번째는 당연히 PHP로, 웹 기술 표본 조사에 특화된 웹 사이트인 W3Techs에 따르면 2019년 10월에 서버용 언어로 설계된 웹 사이트 중 79%가 PHP로 동작했다. 두 번째 언어는 설치와 설정하는 방식 때문에 파이썬Python을 선택했다. 곧 살펴보겠지만 파이썬과 통합하는 구조는 펄Perl이나 루비 온 레일즈와 같은 다른 애플리케이션에도 별 어려움 없이 적용된다.

5장에서 다루는 내용은 다음과 같다.

- CGI와 FastCGI 기술 소개
- 엔진엑스 FastCGI 유사 모듈
- PHP와 PHP-FPM 설정
- 파이썬과 장고Django 설정
- PHP와 파이썬을 구동하기 위한 엔진엑스 구성

FastCGI 소개

시작하기 전에 알아 둬야 할 것은 이름이 말하듯 FastCGI는 사실 공통 게이트웨이 인터페이스CGI, Common Gateway Interface의 변종이다. 따라서 CGI를 먼저 설명하는 것이 순서에 맞다. FastCGI의 개선점은 이어서 자세히 소개한다.

CGI 구조 이해

웹 서버의 원래 목적은 단순히 클라이언트의 요청에 응답으로 저장 장치에 있는 파일을 제공하는 것이다. 클라이언트는 파일을 다운로드할 때 서버에 요청을 보낸다. 서버는 요청을 처리해서 적절한 답을 보낸다. 파일이 정상적으로 제공되면 "202 OK"를, 파일을 찾지 못했으면 "404"를 응답 코드로 보낸다.

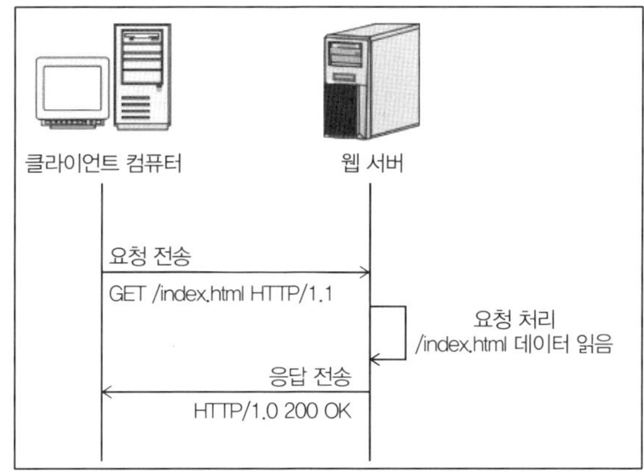

웹의 시작부터 이 연동 구조가 사용됐다. 하지만 이미 말했듯이 정적인 웹 사이트는 스크립트를 내장한 동적인 사이트가 확대됨에 따라 점진적으로 쇠퇴하고 있다. 이는 PHP나 파이썬 같은 애플리케이션으로 처리된다. 이렇게 웹 서비스 메커니즘은 다음과 같이 진화했다.

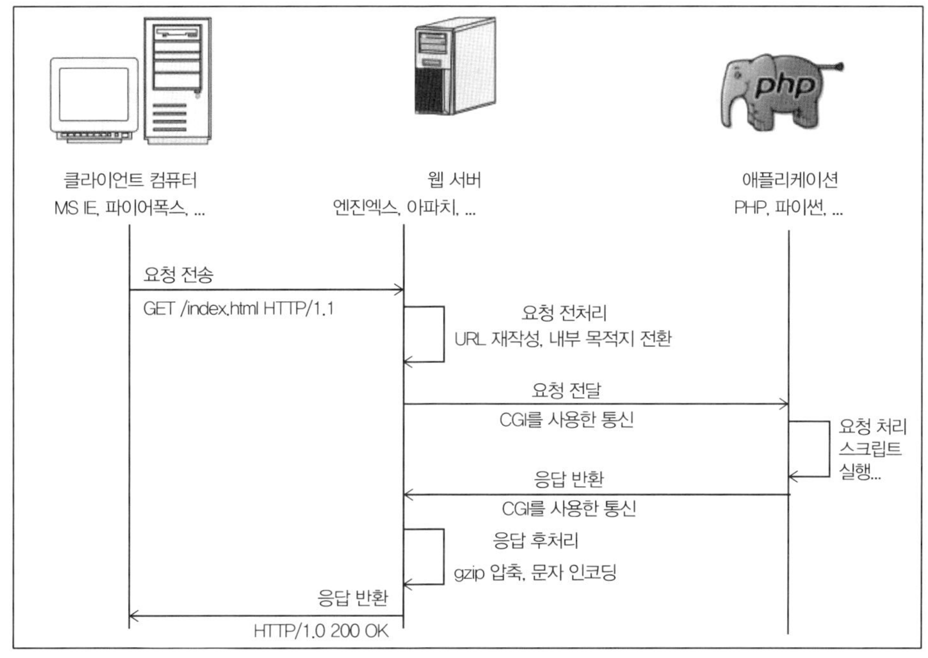

따라서 웹이 데이터를 제공하는 구조는 다음과 같이 진화했다. 클라이언트가 동적인 페이지에 방문하려 할 때 웹 서버는 요청을 받아 외부의 애플리케이션에 전달한다. 애플리케이션은 스크립트를 독립적으로 처리해서 생성된 결과를 웹 서버에 반환하며, 이 결과는 클라이언트에 응답으로 되돌려진다.

1990년대 초, 웹 서버와 애플리케이션이 연동되도록 공통 게이트웨이 인터페이스CGI, Common Gateway Interface 규약이 개발됐다.

CGI

인터넷 협회ISOC, Internet Society가 설계한 RFC 3875(CGI v1.1)는 다음과 같이 시작한다.

> CGI 덕에 HTTP 서버와 CGI 스크립트가 함께 클라이언트의 요청을 처리할 수 있다. 〈중략〉 서버는 네트워크 연결을 관리하고, 데이터를 보내고, 전송 처리하고, 클라이언트 요청과 연관된 네트워크 문제를 관리할 책임을 진다.

CGI는 웹 서버(엔진엑스)와 게이트웨이 애플리케이션(PHP, 파이썬 등) 간에 정보를 교환할 방법을 기술한 규약이다. 사실 웹 서버가 게이트웨이 애플리케이션(PHP, 파이썬 등)으로 전달해야 할 요청을 받으면 웹 서버는 애플리케이션에 맞는 적절한 명령(예를 들어 /usr/bin/php)으로 실행한다. (브라우저와 요청 정보 같은) 클라이언트 요청 세부 내용은 명령행 인자나 환경 변수로 전달되며, POST나 PUT 요청에 포함된 실제 데이터는 표준 입력으로 보내진다. 실행된 애플리케이션은 처리된 문서의 내용을 표준 출력에 출력하는데, 이를 웹 서버가 획득한다.

이 기술이 처음에는 단순하고 충분히 효과적인 것처럼 보였지만 중요한 결점이 몇 가지 있다.

- 요청마다 새로운 프로세스가 생성된다. 메모리와 다른 상태 정보가 요청과 요청 사이에 상실된다.

- 프로세스를 기동하면서 시스템의 자원이 소비된다. 동시에 다량의 요청이 발생하면 그만큼 프로세스가 생성되면서 서버가 순식간에 아수라장이 된다.
- 웹 서버와 애플리케이션을 서로 다른 컴퓨터에 분산하는 아키텍처를 설계하기 불가능하진 않겠지만 어려울 것이다.

FastCGI

앞서 설명한 CGI의 문제 때문에 CGI는 부하가 심해지곤 하는 서버에는 상대적으로 비효율적이었다. 1990년대 중반, 해결책을 찾으려고 노력하던 중 오픈 마켓Open Market은 CGI를 진화시킨 **고속 공통 게이트웨이 인터페이스**FastCGI, Fast Common Gateway Interface를 개발했다. FastCGI는 지난 15년이 넘는 기간 동안 주요 표준이 됐고, 이제는 마이크로소프트 IIS 등의 상용 서버 소프트웨어를 비롯한 대부분의 웹 서버가 FastCGI 기능을 제공한다.

목적은 여전히 같지만, FastCGI는 다음과 같은 원리를 수립해 CGI에 비해 뚜렷한 개선점을 제공한다.

- 요청마다 새 프로세스를 생성하는 대신 FastCGI는 영구적으로 지속되는 프로세스가 여러 요청을 처리하게 한다.
- 웹 서버와 게이트웨이 애플리케이션은 TCP나 POSIX 로컬 IPC 소켓 같은 소켓을 사용해서 통신한다. 결국 웹 서버와 뒷단의 프로세스를 네트워크상의 다른 두 컴퓨터로 분산 배치할 수 있다.
- 웹 서버는 단일 네트워크 연결로 게이트웨이에 클라이언트의 요청을 전달하고 응답을 받는다. 게다가 이어지는 요청을 부가 생성하지 않고도 이어서 보낼 수 있다. 다만 엔진엑스와 아파치Apache를 포함한 대부분의 웹 서버에서 구현된 FastCGI는 (적어도 완전한) 멀티플렉싱을 지원하지 않는다.

- FastCGI가 소켓 기반의 프로토콜인 만큼 FastCGI는 어떤 플렛폼에서든 어떤 언어를 사용해서도 구현할 수 있다.

5장에서는 FastCGI를 사용해 PHP를 설정한다. 그리고 FastCGI와 비슷한 개념의 uWSGI를 사용해 파이썬을 설정한다. 이와 함께 이 구조가 펄이나 루비 온 레일즈 같은 다른 애플리케이션의 경우와 상당히 비슷하다는 점을 알게 될 것이다.

FastCGI를 사용한 아키텍처를 설계하는 일은 사실 상상하는 만큼 복잡하지는 않다. 웹 서버와 뒷단에서 실행하는 애플리케이션이 있는 것은 동일하다. 남은 난제는 두 구성 요소를 서로 연결하는 일뿐이다. 이런 구조에서 첫 단계로 엔진엑스가 FastCGI 애플리케이션과 소통하도록 설정해야 한다. 엔진엑스와 FastCGI가 호환되게 하는 기능은 FastCGI 모듈이 담당한다. 이 모듈은 여러 엔진엑스 빌드에 기본으로 포함돼 있으며, 다양한 소프트웨어 저장소에서 다운로드해 설치한 엔진엑스 빌드도 마찬가지다. 이제 곧 이 모듈에서 제공하는 지시어를 자세히 다루겠다.

uWSGI와 SCGI

5장의 나머지를 읽기 전에 엔진엑스가 CGI에서 파생된 다른 모듈 구현을 두 가지 더 제공한다는 사실을 알아야 한다.

- uWSGI 모듈은 엔진엑스와 애플리케이션이 `uwsgi` 프로토콜로 통신하게 해준다. `uwsgi` 프로토콜은 웹 서버 게이트웨이 인터페이스[WSGI, Web Server Gateway Interface]에서 파생됐다. (고유의 구현이 아닌) 가장 많이 사용되는 uwsgi 프로토콜 서버 구현은 조금은 뻔한 이름의 uWSGI 서버다. 최신 문서는 http://uwsgi-docs.readthedocs.org에서 찾을 수 있다. uWSGI 프로젝트가 주로 파이썬 애플리케이션용으로 설계됐음을 고려하면 이 모듈은 파이썬 전문가에게 유용할 것이다.

- SCGI는 단순 일반 게이트웨이 인터페이스Simple Common Gateway Interface의 약자로 CGI 프로토콜의 변종이며 FastCGI와 유사하다. FastCGI보다 최신 프로토콜로 규약이 처음 공개된 해가 2006년이다. SCGI는 좀 더 쉽고 이름과 같이 단순하게 구현할 수 있도록 설계됐다. SCGI 인터페이스와 모듈은 아파치, IIS, 자바, 체로키Cherokee 등 다양한 소프트웨어 프로젝트에서 발견할 수 있다.

엔진엑스가 FastCGI, uWSGI, SCGI 프로토콜을 다루는 방법에는 큰 차이가 없다. 프로토콜마다 비슷한 이름의 지시어를 가진 모듈을 각각 갖고 있다. 다음 표에는 앞으로 자세히 다룰 FastCGI 모듈의 지시어 몇 가지와 uWSGI와 SCGI의 동등한 지시어를 나열했다.

FastCGI 모듈	uWSGI 모듈	SCGI 모듈
fastcgi_pass	uwsgi_pass	scgi_pass
fastcgi_cache	uwsgi_cache	scgi_cache
fastcgi_temp_path	uwsgi_temp_path	scgi_temp_path

지시어 이름과 구문이 동일하다. 게다가 엔진엑스 개발 팀은 세 모듈 모두를 지금까지 동시에 유지 보수해 왔다. 새로운 지시어나 지시어 개선 사항은 언제나 세 모듈 모두에 적용된다. 따라서 엔진엑스의 FastCGI 프로토콜 구현을 문서화하더라도 uWSGI와 SCGI에도 적용된다.

주요 지시어

FastCGI, uWSGI, SCGI 모듈은 기본 엔진엑스 빌드에 포함돼 있다. 컴파일하면서 따로 활성화할 필요가 없다. 아래 표에 나열된 지시어로 엔진엑스가 FastCGI/uWSGI/SCGI 애플리케이션에 요청을 전달하는 방식을 구성할 수 있다. `fastcgi_params`, `uwsgi_params`, `scgi_params` 파일은 대부분의 경우에 유용한 지시 값을 정의해 놓은 파일로, 엔진엑스 구성 폴더에서 찾을 수 있다.

<table>
<tr><th>지시어</th><th>설명</th></tr>
<tr><td>fastcgi_pass
맥락: location, if</td><td>위치에 따라 요청이 FastCGI로 전달되도록 지정하는 지시어다.
• TCP 소켓용 구문: fastcgi_pass 호스트_이름:포트;
• 유닉스 도메인 소켓용 구문: fastcgi_pass unix:/도메인/소켓/경로;
• 업스트림(upstream) 블록 지정(자세한 설명은 다음 절 참고):
fastcgi_pass 블록명;
예:
fastcgi_pass localhost:9000;
fastcgi_pass 127.0.0.1:9000;
fastcgi_pass unix:/tmp/fastcgi.socket;
# 업스트림 블록 사용
upstream fastcgi {
  server 127.0.0.1:9000;
  server 127.0.0.1:9001;
}
location ~* \.php$ {
  fastcgi_pass fastcgi;
}</td></tr>
<tr><td>fastcgi_param
맥락: http, server, location</td><td>요청이 FastCGI로 전달되도록 구성하는 지시어다. 모든 FastCGI 요청에 SCRIPT_FILENAME과 QUERY_STRING 두 매개변수가 필수다.
예:
fastcgi_param SCRIPT_FILENAME /home/website.com/
  www$fastcgi_script_name;
fastcgi_param QUERY_STRING $query_string;
POST 요청에는 REQUEST_METHOD, CONTENT_TYPE, CONTENT_LENGTH 매개변수가 추가로 필요하다.
fastcgi_param REQUEST_METHOD $request_method;
fastcgi_param CONTENT_TYPE $content_type;
fastcgi_param CONTENT_LENGTH $content_length;
엔진엑스 환경 구성 폴더에 있는 fastcgi_params 파일에는 FastCGI 구성마다 지정해야 하는 모든 필수 매개변수(SCRIPT_FILENAME 제외)가 이미 정의돼 있다.</td></tr>
</table>

(이어짐)

지시어	설명
(이어짐)	매개변수 이름이 HTTP_로 시작한다면 클라이언트 요청에 이미 있을 HTTP 헤더 값을 덮어 쓰게 된다. if_not_empty 키워드는 선택적으로 지정할 수 있는데, 지정한 값이 없을 때에만 매개변수를 전송하도록 엔진엑스에게 시킨다. **구문**: fastcgi_param 매개변수이름 매개변수값 [if_not_ empty];
fastcgi_bind 맥락: http, server, location	소켓을 기기의 IP 주소에 결속시키는 지시어다. FastCGI 통신에 사용하기 원하는 네트워크 인터페이스를 지정할 수 있다. off 값으로 지정하면 상위 수준에서 상속된 구성을 취소한다. transparent 옵션을 지정하면 기기의 IP가 아닌, 예를 들어 클라이언트의 IP로 지정할 수 있다. **구문**: fastcgi_bind IP_주소 [transparent]|off; **예**: fastcgi_bind $remote_addr transparent;
fastcgi_pass_header 맥락: http, server, location	부가적으로 FastCGI 서버로 전달돼야 할 헤더를 지정하는 지시어다. **구문**: fastcgi_pass_header 헤더_이름; **예**: fastcgi_pass_header Authorization;
fastcgi_hide_header 맥락: http, server, location	FastCGI에 숨겨야 하는 헤더(엔진엑스가 전달하지 않는 헤더)를 지정하는 지시어다. **구문**: fastcgi_hide_header 헤더_이름; **예**: fastcgi_hide_header X-Forwarded-For;
fastcgi_index 맥락: http, server, location	FastCGI 서버는 자동 디렉터리 색인을 제공하지 않는다. 요청된 URI가 /로 끝난다면 엔진엑스가 fastcgi_index 값을 덧붙인다. **구문**: fastcgi_index 파일명; **예**: fastcgi_index index.php;

(이어짐)

지시어	설명
fastcgi_ignore_client_abort 문맥: http, server, location	클라이언트가 웹 서버에 보낸 요청을 취소하면 어떻게 처리할지 정의할 수 있는 지시어다. 지시어가 켜져 있으면 엔진엑스는 요청 취소를 무시하고 요청 처리를 마무리한다. 지시어가 꺼져 있으면 요청 취소를 무시하지 않고 요청을 취소한다. 요청 처리를 중단하고 FastCGI 서버와의 모든 관련 통신을 취소한다. **구문:** on이나 off **기본값:** off
fastcgi_intercept_errors 맥락: http, server, location	게이트웨이가 반환한 오류를 엔진엑스가 처리할지, 아니면 클라이언트에 직접 오류 페이지를 반환할지 지정하는 지시어다(참고: 오류 처리는 error_page 지시어로 수행됨). **구문:** on이나 off **기본값:** off
fastcgi_read_timeout 맥락: http, server, location	FastCGI 애플리케이션의 응답 제한시간을 정의하는 지시어다. 엔진엑스가 지정한 시간 안에 응답을 받지 못하면 "504 게이트웨이 시간 초과" HTTP 오류가 반환된다. **구문:** 시간 값(초 단위) **기본값:** 60
fastcgi_connect_timeout 문맥: http, server, location	백엔드 서버 연결 시간제한을 정의하는 지시어다. 이 시간제한은 읽기/전송 시간제한과 다르다. 엔진엑스가 백엔드 서버와 이미 연결됐으면 fastcgi_connect_timeout은 적용되지 않는다. **구문:** 시간 값(초 단위) **기본값:** 60
fastcgi_send_timeout 맥락: http, server, location	백엔드 서버에 데이터를 전송하는 시간을 제한한다. 이 제한은 전체 응답의 지연 시간이 아닌 두 쓰기 동작 사이에만 적용된다. **구문:** 시간 값(초 단위) **기본값:** 60

(이어짐)

지시어	설명
fastcgi_split_path_info 맥락: location	http://website.com/page.php/param1/param2/와 같은 형태의 URL에 특히 유용한 지시어다. 이 지시어는 경로 정보를 지정한 정규식에 따라 분할한다. fastcgi_split_path_info ^(.+\.php)(.*)$; 이 지시어는 두 변수에 영향을 미친다. • **$fastcgi_script_name**: 실행된 실제 스크립트의 파일명(예에서는 page.php) • **$fastcgi_path_info**: 스크립트명 뒤에 오는 URL의 일부(예에서는 /param1/param2/) 두 변수는 추후 매개변수 정의에 사용될 수 있다. fastcgi_param SCRIPT_FILENAME /home/website.com/www$fastcgi_script_name; fastcgi_param PATH_INFO $fastcgi_path_info; **구문**: 정규식
fastcgi_store 맥락: http, server, location	이 지시어는 FastCGI 애플리케이션에서 온 응답을 저장 장치에 파일 형태로 저장하는 단순한 캐시 저장 기능을 활성화한다. 동일한 URI로 다시 요청을 받으면 FastCGI 애플리케이션으로 요청을 전달하는 대신 캐시 저장소에 저장된 문서를 직접 제공한다. 이 지시어는 캐시 저장 기능을 켜거나 끈다. **구문**: on이나 off
fastcgi_store_access 맥락: http, server, location	이 지시어는 캐시 저장 시 생성되는 파일에 적용될 접근 권한을 정의한다. **구문**: fastcgi_store_access [user:r|w|rw] [group:r|w|rw] [all:r|w|rw]; **기본값**: fastcgi_store_access user:rw;
fastcgi_temp_path 맥락: http, server, location	이 지시어는 임시 파일과 캐시 저장 파일의 경로를 지정한다. **구문**: 파일 경로 **예**: fastcgi_temp_path /tmp/nginx_fastcgi;

(이어짐)

지시어	설명
fastcgi_max_temp_file_size 맥락: http, server, location	FastCGI 요청에 임시 파일을 사용하지 않게 하려면 이 지시어에 0을 설정하고 아니면 최대 파일 크기를 지정한다. **기본값**: 1GB **구문**: 파일 크기 **예**: fastcgi_max_temp_file_size 5m;
fastcgi_temp_file_write_size 맥락: http, server, location	임시 파일을 저장 장치에 기록할 때 사용할 버퍼의 크기를 지정하는 지시어다. **구문**: 크기 값 **기본값**: 8k 또는 16k
fastcgi_send_lowat 맥락: http, server, location	TCP 소켓용 SO_SNDLOWAT 플래그를 사용하도록 허용하는 옵션으로, FreeBSD 전용이다. 이 값은 출력 작업용 버퍼의 최소 바이트 수를 정의한다. **구문**: 숫자 값(크기) **기본값**: 0
fastcgi_pass_request_body fastcgi_pass_request_headers 맥락: http, server, location	요청 본문과 부가 요청 헤더가 뒷단의 서버에 전달될지 여부를 정하는 지시어다. **구문**: on이나 off **기본값**: on
fastcgi_ignore_headers 맥락: http, server, location	뒷단 서버가 보낸 응답에서 다음에 나열한 헤더를 엔진엑스가 처리하지 않게 막는 지시어다. • X-Accel-Redirect • X-Accel-Expires • Expires • Cache-Control • X-Accel-Limit-Rate • X-Accel-Buffering • X-Accel-Charset **구문**: fastcgi_ignore_headers header1 [header2...];

(이어짐)

지시어	설명
fastcgi_next_upstream 맥락: http, server, location	fastcgi_pass가 업스트림 블록과 연결돼 있을 때 이 지시어는 요청을 버리고 해당 블록의 다음 업스트림 서버로 다시 보내야 하는 경우를 정한다. 이 지시어에 다음 값의 조합을 사용할 수 있다. • **error:** 서버와 통신하거나 통신을 시도하는 중에 오류가 발생함 • **timeout:** 데이터 전송이나 연결 시도 중에 지정된 시간을 넘음 • **invalid_header:** 뒷단의 서버가 빈 응답이나 잘못된 응답을 반환함 • **http_500, http_502, http_503, http_504, http_404, http_429:** 각 HTTP 오류가 발생했을 경우 엔진엑스는 다음 업스트림으로 전환한다. • **non_idempotent:** 보통 요청이 뒷단 서버로 전송된 후에는 POST, LOCK, PATCH 같은 비멱등 메서드일 때 다음 서버로 넘기지 않는다. 이 옵션은 재전송하게 만든다. • **off:** 다음 업스트림 서버로 넘기는 기능을 사용하지 못하게 함 **예:** fastcgi_next_upstream error timeout http_504; fastcgi_next_upstream timeout invalid_header;
fastcgi_next_upstream_timeout 맥락: http, server, location	fastcgi_next_upstream과 연관돼 사용될 시간제한 값을 정한다. 지시어를 0으로 설정하면 시간을 제한하지 않는다. **구문:** 시간 값(초 단위)
fastcgi_next_upstream_tries 맥락: http, server, location	오류 메시지를 반환하기 전에 시도할 최대 업스트림 서버 수를 정의한다. fastcgi_next_upstream과 함께 사용된다. 구문: 숫자 값(기본값: 0)
fastcgi_catch_stderr 맥락: http, server, location	이 지시어는 stderr로 보내질 오류 메시지 중 일부를 가로채서 엔진엑스 오류 로그에 저장하게 한다. **구문:** fastcgi_catch_stderr filter; **예:** fastcgi_catch_stderr "PHP Fatal error:";
fastcgi_keep_conn 맥락: http, server, location	on으로 설정하면 엔진엑스 FastCGI 서버와의 연결을 보존해 부하를 줄인다. **구문:** on이나 off(기본값: off) **주의:** uWSGI와 SCGI 모듈에는 상응하는 지시어가 없다.

(이어짐)

지시어	설명
fastcgi_socket_keepalive 맥락: http, server, location	FastCGI 연결이 유지되도록 TCP 소켓을 구성한다. 기본적으로는 운영체제의 소켓 설정이 그대로 반영된다. 이 지시어의 값이 on이면 SO_KEEPALIVE 소켓 옵션이 사용하는 소켓에 활성화된다. **구문:** fastcgi_socket_keepalive on | off; **기본값:** off **예:** fastcgi_socket_keepalive on;
fastcgi_force_ranges 맥락: http, server, location	on으로 설정하면 엔진엑스는 FastCGI 백엔드에서 오는 응답의 범위를 바이트 단위로 지정하는 기능을 활성화한다. **구문:** on이나 off(기본값: off)
fastcgi_limit_rate 맥락: http, server, location	엔진엑스가 FastCGI 백엔드에서 오는 응답을 다운로드하는 속도를 제한한다. **구문:** 숫자 값(초당 바이트)
fastcgi_cache 맥락: http, server, location	캐시 구역(cache zone)을 정의하는 지시어다. 구역에 부여된 식별 문자는 나중에 재사용된다. **구문:** fastcgi_cache 식별_문자; **예:** fastcgi_cache cache1;

FastCGI 캐싱과 버퍼링

엔진엑스를 FastCGI 애플리케이션과 동작하도록 올바르게 구성했다면 캐시 시스템을 설정해 전반적인 서버 성능을 향상시키는 데 도움이 되는 다음 지시어를 선택적으로 사용할 수 있다.

지시어	설명
fastcgi_cache 맥락: http, server, location	캐시 영역을 정의하는 지시어다. 영역에 주어지는 ID는 이후 지시어에서 재사용된다. **구문**: fastcgi_cache 영역_이름; **예**: fastcgi_cache cache1;
fastcgi_cache_key 맥락: http, server, location	캐시 키를 정의하는 지시어로, 이 키로 캐시에 등록하는 항목을 다른 항목과 구별 짓는다. 캐시 키를 $uri로 설정하면 결국 모든 유사한 $uri을 가진 모든 요청은 동일한 캐시 항목에 대응하게 된다. 이는 대부분의 동적 웹 사이트에는 충분하지 않은데, 질의 문자열(query string) 인자도 캐시 키에 포함해야만 /index.php와 /index.php?page=contact가 동일 캐시 항목을 가리키지 않게 된다. **구문**: fastcgi_cache_key 키; **예**: fastcgi_cache "$scheme$host$request_uri $cookie_user";
fastcgi_cache_methods 맥락: http, server, location	캐시할 HTTP 메서드를 정의하는 지시어다. GET과 HEAD는 기본으로 포함되며 비활성화할 수 없다. 예를 들어 POST 요청을 캐시에 포함시킬 수 있다. **구문**: fastcgi_cache_methods 메서드; **예**: fastcgi_cache_methods POST;
fastcgi_cache_min_uses 맥락: http, server, location	요청이 캐싱 후보가 되기 전까지의 최소 적중수를 정의하는 지시어다. 기본적으로 요청의 응답은 한 번 적중된 후에 캐시가 된다(동일 캐시 키를 가진 이후 요청은 캐시된 응답을 받게 된다). **구문**: 숫자 값 **예**: fastcgi_cache_min_uses 1;

(이어짐)

지시어	설명
fastcgi_cache_path 맥락: http	캐시 파일이 저장될 디렉터리를 가리키는 지시어다. **구문**: `fastcgi_cache_path path [levels=숫자들] keys_zone=이름:크기 [inactive=시간] [max_size=크기] [loader_files=숫자] [loader_sleep=시간] [loader_threshold=시간];` 부가 매개변수는 다음과 같다. • **levels**: 하위 디렉터리의 깊이를 나타냄(1:2는 두 단계까지 하위 디렉터리가 만들어질 것을 나타냄) • **keys_zone**: fastcgi_cache 지시어로 선언된 영역을 선택하고 메모리에서 차지하는 용량을 나타냄 • **inactive**: 캐시된 응답이 일정 시간 동안 사용되지 않으면 캐시에서 제거됨(기본값: 10분) • **max_size**: 전체 캐시의 최대 용량을 정의 • **manager_files, manager_sleep, manager_threshold**: 사용한 지 오래된 캐시를 삭제하는 캐시 관리자를 구성한다. 한 주기 안에 삭제할 파일의 수(manager_files, 기본값: 100파일), 삭제 주기 사이의 중단 시간(manager_sleep, 기본 50ms), 삭제 주기의 최대 작업 시간(manager_threshold, 기본값: 200ms) • **loader_files, loaded_sleep, loader_ threshold**: 파일 시스템에 보관된 캐시를 읽는 캐시 로더(cache loader)를 구성한다. 한 주기 안에 처리할 파일의 수(loader_files, 기본값: 100파일), 읽는 주기 사이의 중단 시간(loader_sleep, 기본값: 50ms), 읽는 주기의 최대 작업 시간(loader_threshold, 기본값: 200ms) **예**: `fastcgi_cache_path /tmp/nginx_cache levels=1:2 zone=zone1:10m inactive=10m max_ size=200M;`

(이어짐)

지시어	설명
fastcgi_cache_use_stale 맥락: http, server, location	(게이트웨이와 관련된) 특정 상황에서 엔진엑스가 만기된 캐시 데이터라도 제공할지 여부를 정의하는 지시어다. fastcgi_cache_use_stale timeout을 사용하고 게이트웨이에서 시간 내에 응답이 오지 않으면 엔진엑스는 캐시된 데이터를 응답으로 제공한다. Cache-Control 헤더에 stale-while-revalidate 속성이 있으면 업데이트 중에 만기된 캐시 응답이 사용된다. Cache-Control 헤더에 stale-if-error 속성이 있으면 오류가 발생했을 때 만기된 캐시 응답이 사용된다. **구문**: fastcgi_cache_use_stale [updating] [error] [timeout] [invalid_header] [http_500] [http_502] [http_503] [http_504] [http_403] [http_404] [http_429] [off]; **예**: fastcgi_cache_use_stale error timeout;
fastcgi_cache_background_update 맥락: http, server, location	on으로 설정하면 만기된 캐시 데이터가 제공되는 동안 배후에서 부가 요청을 보내 만기된 캐시 항목을 갱신한다. fastcgi_cache_use_stale에 updating이 설정돼 있어야 한다. **구문**: fastcgi_cache_background_update on|off;
fastcgi_cache_valid 맥락: http, server, location	응답 코드마다 별도의 캐시 보관 시간을 지정할 수 있는 지시어다. "404" 오류 코드의 응답은 1분 동안 캐시하면서 "200 OK" 응답은 10분 이상 보관해야 할 때가 있다. 이 지시어는 다음과 같이 여러 번 사용할 수 있다. fastcgi_cache_valid 404 1m; fastcgi_cache_valid 500 502 504 5m; fastcgi_cache_valid 200 10; **구문**: fastcgi_cache_valid code1 [code2...] 시간;
fastcgi_no_cache 맥락: http, server, location	요청이 특정 조건에 부합할 때 캐시를 적용하지 않아야 할 때가 있다. 이 지시어는 변수를 여러 개 나열할 수 있다. 이 변수 중 하나라도 값을 갖고 있을 경우(빈 문자열이나 0이 아님) 이 요청은 캐시에 저장되지 않는다. **구문**: fastcgi_no_cache $변수1 [$변수2] [...]; **예**: fastcgi_no_cache $args_nocaching;

(이어짐)

지시어	설명
fastcgi_cache_bypass 맥락: http, server, location	캐시에 저장된 응답이 있을 때 응답을 캐시에서 읽어야 할지 알려준다는 것을 제외하면 (요청 결과를 저장할지 판단하는) fastcgi_no_cache와 비슷하게 동작하는 지시어다. **구문**: fastcgi_cache_bypass $변수1 [$변수2] [...]; **예**: fastcgi_cache_bypass $cookie_bypass_ cache;
fastcgi_cache_lock, fastcgi_cache_lock_timeout, fastcgi_cache_lock_age 맥락: http, server, location	on으로 설정하면 fastcgi_cache_lock은 fastcgi_cache_lock_age에 지정한 기간만큼 캐시를 갱신하길 기다리면서 추가 요청을 뒷단으로 보내지 않는다(fastcgi_cache_lock_timeout은 fastcgi_cache_age와 같지만 요청을 캐시하지 않는다). **예**: fastcgi_cache_lock on; fastcgi_cache_lock_timeout 10s;
fastcgi_cache_revalidate 맥락: http, server, location	활성화되면 If-modified-since와 If-none-match 헤더로 지시될 때 엔진엑스가 만기된 캐시 항목을 다시 검증한다. **구문**: fastcgi_cache_revalidate on off; **기본값**: off
fastcgi_buffering, fastcgi_request_buffering 맥락: http, server, location	뒷단의 FastCGI에서 보낸 응답(fastcgi_request_buffers의 경우는 클라이언트의 응답)을 버퍼링할지 말지 결정한다. 비활성화되면 엔진엑스는 응답을 클라이언트에 동기 방식으로 전달한다. 활성화되면 뒷단에서 모든 내용이 다 전송될 때까지 응답을 버퍼에 저장하다가 한 번에 클라이언트에 보낸다. **구문**: fastcgi_buffering on | off; **기본값**: on
fastcgi_buffers 맥락: http, server, location	FastCGI 애플리케이션에서 오는 응답 데이터를 읽는 데 사용될 버퍼의 용량과 크기를 설정하는 지시어다. **구문**: fastcgi_buffers 용량 크기; **기본값**: 8버퍼, 버퍼당 4k 또는 8k(플랫폼에 따라 다름) **예**: fastcgi_buffers 8 4k;

(이어짐)

지시어	설명
fastcgi_buffer_size 맥락: http, server, location	FastCGI 애플리케이션에서 오는 응답의 시작을 읽는 데 사용될 버퍼의 크기를 설정하는 지시어다. 기본값은 이전 지시어(fastcgi_buffers)로 정의한 버퍼 하나의 크기다. **구문**: fastcgi_buffer_size 값 **예**: fastcgi_buffer_size 4k;

다음은 전체 엔진엑스 FastCGI 캐시 구성 예로, 앞의 표에서 설명한 캐시 관련 지시어 대부분을 사용했다.

```
fastcgi_cache phpcache;
fastcgi_cache_key "$scheme$host$request_uri"; # $request_uri는 요청의 인자를 포함
                                              # (예: /page.php?arg=value)
fastcgi_cache_min_uses 2; # 캐시에 두 번 적중된 후 캐시된 응답을 제공
fastcgi_cache_path /tmp/cache levels=1:2 keys_zone=phpcache:10m inactive=30m
      max_size=500M;
fastcgi_cache_use_stale updating timeout;
fastcgi_cache_valid 404 1m;
fastcgi_cache_valid 500 502 504 5m;
```

위의 각 지시어는 어느 가상 호스트 구성에도 유효하기 때문에 (fastcgi_cache 같은) 별도 파일에 저장했다가 적절한 위치에 포함시키고 싶을 것이다.

```
http {
   ......
   server {
      server_name website.com;
      location ~* \.php$ {
         fastcgi_pass 127.0.0.1:9000;
         fastcgi_param SCRIPT_FILENAME /home/website.com/www$fastcgi_script_name;
         fastcgi_param PATH_INFO $fastcgi_script_name;
         include fastcgi_params;
```

```
        }
        include fastcgi_cache;
    }
}
```

엔진엑스와 PHP

FastCGI를 사용해 PHP를 엔진엑스와 동작하게 구성하려 한다. SCGI나 uWSGI 같은 대안도 있는데 왜 FastCGI를 사용해야 할지 궁금할 것인데, 답은 PHP 버전 5.3.3에 있다. 이 버전부터 시작해 모든 PHP는 FastCGI 프로세스 관리자가 통합돼 FastCGI 프로토콜을 구현하는 애플리케이션을 쉽게 연결할 수 있다. PHP를 빌드할 때 `--enable-fpm` 옵션으로 구성했다면 아무런 추가 작업도 필요 없다. 지금 설치한 PHP 설정에 필요한 요소가 포함됐는지 확실하지 않더라도 걱정하지 않아도 된다. 필요한 모든 것이 포함된 PHP를 빌드하는 방법도 5장에서 다룬다. 직접 빌드하는 대신 저장소 대부분에 등록돼 있는 `php-fpm`이나 `php7-fpm` 패키지를 사용하는 방법도 있다.

아키텍처

설정 과정을 시작하기 전에 PHP가 엔진엑스와 연동되는 방식을 이해하는 것이 중요하다. FastCGI는 소켓을 이용해 동작하는 통신 프로토콜이라고 정의했었는데, 이는 통신의 주체인 클라이언트와 서버가 있음을 뜻한다. 클라이언트는 당연히 엔진엑스다. 문제는 서버인데, 단지 'PHP'라고 답하기엔 사실 좀 복잡하다.

기본적으로 PHP는 FastCGI 프로토콜을 지원한다. PHP는 스크립트를 처리하며 엔진엑스와 소켓으로 연동할 수 있다. 하지만 우리는 프로세스 관리 전반을 개선하는 부가 요소를 사용하려고 한다. PHP-FPM으로도 알려진 FastCGI 프로세스 관리자가 그것이다.

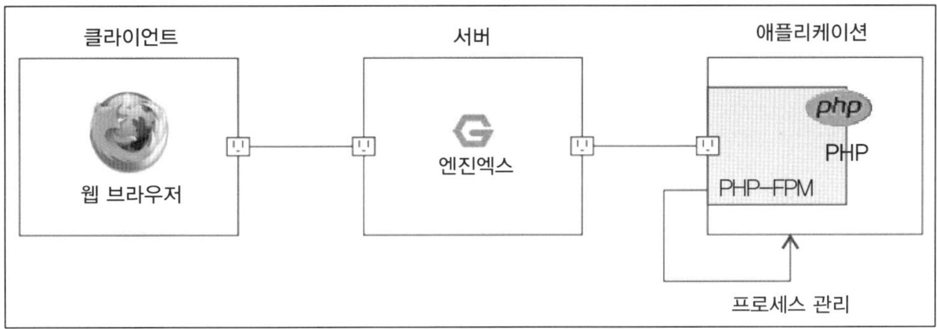

PHP-FPM은 FastCGI 지원 수준을 완전히 새로운 경지에 이르게 한다. PHP-FPM의 다양한 특징을 자세히 알아보자.

PHP-FPM

이 프로세스 관리자는 이름이 말하듯 PHP 프로세스를 관리하는 스크립트다. PHP-FPM은 엔진엑스에서 수신되는 지시를 기다렸다가 구성된 환경에서 요청된 PHP 스크립트를 실행한다. 실제로 PHP-FPM은 다음과 같은 가능성을 제공한다.

- PHP의 자동 데몬 프로세스화(백그라운드 프로세스로 전환)
- chroot로 격리된 환경에서 스크립트를 수행
- 로그 개선, IP 주소 제한, 풀pool 분리 등

PHP와 PHP-FPM 설정

이 절에서는 최신 PHP를 다운로드해 컴파일하는 과정을 자세히 다룬다. 지금 PHP 이전 버전(5.3.3 이전)을 사용한다면 이 각 단계를 따라 PHP를 빌드해야 한다.

다운로드와 압축 해제

현 시점의 PHP의 최신 안정판은 7.3.13이다. 압축된 tar 파일을 다음 명령으로 다운로드한다.

```
[user@local ~]$ wget https://www.php.net/distributions/php-7.3.13.tar.gz
```

다운로드가 끝났으면 `tar` 명령으로 PHP 파일을 압축 해제한다.

```
[user@local ~]$ tar xzf php-7.3.13.tar.gz
```

요구 사항

PHP를 PHP-FPM과 빌드하는 데 반드시 필요한 두 가지는 `libevent`와 `libxml` 개발 라이브러리다. 이 라이브러리가 시스템에 설치되지 않았다면 사용하는 시스템의 패키지 관리자로 설치해야 한다.

레드햇 기반의 시스템이나 Yum을 패키지 관리자로 사용하는 다른 시스템에서는 다음 명령을 사용한다.

```
[root@local ~]# yum install libevent-devel libxml2-devel
```

우분투Ubuntu, 데비안Debian이나 다른 apt-get 또는 aptitude를 사용하는 시스템에서 입력할 명령은 다음과 같다.

```
[root@local ~]# apt-get install libxml2-dev libevent-dev
```

PHP 컴파일

필요한 외부 라이브러리를 모두 설치하면 PHP 빌드 작업을 시작할 수 있다. 이전에 설치했던 다른 애플리케이션이나 라이브러리와 비슷하게 configure, make, make install라는 세 가지 명령이 기본적으로 필요하다. 이 작업으로 새 PHP가 설치될 것이다. 이미 PHP가 패키지로 시스템에 설치돼 있어도 새 PHP가 이미 설치된 PHP를 덮어 쓰지 않게 할 수 있다. configure 명령에 --prefix 옵션으로 설치 위치를 지정하면 다른 위치에 설치된다. 새 PHP가 설치될 위치는 make install 명령이 실행되는 동안에 표시된다.

첫 단계인 구성(configure)이 가장 중요하다. PHP가 PHP-FPM 관련 기능을 포함하도록 옵션을 활성화해야 하기 때문이다. configure 명령에 전달할 수 있는 구성 인자는 엄청나게 다양하다. 어떤 인자는 데이터베이스 연동, 정규식, 파일 압축 기능, 웹 서버 통합 같은 중요한 기능을 활성화하는 데 필요하다. 다음 명령을 실행하면 모든 구성 옵션 목록이 표시된다.

```
[user@local php-7.3.13]$ ./configure --help
```

최소한의 명령이 사용될 수도 있지만, 다량의 기능이 누락될 것임을 명심하자. 다른 기능 요소가 포함되길 원한다면 이 책에서 다루지 않는 부가적인 라이브러리가 필요할 것이다. 아무튼 어떤 경우라도 --enable-fpm 스위치는 포함해야 한다.

```
[user@local php-7.3.13]$ ./configure --enable-fpm [...]
```

다음 단계는 애플리케이션을 빌드하는 동시에 설치하는 것이다. 설치에는 root 권한이 필요하다.

```
[user@local php-7.3.13]$ make
[user@local php-7.3.13]$ sudo make install
```

이 작업은 시스템 사양에 따라 시간이 좀 걸릴 수 있다. 빌드 과정에 제공되는 정보 중 중요한 것을 기록해두자. 컴파일된 이진 실행 파일과 구성 파일의 위치를 지정하지 않았다면 끝날 때 표시될 것이다.

설치 후 구성

새로 설치된 PHP를 구성하는 것으로 시작하자. 예를 들어 기존 PHP의 php.ini를 새 PHP에 복사하는 방법도 있다.

```
[user@local php-7.3.13]$ sudo cp php.ini-production /usr/local/etc/php.ini
```

엔진엑스가 스크립트 파일과 요청 정보를 PHP에 전달하는 방식 때문에 cgi.fix_pathinfo=1 구성 옵션을 사용하면 보안 침입이 발생할 수 있다. php.ini 파일에서 이 옵션을 0으로 설정하기를 강력히 권고한다. 이 보안 문제와 관련해 더 자세한 정보를 원하면 다음 글을 참고하자.

http://cnedelcu.blogspot.com/2010/05/nginx-php-via-fastcgi-important.html

다음 단계는 PHP-FPM 구성이다. 먼저 /usr/local/etc/에 php-fpm.conf 파일을 생성해서 편집한다. 이 디렉터리에 저장돼 있는 php-fpm.conf.default를 복사하거나 이름을 바꿔서 만들어도 된다. /usr/local/etc/php-fpm.d에도 풀 설정을 해야 하는데, 이미 이 디렉터리에 있는 www.conf.default 파일을 복사하거나 참조해서 .conf로 끝나는 파일을 만들어두면 자동으로 읽혀진다.

여기에서 PHP-FPM 구성의 모든 내용을 자세히 다룰 수는 없다(구성 파일 안에 다량의 설명이 포함돼 있다). 하지만 잊어서는 안 되는 중요한 구성 지시어가 있다.

- 작업자 프로세스와 유닉스 소켓이 사용할 사용자와 그룹 수정
- PHP-FPM이 통신에 사용할 주소와 포트
- 동시에 처리할 요청 횟수
- PHP-FPM에 접속을 허용할 IP 주소

실행과 제어

PHP-FPM 구성 파일을 수정한 후에 다음 명령으로 PHP-FPM을 실행할 수 있다(파일 경로는 빌드 구성에 따라 전혀 다를 수 있음).

```
[root@local ~]# /usr/local/sbin/php-fpm -c /usr/local/etc/php.ini --pid
/usr/local/var/run/php-fpm.pid --fpm-config=/usr/local/etc/php-fpm.conf -D
```

이 명령은 몇 가지 중요한 인자를 포함하고 있다.

- **-c /usr/local/etc/php.ini:** PHP 구성 파일의 경로 지정
- **--pid /usr/local/var/run/php-fpm.pid:** 초기화 스크립트에서 프로세스를 제어하는 데 유용한 PID 파일의 경로 지정
- **--fpm-config=/usr/local/etc/php-fpm.conf:** PHP-FPM이 특정 구성 파일을 사용하도록 강제 지정
- **-D:** PHP-FPM을 데몬화(배경에서 PHP-FPM이 동작하게 함)

다른 명령행 인자는 `php-fpm -h`로 출력할 수 있다.

> `kill`이나 `killall` 명령으로 PHP-FPM을 종료시킬 수 있다. 또는 이 프로세스를 실행하거나 중단시키는 데 초기화 스크립트를 사용할 수도 있다. 이 스크립트는 설치한 PHP에 포함돼 있다.

엔진엑스 구성

PHP-FPM을 올바로 구성하고 시작하는 데 성공했다면 엔진엑스 구성 파일을 손봐서 이 둘이 연결되게 할 차례다. 다음 server 설정 블록은 단순하고 유효한 템플릿으로, 웹 사이트 구성의 기본 바탕으로 사용할 수 있다.

```
server {
   server_name .website.com; # 서버 이름, www 인정
   listen 80; # 80 포트에 접속 가능
   root /home/website/www; # 최상위 문서 경로
   index index.php; # 기본 요청 파일명: index.php

   location ~* \.php$ { # 요청된 파일이 .php로 끝날 때
      # 앞에서 구성한 FastCGI 주소와 포트 지정
      fastcgi_pass 127.0.0.1:9000;
      # PHP-FPM에 전달될 문서 경로
      fastcgi_param SCRIPT_FILENAME $document_root$fastcgi_script_name;
      # PHP-FPM에 전달될 스크립트 파일명
      fastcgi_param PATH_INFO $fastcgi_script_name;
      # 다른 FastCGI 관련 구성 설정을 읽어서 포함
      include fastcgi_params;
   }
}
```

구성 파일을 저장한 후에 엔진엑스가 이 구성을 다시 읽도록 다음 명령 중 하나를 사용한다.

```
/usr/local/nginx/sbin/nginx -s reload
```

또는

```
service nginx reload
```

웹 사이트의 루트 디렉터리에 간단한 스크립트를 만들어서 PHP가 올바로 실행되는지 확인한다.

```
[user@local ~]$ echo "<?php phpinfo(); ?>" > /home/website/www/index.php
```

사용하는 어느 웹 브라우저든 실행해서 http://localhost/(또는 웹 사이트 URL)를 읽는다. 다음 화면과 비슷한 PHP 서버 정보 페이지를 보게 될 것이다.

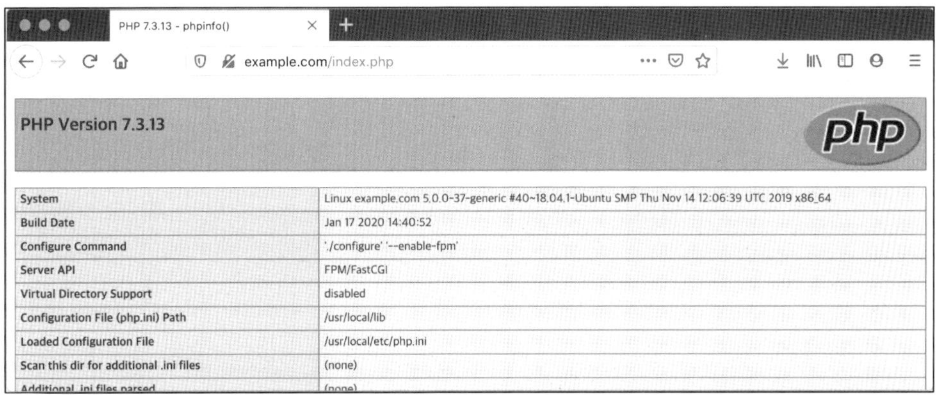

파일과 디렉터리 접근 권한이 올바로 설정돼 있지 않으면 이따금 "403 접근금지" HTTP 오류가 발생한다. 이런 경우엔 php.fpm.conf 파일의 사용자와 그룹을 정확히 지정하자. 그러면 디렉터리와 파일을 PHP가 읽을 수 있다.

파이썬과 엔진엑스

파이썬Pyton은 유닉스 기반 시스템에서 윈도우까지 다수의 플랫폼에서 사용할 수 있는 유명한 객체지향 프로그래밍 언어다. 자바와 마이크로소프트 .Net 플랫폼에서도 사용할 수 있다. 파이썬을 엔진엑스와 동작하게 구성하고 싶다면 이미 파이썬이 무엇을 하는 것인지 잘 알고 있다는 뜻으로 보인다. 장고Django 프레임워크의 도움을 받아 파이썬을 서버 웹 프로그래밍 언어로 사용해보자.

장고

장고는 파이썬용 오픈소스 웹 개발 프레임워크로, 웹 개발을 간단하고 쉽게 만드는 것이 목적이다.

> 마감일이 있는 완벽주의자를 위한 웹 프레임워크

자세한 정보는 프로젝트 웹 사이트인 http://www.djangoproject.com에서 얻을 수 있다.

장고는 동적 관리 인터페이스, 캐시 프레임워크, 단위 테스트 같은 흥미로운 특징을 포함하고 있다. 장고 서버와 엔진엑스를 uWSGI로 연동되게 해보겠다.

파이썬과 장고 설정

필요한 요소와 함께 파이썬과 장고를 리눅스 운영체제에 설치해보려 한다. 이 과정은 상대적으로 순탄하고, 문제가 거의 발생하지 않는 몇 가지 명령을 실행할 뿐이다.

파이썬

파이썬은 사용 중인 패키지 관리자 저장소에서 구할 수 있다. 레드햇 기반의 시스템이나 yum을 패키지 관리자로 사용하는 다른 시스템에서 파이썬을 설치하려면 다음 명령을 사용한다.

```
[root@local ~]# yum install python3 python3-devel
```

우분투, 데비안이나 apt 또는 apititude를 사용하는 다른 시스템에서는 다음 명령을 사용한다.

```
[root@local ~]# apt-get install python3 python3-dev
```

패키지 관리자가 필요한 다른 라이브러리를 알아서 설치할 것이다.

장고

장고Django를 설치할 때는 다른 방식을 사용한다(이 단계를 완전히 무시하고 통상의 저장소에서 설치할 수도 있다). 장고 프레임워크를 PIP를 사용해서 다운로드하겠다. PIP는 파이썬 패키지를 단순하게 설치하게 만들어 주는 도구다. 따라서 첫 단계는 PIP 설치다. 레드햇 기반의 시스템이나 Yum을 패키지 관리자로 사용하는 다른 시스템에서는 다음 명령을 사용한다.

```
[root@local ~]# yum install python3-pip
```

우분투, 데비안이나 apt 또는 apititude를 사용하는 다른 시스템은 다음 명령을 사용한다.

```
[root@local ~]# apt-get install python3-pip
```

각 패키지 관리자는 스스로 필요한 다른 패키지를 설치한다. PIP가 일단 설치되면 다음 명령을 실행해 장기 지원 안정 버전인 장고 2.2.x를 다운로드해 설치한다.

```
[user@local ~]$ pip3 install django~=2.2.0
```

끝으로 엔진엑스와 파이썬을 uWSGI로 연동하게 하는 데 필요한 마지막 요소가 하나 있다. uwsgi 프로토콜을 지원하는 미들웨어 uWSGI를 사용하겠다.

```
[user@local ~]$ pip3 install uwsgi
```

uWSGI 시작

장고 프레임워크로 웹 사이트를 구축하는 초기 작업은 아주 단순해서 다음 명령을 실행하기만 하면 된다.

```
[user@local ~]$ django-admin startproject mysite
```

작업이 끝나면 기본 프로젝트 템플릿에 딸려오는 manage.py라는 파이썬 스크립트가 보일 것이다. manage.py가 저장돼 있는 새로 생성된 웹 사이트 디렉터리로 이동해 다음 명령을 실행한다.

```
[user@local mysite]# uwsgi --socket :9000 -p 5 --module mysite.wsgi
```

여기서 --socket 옵션은 통신에 사용할 포트 번호를 지정하는 옵션이다. 엔진엑스와 uWSGI는 9000번 포트로 uwsgi 프로토콜을 사용해 데이터를 주고받는다. -p는 작업자 프로세서의 개수다. 위 명령은 가장 간단한 형태의 uWSGI 실행 방법에 속한다. 자세한 내용은 uWSGI 참조 문서(https://uwsgi-docs.readthedocs.io)를 참고하자.

모든 것이 정확히 구성됐다면, 그리고 필요한 외부 라이브러리가 올바로 설치됐다면 각종 프로세스 정보가 화면에 표시될 것이다. 이제 uWSGI 서버가 실행돼 연결을 기다린다. ps 명령으로 애플리케이션이 실행되는지 확인할 수 있다(예를 들어 ps aux | grep uwsgi 실행). 실행되는 프로세스가 전혀 없다면 위 실행 명령어에서 포트를

살짝 다른 것으로 바꿔보자. 이제 해야 할 작업은 엔진엑스 구성 파일에 가상 호스트를 설정하는 것뿐이다.

엔진엑스 구성

엔진엑스 구성은 PHP와 비슷하다.

```
server {
    server_name .website.com;
    listen 80;

    # 파이썬 프로젝트 공개 파일의 경로를 아래에 삽입
    root /home/website/www;

    location / {
        uwsgi_pass uwsgi://127.0.0.1:9000;
        include uwsgi_params;
    }

    location /static/ {
        root home/website/mysite/static/;
    }
}
```

요약

PHP, 파이썬이나 다른 어떤 CGI 애플리케이션 중 무엇을 사용하든 이제 동적 스크립트를 엔진엑스와 운영하는 방법을 분명히 알게 됐다. 주류 프로그래밍 언어와 FastCGI 프로토콜용 구현은 모두 웹에서 구할 수 있다. 효율성 때문에 유독 FastCGI가 mod_php 같은 서버 통합 기술을 빠르게 대체하는 중이다.

범용성에서는 FastCGI가 좋지만 장고는 1.9 이후로 FastCGI를 직접 지원하지 않는다. `uwsgi` 서버인 uWSGI를 사용해 엔진엑스와 장고 애플리케이션을 연동해봤다.

이미 잘 동작하는 시스템 구조(예를 들어 아파치와 mod_php)가 있어 엔진엑스와 서버 애플리케이션을 직접 연결하는 것이 불안하다면 6장에서 제안하는 선택지에 관심이 있을 것이다.

06

아파치와 엔진엑스 연동

이 책을 읽을 정도라면 이미 아파치 웹 서버를 다룰 기회가 있었을 것이다. 아파치가 여전히 시장의 주요 기술이기 때문이다. 사실 엔진엑스에 관심을 두는 많은 시스템 관리자가 아파치에서 문제를 경험했다. 아파치를 운영하다 보면 성능 저하, 복잡한 구성, 종종 발생하는 응답성 부족 현상, 기타 다양한 문제를 겪는다. 이럴 때 아파치를 엔진엑스 같은 다른 웹 서버로 교체하겠다는 생각이 가장 먼저 든다. 하지만 조금 억지스러워서 자주 거론되지는 않는 다른 대안이 있다. 엔진엑스와 아파치를 함께 운영하는 방안이다. 자세히 검토하면 이 해법은 많은 장점이 있다. 특히 앞서 언급한 문제의 즉각적이고 효과적인 해법을 찾는 관리자에게 그렇다.

6장에서 다루는 내용은 다음과 같다.

- 역프록시 메커니즘 소개

- 이런 아키텍처의 장점과 단점
- 엔진엑스 프록시 모듈 탐구
- 아파치-엔진엑스 연동 구성
- 엔진엑스 뒷단에서 동작하도록 아파치 재구성
- 추가적인 조정과 주의사항

역프록시로 엔진엑스 활용

6장에서 설명하려는 역프록시 메커니즘을 오랫동안 사용할 최종적인 해법으로 생각해서는 안 된다는 점을 염두에 두자. 이 해법은 다음과 같은 문제 상황에서 임시 아키텍처로 이용해야 한다.

- 엔진엑스로 이전하기 어려울만큼 복잡한 구성의 아파치가 이미 설치돼 있거나 엔진엑스로 완전히 전환할 여유가 없을 때
- 구버전 패러럴즈 플레스크Parallels Plesk나 씨패널cPanel 또는 자동으로 아파치 구성 파일을 생성하는 다른 시스템 관리 패널을 사용해서 시스템을 운영하고 있을 때
- 프로젝트나 아키텍처에서 요구되는 기능이 아파치에서는 가능하지만 엔진엑스로는 안 될 때

다른 경우에는 엔진엑스로 완전히 전환하는 것이 더 낫다. 이 과정을 매끄럽게 진행하는 방법은 7장에서 설명한다.

문제 이해

이 역프록시 메커니즘은 주로 아파치의 전체적인 서비스 속도라는 한 가지 문제를 다룬다. 아파치가 (수신되는 요청마다) 메모리에 적재해 놓는 다량의 모듈과 다른 구성요소 때문에 동시에 대규모로 요청이 유입되면 서버 성능이 급격히 떨어질 것이다. 어떤 사람은 아파치가 최적화와 처리 속도를 희생하면서 기능에 초점을 맞춘다고 말할 것이다. 실제로 이 때문에 과도한 메모리와 CPU 부하가 발생한다. 반대로 엔진엑스는 다량의 요청을 처리하면서도 (아파치에 비해 RAM와 CPU를 적게 사용해서) 가볍고 안정적인 것으로 판명됐다.

어떻게 이럴 수 있었을까? 이 질문에 답하기 전에 웹 서버가 제공하는 콘텐츠의 유형을 분석해보면 흥미로울 것이다. 무수한 사람이 매일 정기적으로 읽어 들이는 http://www.yahoo.com을 살펴보자. 야후가 전적으로 월드와이드웹을 대변하지는 않지만, 우리 분석은 다수의 웹 사이트에 유효할 것이고 야후 홈 페이지는 우리가 대면하는 문제를 완벽히 드러내는 사례다.

일반 사용자가 http://www.yahoo.com에 방문하면 웹 브라우저는 사실 매우 많은 양의 데이터를 다운로드해야 한다. 다음 표는 브라우저가 다운로드하는 파일이다.

매체 종류	요청당 파일 수	전체 크기	전체 압축된 크기
HTML 소스코드	1	157.6KB	52.5KB
자바스크립트(.js) 코드 파일과 라이브러리	6	382.1KB	112.3KB
캐스캐이딩 스타일 시트(.css) 파일	3	256.8KB	42.8KB
플래시 애니메이션(.swf)	2	61.4KB	61.4KB
CSS 파일에서 링크된 이미지(.png, .gif)	18	43.0KB	43.0KB
일반 이미지(.gif, .jpg)	11	73.3KB	73.3KB
총합	41	974.2KB	385.3KB

앞의 표는 미국 방문자 기준으로 이 책을 쓰는 시점의 측정값을 반영한 것이다. 측정하는 지리적 위치나 방문 날짜, 다른 조건에 따라 조금씩 다를 것이다.

브라우저가 다운로드해야 하는 데이터양이 상대적으로 낮다. 무엇보다 385.3KB(쿠키 데이터와 다른 부가 데이터를 포함하면 400~450KB) 정도는 이제 많은 나라에서 제공되는 고속 인터넷에서 1초면 충분히 전송된다.

우리 경우에 정작 문제가 되는 것은 서버가 다뤄야 하는 요청 횟수다. 모든 첫 방문자와 캐시하지 않고 이 페이지를 읽는 모든 브라우저를 위해 웹 서버는 최소한 41개의 요청을 처리하게 된다. 다행히 대부분은 파일을 캐시해 놓고 쓰지만, 웹 서버의 내용이 자주 바뀐다는 점을 명심하자. 웹 서버의 내용이 최신 정보를 제공하는 뉴스일 수도 있고 일상적인 웹 사이트 변경 때문에 내용이 바뀔 수도 있다.

웹 서버가 HTTP 요청 41개를 1초 안에 처리할 수 있을까? 초당 1,000페이지 뷰일 때 요청 41,000건이 발생하는데, 이를 처리할 수 있을까? 410,000건은 처리할 수 있을까? 그럴 수 있다면 이미 이런 부하를 처리할 수 있는 인프라를 갖고 있는 것이다. 어느 쪽이든 엔진엑스로 처리하면 더 낫다. 이미 본 것처럼 요청 41개 중 40개는 이미지, CSS, 자바스크립트 코드 파일 같은 정적 콘텐츠다. 엔진엑스가 이런 파일을 처리하는 속도를 생각해봤을 때 엔진엑스가 정적 파일을 제공하고 아파치는 동적인 내용을 다루게 하는 아키텍처를 설계할 수 있다.

역프록시 메커니즘

5장에서 설명했던 FastCGI 아키텍처처럼 엔진엑스를 앞단의 서버로 운영하려고 한다. 다시 말해 엔진엑스는 외부 세계와 직접 연결돼 소통하게 되는 반면 아파치는 그 뒤에서 엔진엑스와 데이터를 교환하는 서버 역할만 하게 된다.

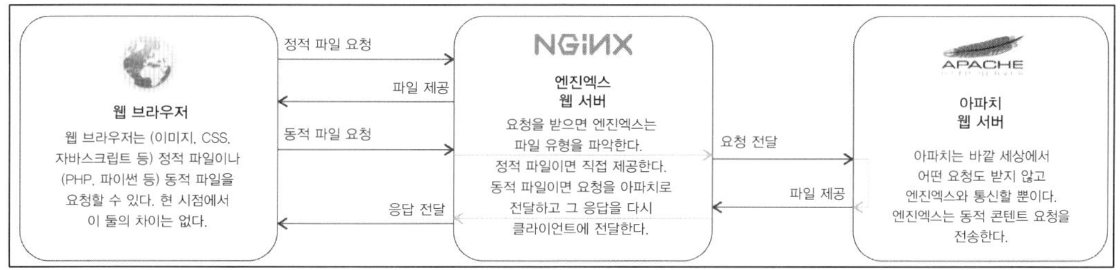

이제 요청을 처리하고자 운영되는 웹 서버가 둘이다.

- 엔진엑스는 앞단 서버(다시 말해 역프록시) 역할을 맡으면서 바깥 세계에서 들어오는 모든 요청을 받는다. 엔진엑스는 들어오는 요청을 선별해서 직접 정적 파일을 클라이언트에 제공하거나 동적 요청을 아파치로 전달한다.
- 아파치는 뒷단 서버 역할을 맡고, 오직 엔진엑스하고만 통신한다. 앞단 서버와 같은 컴퓨터에서 운영될 수도 있는데, 이때 80 포트는 엔진엑스를 위해 남겨두고 사용할 수신 포트를 수정해야 한다. 또는 여러 컴퓨터에 여러 뒷단 서버를 운영해서 부하를 분산할 수도 있다.

서로 소통하면서 상호작용하도록 어느 프로세스도 FastCGI를 사용하지 않을 것이다. 대신 이름이 뜻하는 대로 엔진엑스는 단순한 프록시 서버로 행동한다. 클라이언트에게는 HTTP 서버처럼 행동하며 HTTP 요청을 받고 뒷단의 서버에는 HTTP 클라이언트처럼 행동해서 받은 요청을 전달한다. 따라서 새로운 프로토콜이나 소프트웨어는 필요 없다. 이 메커니즘은 엔진엑스의 프록시 모듈로 처리된다. 프록시 모듈은 6장 후반부에서 설명한다.

역프록시의 장단점

서비스 속도를 높이는 것이 엔진엑스를 앞단 서버로 쓰고 아파치에게 단순한 뒷단 역할을 맡기는 구조의 주요 목적이다. 이미 언급했듯이 클라이언트에게서 들어오는 대다수의 요청은 정적 파일이고, 정적 파일은 엔진엑스가 훨씬 빨리 처리한다. 클라이언트와 서버 양쪽에서 전체 성능이 눈에 띄게 향상된다.

여담이지만 아파치는 과거에 무척 많은 보안 문제를 겪었고, 이 때문에 새 버전을 출시했다. 웹 서버에서 보안 문제를 완전히 제거하려면 시스템을 최신 상태로 유지했어야 했다. 인기 있는 웹 서버일수록 버그와 보안 문제가 빨리 드러나서 고쳐질 것이라는 말도 일리는 있다. 하지만 엔진엑스의 안정 버전은 늘 안전한 편이었고, 심각한 보안 문제로 새 버전이 출시되는 일은 드물었다.

결국에는 이런 방법을 받아들이면 아파치 구성을 거의 손 볼 일이 없어서 설정이 매우 쉽다는 것을 알게 된다. 단순히 포트를 바꾸기만 하면 끝이며, 이조차 엔진엑스와 아파치를 다른 서버에 설치하기만 하면 필요 없다. 서버가 설정 그대로 동작하기 때문에 이미 아파치를 PHP, 파이썬 같은 서버 전처리기와 연동되도록 구성하는데 여러 시간 고생했다면 이런 특성은 매우 유용하다.

반면 동적 콘텐츠의 요청은 여전히 아파치에 넘기기 때문에 엔진엑스와 FastCGI를 조합한 경우보다 대부분 느리게 동작한다. 앞에서 언급했듯이 엔진엑스로 완전히 전환하고 아파치를 떼어내는 것이 최적의 해법일 것이다.

게다가 엔진엑스가 앞단에 설치된 이상 엔진엑스는 사용자가 보내는 요청을 가공 없이 그대로 받는다. 이는 요청 URI가 원형대로 들어온다는 뜻으로, 정적과 동적 콘텐츠를 구분할 수 없어서 엔진엑스가 혼란을 겪게 된다. 이 문제를 해결할 방법은 두 가지다. 아파치의 재작성 규칙[rewrite rule]을 엔진엑스에 이식할 수도 있고, 결과가 404 오류인 모든 요청을 뒷단의 아파치로 재전송할 수도 있다.

이 문제를 예시로 설명하고자 /articles/43515-us-economy-strengthens.html 같

은 요청 URI이 들어왔는데, 시스템의 어느 파일과도 맞지 않아 보인다고 하자. 이는 URI을 재작성해서 `/article.php?id=43515`와 유사한 요청으로 바꿔야 한다는 뜻이다. 첫 번째 해결 방법은 엔진엑스 구성에 재작성 규칙을 직접 포함시키는 것이다. 또 다른 방법은 파일이 존재하는지 확인해보고 없다면 요청을 아파치로 재전송하는 것이다.

마지막으로 중요한 문제가 하나 더 있다. 이 문제는 6장 마지막에서 다시 다룰 것인데, 패러럴즈 플레스크Parallels Plesk이나 cPanel 같은 제어 패널 소프트웨어와 문제가 좀 있을 수 있다. 이 패널은 아파치 구성에 가상 호스트를 추가하거나 이메일 계정을 생성하거나 DNS 데몬을 구성하거나 하는 다양한 귀찮은 작업을 일부 자동화해주기 때문에 서버 관리자에게 매우 유용하다.

- 이런 제어 패널은 변경 사항을 웹 서버 구성에 적용하며, 변경 내용에 기반을 두고 자동으로 유효한 서버 구성 파일을 생성한다. 불행히 이 제어 패널들은 많은 경우 아파치와만 호환돼 엔진엑스 구성 파일은 생성하지 않는다. 따라서 제어 패널로 변경을 해도 엔진엑스에는 아무런 영향이 없다.
- 아파치를 엔진엑스로 완전히 대체하든, 역프록시 메커니즘으로 가든, 엔진엑스는 결국 80 포트(HTTPS로는 443 포트)로 보통 운영된다. 구성 파일을 생성하는 제어 패널 소프트웨어는 이런 사실을 모를 뿐 아니라 고집스러워서 구성 파일을 생성하면서 아파치 포트를 80으로 되돌려 놓는데, 이 때문에 엔진엑스와 충돌을 일으키게 된다.

이 문제는 6장의 후반에서 다시 다룬다.

엔진엑스 프록시 모듈

5장과 비슷하게 새로운 아키텍처를 세우는 첫 단계로 해당 모듈을 알아보겠다. 엔진엑스 기본 빌드에는 클라이언트에서 들어오는 HTTP 요청을 뒷단 서버로 전송할 수 있는 프록시 모듈이 포함돼 있다. 이 모듈의 다양한 측면을 구성해보겠다.

- 뒷단 서버의 기본 주소와 포트 정보
- 캐시, 버퍼링, 임시 파일 옵션
- 한계치, 시간 제약, 오류 처리
- 기타 옵션

모든 옵션은 다음의 구성 방법을 설명하면서 다루는 지시어로 설정할 수 있다.

주요 지시어

첫 번째 지시어는 뒷단 서버의 위치나 전달할 정보 및 전달 방법 등을 지정하는 기본 구성에 쓰인다.

지시어	설명
proxy_pass 맥락: location, if	위치를 알려서 요청이 뒷단 서버로 전달되도록 지정한다. 일반 HTTP 전달은 구문이 proxy_pass http://호스트명:포트다. 유닉스 도메인 소켓은 구문이 proxy_pass http:// unix:/path/to/file.socket;이다. upstream 블록을 참조할 수도 있다. proxy_pass http://myblock; http:// 대신 https://를 사용해서 안전하게 통신하게 할 수 있다. URI의 나머지 부분이나 변수도 사용할 수 있다. 예: proxy_pass http://localhost:8080; proxy_pass http://127.0.0.1:8080;

(이어짐)

지시어	설명

(이어짐)	proxy_pass http://unix:/tmp/nginx.sock;
	proxy_pass https://192.168.0.1;
	proxy_pass http://localhost:8080/uri/;
	proxy_pass http://unix:/tmp/nginx.sock:/uri/;
	proxy_pass http://$server_name:8080;
	# Using an upstream block
	upstream backend
	{
	  server 127.0.0.1:8080;
	  server 127.0.0.1:8081;
	}
	location ~* \.php$
	{
	  proxy_pass http://backend;
	}

proxy_method 맥락: http, server, location	뒷단 서버로 전달될 요청의 HTTP 메서드를 재정의한다. 예를 들어 POST로 지정하면 뒷단으로 전달되는 모든 요청은 POST 요청이 된다. 변수를 사용할 수 있다. **구문**: proxy_method method; **예**: proxy_method POST;
proxy_hide_header 맥락: http, server, location	기본적으로 엔진엑스는 뒷단 서버에서 받아 클라이언트에게 돌려 줄 응답을 준비하기 때문에 Date, Server, X-Pad, X-Accel-* 같은 몇 가지 헤더를 무시한다. 이 지시어로 클라이언트로 전달하지 않고 숨길 헤더를 추가로 지정할 수 있다. 이 지시어를 한 번에 헤더 이름 하나씩 여러 번 추가해도 된다. **구문**: proxy_hide_header header_name; **예**: proxy_hide_header Cache-Control;
proxy_pass_header 맥락: http, server, location	proxy_hide_header와 반대로 이 지시어는 무시되는 헤더를 강제로 클라이언트에 전달되게 한다. **구문**: proxy_pass_header headername; **예**: proxy_pass_header Date;

(이어짐)

지시어	설명
proxy_pass_request_ bodyproxy_pass_request_ headers 맥락: http, server, location	요청 본문과 부가 요청 헤더가 뒷단 서버로 전달될지 여부를 정한다. **구문:** on이나 off **기본값:** on
proxy_redirect 맥락: http, server, location	뒷단 서버에서 유발된 경로 재설정의 Location HTTP 헤더 속 URL을 재작성한다. **구문:** off, default, 또는 선택된 URL **off:** 경로 재설정 그대로 전달된다. **default:** proxy_pass 지시어의 값을 호스트 이름으로 사용하고 현재 경로의 문서를 추가한다. 구성 파일이 순차적으로 해석되기 때문에 proxy_redirect 지시어는 반드시 proxy_pass 지시어 다음에 들어가야 한다. **URL:** URL의 일부를 다른 값으로 대체한다. 게다가 재작성된 URL에 변수를 사용해도 된다. **예:** proxy_redirect off; proxy_redirect default; proxy_redirect http://localhost:8080/ http://example.com/; proxy_redirect http://localhost:8080/wiki/ /w/; proxy_redirect http://localhost:8080/ http://$host/;

(이어짐)

지시어	설명
proxy_next_upstream 맥락: http, server, location	proxy_pass가 upstream 블록과 연결됐을 때 이 지시어는 요청을 버리고 블록의 다음 업스트림 서버로 재전송하는 경우를 정의한다. 이 지시어는 다음 값의 조합을 허용한다. **error:** 서버와 통신 중이거나 통신을 시도하는 중에 오류가 발생함 **timeout:** 전송하거나 연결 시도 중에 제한시간을 넘음 **invalid_header:** 뒷단의 서버가 빈 결과나 유효하지 않은 응답을 반환함 **http_500, http_502, http_503, http_504, http_403, http_404, http_429:** HTTP 오류가 발생한 경우 엔진엑스는 다음 업스트림 서버로 전환한다. **non_idempotent:** 보통 요청이 뒷단 서버로 전송된 후에는 POST, LOCK, PATCH 같은 비멱등 메서드일 때 다음 서버로 넘기지 않는다. 이 옵션은 재전송하게 만든다. off: 다음 업스트림 서버 사용 금지 **예:** proxy_next_upstream error timeout http_504; proxy_next_upstream timeout invalid_header;
proxy_next_upstream_timeout 맥락: http, server, location	proxy_next_upstream과 결합해서 사용될 제한시간을 정한다. **구문:** 시간 값(초 단위)
proxy_next_upstream_tries 맥락: http, server, location	오류 메시지를 반환하기 전에 시도할 최대 업스트림 서버 수를 정한다. proxy_next_upstream과 결합해서 사용된다. **구문:** 숫자 값(기본값: 0)

캐시, 버퍼링, 임시 파일

이상적으로는 가능한 한 뒷단 서버로 전달되는 요청의 수를 줄여야 한다. 다음 지시어는 캐시 시스템을 구축할 때는 물론 버퍼링 제어 옵션과 엔진엑스가 임시 파일을 다루는 방법을 제어하는 데 도움이 된다.

지시어	설명
proxy_buffer_size 맥락: http, server, location	뒷단 서버의 응답 시작 부분을 읽는 데 사용할 버퍼의 크기를 설정한다. 이 버퍼는 보통 단순한 헤더 데이터를 담는다. 기본값은 앞서 주어진 지시어(proxy_buffers)에서 정한 대로 버퍼 하나의 크기에 해당한다. **구문:** 숫자 값(크기) **예:** proxy_buffer_size 4k;
proxy_buffering, proxy_request_buffering 맥락: http, server, location	뒷단 서버에서 오는 응답(proxy_request_buffering의 경우는 클라이언트 요청)을 버퍼에 담을지 여부를 정의한다. on으로 설정하면 엔진엑스는 버퍼가 제공하는 메모리 공간을 사용해서 응답 데이터를 메모리에 저장할 것이다. 버퍼가 가득차면 응답 데이터는 임시 파일로 저장될 것이다. 이 지시어가 off로 설정되면 응답은 그대로 클라이언트에게 전달된다. **구문:** on이나 off **기본값:** on
proxy_buffers 맥락: http, server, location	뒷단 서버에서 응답 데이터를 읽는 데 사용될 버퍼의 개수와 크기를 설정한다. **구문:** proxy_buffers 개수 크기; **기본값:** 버퍼 8개, 플랫폼에 따라 4k 또는 8k **예:** proxy_buffers 8 4k;
proxy_busy_buffers_size 맥락: http, server, location	뒷단에서 받은 데이터가 버퍼에 쌓이다가 지정한 값을 넘으면 그 버퍼는 비워지고 데이터는 클라이언트에 보내진다. **구문:** 숫자 값(크기) **기본값:** 2 * proxy_buffer_size
proxy_cache 맥락: http, server, location	캐시 구역(cache zone)을 정의한다. 구역에 주어지는 ID는 향후 지시어에서 재사용된다. **구문:** proxy_cache 영역_이름; **예:** proxy_cache cache1;

(이어짐)

지시어	설명
proxy_cache_key 맥락: http, server, location	이 지시어는 캐시 키를 정의한다. 이 키는 캐시에 등록되는 데이터를 다른 데이터와 구분되게 한다. 캐시 키가 $url로 설정되면 결과적으로 이 $url로 들어오는 모든 요청은 한 캐시 데이터로 동작한다. 하지만 이런 방식은 대부분 동적 웹 사이트에서 충분하지 않다. 캐시 키에 질의 문자열 인자도 포함해야만 /index.php와 /index.php?page=contact가 같은 캐시 데이터를 가리키지 않게 된다. **구문:** proxy_cache_key key; **예:** proxy_cache_key "$scheme$host$request_ uri $cookie_user";
proxy_cache_path 맥락: http	캐시 파일을 저장할 디렉터리와 함께 다른 매개변수를 지정한다. **구문:** proxy_cache_path 경로 [use_temp_path=on|off] [levels=숫자들] keys_zone=이름:크기 [inactive=시간] [max_size=크기] [manager_files=숫자] [manager_sleep=시간] [manager_threshold=시간] [loader_files=숫자] [loader_sleep=숫자] [loader_threshold=숫자] 부가 매개변수는 다음과 같다. **use_temp_path:** proxy_temp_path 지시어로 정한 경로를 사용하고 싶다면 이 플래그를 on으로 설정한다. **levels:** 하위 디렉터리의 깊이를 표현한다(보통 1:2로 충분함). **keys_zone:** proxy_cache 지시어로 앞서 선언된 구역을 사용하게 하고 메모리상에 점유할 크기를 표현한다. **inactive:** 캐시된 응답이 지정된 시간 범위 안에 사용되지 않으면 캐시에서 삭제된다. **max_size:** 전체 캐시의 최대 크기를 정한다. **manager_files, manager_sleep, manager_threshold:** 사용한 지 오래된 캐시를 삭제하는 캐시 관리자를 구성한다. 한 주기 안에 삭제할 파일의 수(manager_files, 기본값: 100 파일), 삭제 주기 사이의 중단 시간(manager_sleep, 기본 50ms), 삭제 주기의 최대 작업 시간(manager_threshold, 기본값: 200ms) **loader_files, loaded_sleep, loader_threshold:** 파일 시스템에 보관된 캐시를 읽는 캐시 로더(cache loader)를 구성한다. 한 주기 안에 처리할 파일의 수(loader_files, 기본값: 100 파일), 읽는 주기 사이의

(이어짐)

지시어	설명

(이어짐)	중단 시간(loader_sleep, 기본 50ms), 읽는 주기의 최대 작업 시간(loader_threshold, 기본값: 200ms)
	예:
	`proxy_cache_path /tmp/nginx_cache levels=1:2`
	`keys_zone=zone1:10m inactive=10m max_ size=200M;`

proxy_cache_methods 맥락: http, server, location	캐시에 맞는 HTTP 메서드를 정한다. GET과 HEAD는 기본적으로 포함이며 제외할 수 없다. **구문**: proxy_cache_methods 메서드; **예**: proxy_cache_methods OPTIONS;
proxy_cache_convert_head 맥락: http, server, location	on이면 캐시되도록 HEAD 메서드를 GET으로 바꾼다. off일 경우 cache_key가 $request_method를 포함해야 한다. **구문**: proxy_cache_convert_head on|off; **예**: proxy_cache_convert_head on;
proxy_cache_min_uses 맥락: http, server, location	요청이 캐시되기에 알맞다고 판단되기 전에 적중될 최소 수치를 정한다. 기본적으로 요청의 응답은 한 번 적중된 후에 캐시가 된다(이어서 같은 캐시 키로 들어오는 요청은 캐시된 응답을 받게 된다). **구문**: 숫자 값 **예**: proxy_cache_min_uses 1;

proxy_cache_valid
맥락: http, server, location
	이 지시어는 서로 응답 코드 유형별로 캐시되는 시간을 바꿀 수 있도록 허용한다. "404" 오류 코드와 관련된 응답은 1분간 캐시되고, 반대로 "200 OK" 응답은 10분이나 그 이상 캐시되게 할 수 있다. 이 지시어는 한 번 이상 사용할 수 있다.
	`proxy_cache_valid 404 1m;`
	`proxy_cache_valid 500 502 504 5m;`
	`proxy_cache_valid 200 10;`
	구문: proxy_cache_valid 코드1 [코드2...] 시간;

(이어짐)

지시어	설명
proxy_cache_use_stale 맥락: http, server, location	엔진엑스가 (게이트웨이와 관련된) 특정 상황에 만기된 캐시 데이터를 사용할지 여부를 정한다. proxy_cache_use_stale timeout을 사용했는데 게이트웨이가 그 시간을 넘으면 엔진엑스는 캐시된 데이터를 제공한다. Cache-Control 헤더에 stale-while-revalidate 속성이 있으면 업데이트 중에 만기된 캐시 응답이 사용된다. Cache-Control 헤더에 stale-if-error 속성이 있으면 오류가 발생했을 때 만기된 캐시 응답이 사용된다. **구문:** proxy_cache_use_stale [updating] [error] [timeout] [invalid_header] [http_500] [http_502] [http_503] [http_504] [http_403] [http_404] [http_429] [off]; **예:** proxy_cache_use_stale error timeout updating;
proxy_cache_background_update 맥락: http, server, location	on으로 설정하면 만기된 캐시 데이터가 제공되는 동안 배후에서 부가 요청을 보내서 만기된 캐시 항목을 갱신한다. proxy_cache_use_stale에 updating이 설정돼 있어야 한다. **구문:** proxy_cache_background_update on|off;
proxy_max_temp_file_size 맥락: http, server, location	이 지시어를 0으로 설정하면 프록시 전달에 적합한 요청에 임시 파일을 사용하지 않게 된다. 임시 파일을 쓰고 싶다면 최대 파일 크기를 설정한다. **구문:** 크기 값 **기본값:** 1GB **예:** proxy_max_temp_file_size 5m;
proxy_temp_file_write_size 맥락: http, server, location	저장 장치에 임시 파일을 저장할 때 쓸 쓰기 작업용 버퍼의 크기를 설정한다. **구문:** 크기 값 **기본값:** 2 * proxy_buffer_size
proxy_temp_path 맥락: http, server, location	임시 파일과 캐시 저장 파일의 경로를 설정한다. **구문:** proxy_temp_path 경로 [수준1 [수준2...]] **예:** proxy_temp_path /tmp/nginx_proxy; proxy_temp_path /tmp/cache 1 2;

한계치, 시간 제약, 오류

다음에 나열되는 지시어는 시간 제약과 관련된 행동은 물론 뒷단 서버와 통신하는 상황과 관련된 다양한 한계치를 정하는 데 도움이 된다.

지시어	설명
proxy_connect_timeout 맥락: http, server, location	뒷단 서버에 연결하는 제한시간을 정한다. 이 값은 읽기/쓰기 제한시간과는 다르다. 엔진엑스가 뒷단 서버에 이미 연결이 돼 있다면 proxy_connect_timeout은 적용이 안 된다. **구문:** 시간 값(초 단위) **예:** proxy_connect_timeout 15;
proxy_read_timeout 맥락: http, server, location	뒷단 서버에서 데이터를 읽는 제한시간을 정한다. 이 시간 제약은 전체 응답 지연이 아닌 읽는 두 작업 사이에 적용된다. **구문:** 시간 값(초 단위) **기본값:** 60 **예:** proxy_read_timeout 60;
proxy_send_timeout 맥락: http, server, location	이 시간 제약은 데이터를 뒷단 서버에 보내는 용도다. 이 시간 제약은 전체 응답 지연이 아닌 쓰는 두 동작 사이에 적용된다. **구문:** 시간 값(초 단위) **기본값:** 60 **예:** proxy_send_timeout 60;
proxy_ignore_client_abort 맥락: http, server, location	on으로 설정하면 클라이언트가 요청을 취소했더라도 엔진엑스는 프록시 요청을 계속 처리한다. 반면에 off인 경우에는 엔진엑스도 뒷단 서버로 보내는 요청을 취소한다. **기본값:** off
proxy_intercept_errors 맥락: http, server, location	기본적으로 엔진엑스는 뒷단 서버에서 보내는 모든 (HTTP 상태 코드 400 이상의) 오류 페이지를 그대로 클라이언트에 반환한다. 이 지시어를 on으로 설정하면 오류 코드를 해석해서 error_page 지시어에 지정된 값과 일치하는지 비교할 수 있다. **기본값:** off

(이어짐)

지시어	설명
proxy_send_lowat 맥락: http, server, location	BSD 기반 운영체제라면 TCP 소켓의 SO_SNDLOWAT 플래그를 쓰게 할 수 있는 옵션이다. 이 값은 출력 작업용 버퍼의 최소 바이트 수를 정한다. **구문:** 숫자 값(크기) **기본값:** 0
proxy_limit_rate 맥락: http, server, location	엔진엑스가 뒷단 프록시에서 응답을 다운로드하는 속도를 제한한다. **구문:** 숫자 값(초당 바이트)

SSL 관련 지시어

SSL로 뒷단 서버와 운영하려면 다음 지시어가 유용할 것이다.

지시어	설명
proxy_ssl_certificate 맥락: http, server, location	SSL 서버의 인증서를 담고 있는 PEM 파일의 경로를 설정한다. **구문:** 파일 경로 **기본값:** 없음
proxy_ssl_certificate_key 맥락: http, server, location	SSL 서버의 인정에 쓰는 (PEM 형식의) 보안 키 파일의 경로를 설정한다. **구문:** 파일 경로 **기본값:** 없음
proxy_ssl_ciphers 맥락: http, server, location	뒷단 서버와 SSL 통신을 하는 용도의 암호 알고리즘을 설정한다. 아래 셸 명령을 실행시키면 사용할 수 있는 서버의 암호 알고리즘 목록을 얻을 수 있다. `openssl ciphers` **구문:** cipher 이름 **기본값:** DEFAULT

(이어짐)

지시어	설명
proxy_ssl_crl 맥락: http, server, location	PEM 형식의 인증서 폐기 목록(CRL, Certificate Revocation List) 파일 경로를 설정한다. CRL은 엔진엑스가 뒷단 서버 SSL 인증서의 폐기 상태를 검증하는 데 쓰인다. **구문**: 파일 경로 **기본값**: -
proxy_ssl_name 맥락: http, server, location	이 지시어는 엔진엑스가 뒷단 서버 SSL 인증서의 폐기 상태를 검증할 때 사용할 서버 이름을 직접 지정한다. **구문**: 문자열 **기본값**: $proxy_host 값과 동일
proxy_ssl_password_file 맥락: http, server, location	인증 키를 읽을 때 하나씩 적용해 볼 비밀번호를 (한 줄에 하나씩) 보관하는 파일의 경로를 설정한다. **구문**: 파일 경로 **기본값**: -
proxy_ssl_server_name 맥락: http, server, location	이 지시어를 on으로 설정하면(기본값은 off) 서버 이름이 서버명 표시(SNI, Server Name Indication) 프로토콜에 따라 뒷단 서버에 알려진다. **구문**: on이나 off **기본값**: off
proxy_ssl_session_reuse 맥락: http, server, location	이 지시어는 엔진엑스에게 뒷단 서버와 통신할 때 기존 SSL 세션을 재사용하도록(따라서 부하를 줄이도록) 지시한다. 공식 문서에서는 서버 로그에 SSL3_GET_FINISHED:digest check failed 오류가 보이기 시작하면 이 기능을 비활성화하도록 권한다. **구문**: on이나 off **기본값**: on
proxy_ssl_protocols 맥락: http, server, location	SSL 뒷단 서버와 통신할 때 사용할 프로토콜을 설정한다. **구문**: proxy_ssl_protocols [SSLv2] [SSLv3] [TLSv1] [TLSv1.1] [TLSv1.2]; **기본값**: TLSv1 TLSv1.1 TLSv1.2

(이어짐)

지시어	설명
proxy_ssl_trusted_certificate 맥락: http, server, location	신뢰할 수 있는 인증기관 (PEM 형식) 인증서의 경로를 설정한다. **구문:** 파일 경로 **기본값:** -
proxy_ssl_verify 맥락: http, server, location	on으로 설정하면 엔진엑스는 SSL 뒷단 서버의 인증서를 검증한다. **구문:** on이나 off **기본값:** off
proxy_ssl_verify_depth 맥락: http, server, location	proxy_ssl_verify 지시어가 on으로 설정되면 이 지시어는 인증서 체인의 검증 깊이를 설정한다. **구문:** 숫자 값 **기본값:** 1

기타 지시어

분류되지 않는 프록시 모듈의 나머지 지시어는 다음과 같다.

지시어	설명
proxy_headers_hash_max_size 맥락: http, server, location	프록시 헤더의 해시 테이블 최대 크기를 설정한다. **구문:** 숫자 값 **기본값:** 512
proxy_headers_hash_bucket_size 맥락: http, server, location	프록시 헤더의 해시 테이블용 버킷 크기를 설정한다. **구문:** 숫자 값 **기본값:** 64
proxy_force_ranges 맥락: http, server, location	on으로 설정하면 엔진엑스는 뒷단 서버에서 오는 응답의 바이트 범위(byte-range) 지원 기능을 활성화한다. **구문:** on이나 off **기본값:** off

(이어짐)

지시어	설명
proxy_ignore_headers 맥락: http, server, location	엔진엑스가 뒷단 서버 응답에서 X-Accel-Redirect, X-Accel-Expires, Expires, Cache-Control 등 네 가지 헤더를 처리하지 못하게 막는다. **구문**: proxy_ignore_headers header1 [header2...];
proxy_set_body 맥락: http, server, location	디버깅 목적에 쓸 정적인 요청 본문을 설정할 수 있다. 이 지시어의 값으로 변수가 사용될 것이다. **구문**: 문자열 값(임의의 값) **예**: proxy_set_body test;
proxy_set_header 맥락: http, server, location	뒷단 서버로 전송될 헤더 값을 다시 정의할 수 있게 해주는 지시어다. 여러 번 선언할 수 있다. **구문**: proxy_set_header 헤더 값; **예**: proxy_set_header Host $host;
proxy_store 맥락: http, server, location	뒷단 서버 응답이 파일로 저장돼야 할지 여부를 지정한다. 저장된 응답은 다른 요청에 재사용될 수 있다. **가능한 값**: on, off 또는 최상위 문서 위치(또는 별명)에 대한 상대 경로. 이 지시어를 on으로 설정하고 proxy_temp_path 지시어를 정의해도 된다. **예**: proxy_store on; proxy_temp_path /temp/store;
proxy_store_access 맥락: http, server, location	이 지시어는 응답을 저장한 파일의 파일 접근 권한을 정한다. **구문**: proxy_store_access [user:[r|w|rw]] [group:[r|w|rw]] [all:[r|w|rw]]; **예**: proxy_store_access user:rw group:rw all:r;
proxy_http_version 맥락: http, server, location	프록시 뒷단과 통신하는 데 쓰일 HTTP 버전을 설정한다. HTTP 1.0이 기본값이지만 연결을 유지해서 재사용하려면 이 지시어를 1.1로 설정해야 한다. **구문**: proxy_http_version 1.0 | 1.1;

(이어짐)

지시어	설명
proxy_cookie_domain, proxy_cookie_path 맥락: http, server, location	쿠키의 도메인이나 경로 속성을 실시간으로 조작하게 한다. 대소문자를 따지지 않는다. **구문:** proxy_cookie_domain off | 도메인 대체_문자열; proxy_cookie_path off | 도메인 경로;
proxy_socket_keepalive 맥락: http, server, location	프록시 서버와의 연결이 유지되도록 TCP 소켓을 구성한다. 기본적으로는 운영체제의 소켓 설정이 그대로 반영된다. 이 지시어의 값이 on이면 SO_KEEPALIVE 소켓 옵션이 사용하는 소켓에 활성화된다. **구문:** proxy_socket_keepalive on | off; **기본값:** off **예:** proxy_socket_keepalive on;

변수

프록시 모듈은 다양한 위치, 예를 들어 proxy_set_header 지시어나 log_format 같은 로그 관련 지시어에 삽입할 수 있는 여러 변수를 제공한다. 사용 가능한 변수는 다음과 같다.

- **$proxy_host:** 현 요청에 사용되는 뒷단 서버의 호스트명을 가진다.
- **$proxy_port:** 현 요청에 사용되는 뒷단 서버의 포트 번호를 가진다.
- **$proxy_add_x_forwarded_for:** 이 변수는 X-Forwarded-For 요청 헤더 값과 클라이언트의 원격 주소를 가진다. 두 값은 콤마(,)로 구분된다. X-Forwarded-For 요청 헤더가 없다면 이 변수는 클라이언트 원격 주소만 가진다.
- **$proxy_internal_body_length:** (proxy_set_body 지시어로 설정이 된) 요청 본문의 길이다. 설정이 안 됐으면 0이다.

아파치와 엔진엑스 구성

역프록시 구성 아키텍처를 확립하는 데 도움이 되는 프록시 모듈을 살펴봤다. 이제는 이 모든 원리를 실제로 적용할 차례다. 이 구성은 크게 아파치와 관련된 부분과 엔진엑스 관련 부분으로 나눌 수 있다. 어느 쪽이든 먼저 손봐도 된다. 순서는 아무런 상관이 없다.

여기에서는 아파치만을 대상으로 절차를 설명하기로 했지만 이 방법은 어느 HTTP 서버에도 적용 가능함을 알아두자. 정확히 구성의 어느 부분과 어떤 지시어를 바꿔야 할지 다를 뿐이다. 반면 이 역프록시 원리는 사용하는 서버 소프트웨어에 상관없이 적용할 수 있다.

아파치 재구성

아파치와 엔진엑스를 동시에 같이 사용하려면 수정해야 할 아파치 구성 주요 측면은 두 가지다. 하지만 그 전에 처한 상황이 무엇이고 어떤 것을 하려고 하는 것인지 다시 확실히 해두자.

구성 개요

이 시점에서 서버는 다음과 같은 아키텍처로 구성돼 있을 것이다.

- 아파치 같은 웹 서버 애플리케이션은 80 포트에서 운영된다.
- PHP 같은 동적 서버 스크립트 처리 애플리케이션은 CGI이나 FastCGI 또는 서버 모듈로 웹 서버와 통신한다.

앞으로 하려는 새 구성은 다음과 비슷할 것이다.

- 엔진엑스가 80 포트에서 운영된다.

- (다른 웹 서버나) 아파치가 다른 포트에서 운영되고 내부 소켓에서 오는 요청만 받는다.
- (PHP, 파이썬 등의) 스크립트 처리 애플리케이션 구성은 바뀌지 않고 유지된다.

알다시피 (사용하고 있는 다른 어떤 웹 서버나) 아파치의 구성은 크게 두 가지가 변경될 것이다. 첫째, 엔진엑스와 충돌을 피하고자 수신 포트를 변경한다. 둘째, (필수 작업은 아니지만) 외부에서 오는 요청을 차단하고 엔진엑스가 전달하는 요청만 받고 싶을 것이다. 두 구성 단계는 아래에 자세히 설명한다.

포트 번호 재설정

(수작업으로 구축했는지, 씨패널cPanel이나 플레스크Plesk 같은 서버 패널 관리 도구로 자동으로 구성했는지) 웹 서버가 구성된 방식에 따라 다수의 구성 파일을 수정해야 할 수도 있다. 주요 구성 파일은 주로 /etc/httpd/conf/나 /etc/apache2/에 저장되지만 구성 파일이 구조화된 방식에 따라 더 많을 수도 있다. 일부 서버 패널 관리 도구는 가상 호스트마다 별도 구성 파일을 생성한다.

아파치 구성 파일에서 교체해야 할 주요 구성 요소는 다음과 같은 세 가지다.

- `Listen` 지시어는 기본으로 80 포트에서 수신하도록 설정된다. 이 포트 번호를 8080 같은 다른 번호로 교체해야 한다. 이 지시어는 보통 주 구성 파일에 있지만 어떤 설정에서는 ports.conf 같은 별도 파일에 들어 있다.
- 다음 구성 지시어는 주 구성 파일에 반드시 있어야 한다. 다음 코드에서 `A.B.C.D`는 서버 통신에 사용되는 주 네트워크 인터페이스의 IP 주소다.

```
NameVirtualHost A.B.C.D:8080
```

- 변경하기로 선택한 포트는 모든 가상 호스트 구성 부분에 반영돼야 한다.

가상 호스트 구성 부분은 다음과 같은 식으로 바뀌어야 한다.

변경 전:

```
<VirtualHost A.B.C.D:80>
   ServerName     example.com
   ServerAlias    www.example.com
   [...]
</VirtualHost>
```

변경 후:

```
<VirtualHost A.B.C.D:8080>
   ServerName example.com:8080
   ServerAlias www.example.com
   [...]
</VirtualHost>
```

이 예에서 A.B.C.D는 가상 호스트의 IP 주소이고 example.com은 가상 호스트의 이름이다. 처음 두 줄의 포트가 수정돼야 한다.

로컬 요청 한정 수신

아파치가 로컬 요청만 받고 외부에서 들어오는 접근은 거부하게 막는 방법은 다양하다. 하지만 가장 먼저 이렇게 하는 이유를 알아야 한다. 클라이언트와 아파치 사이에 추가 계층이 자리 잡은 이상 엔진엑스는 보안 관점에서 어느 정도 안정성을 제공한다. 방문자는 이제 아파치에 직접 접속하지 않기 때문에 아무도 앞으로 밝혀질지 모를 취약점을 공격할 수 없어 잠재적인 위험이 감소한다. 흔히 말하는 최소 권한 원칙principle of least privilege이 적용돼야 한다.

첫 번째 방법은 주 구성 파일에서 수신 네트워크 인터페이스를 바꾸는 것으로 이뤄진다. 아파치의 `Listen` 지시어로 포트뿐 아니라 IP 주소도 지정할 수 있다. 하지만 기본적으로 아무 IP 주소도 지정하지 않고 결국 통신이 모든 인터페이스를 통해 일어난다. 해야 할 일이라고는 `Listen 8080` 지시어를 `Listen 127.0.0.1:8080`으로 교체하는 것뿐이다. 이렇게 하면 아파치는 로컬 IP 주소로만 수신하게 된다. 같은 서버에서 아파치를 운영하지 않을 경우에는 엔진엑스를 운영하는 서버와 통신할 수 있는 네트워크 인터페이스의 주소를 지정해야 한다.

다른 대안은 가상 호스트마다 다음과 같이 제한을 추가하는 것이다.

```
<VirtualHost A.B.C.D:8080>
    ServerName example.com:8080
    ServerAlias www.example.com
    [...]
    order deny,allow
    allow from 127.0.0.1
    allow from 192.168.0.1
    deny all
</VirtualHost>
```

`allow`와 `deny` 아파치 지시어를 사용하면 특정 가상 호스트에 접근하는 IP 주소를 제한할 수 있다. 이 방법으로 세밀한 구성이 가능하므로, 웹 사이트의 일부를 엔진엑스로 충분히 제공하지 못할 경우에 유용하다.

수정이 완료되면 `service httpd reload`나 `/etc/init.d/httpd reload` 명령으로 서버가 새 구성 정보를 다시 읽어서 적용되게 해야 한다.

엔진엑스 구성

더 정밀하게 조정할 여지는 있지만, 지금부터 설명하는 것처럼 동작하는 엔진엑스를 구성하려면 단순한 몇 단계만 거치면 된다.

프록시 옵션 활성화

첫 단계에는 location 블록에서 요청을 프록시로 처리하게 활성화한다. proxy_pass 지시어는 http나 server 수준에서는 쓰지 못하기 때문에 뒷단으로 전달하고 싶은 location 블록마다 매번 추가해줘야 한다. 보통 break 구문을 포함하는 location 블록과 일치하지 않는 한 모든 요청을 망라하는 location / { 블록에 두는 것으로 충분하다.

다음은 동일한 서버에서 정적인 뒷단 서버를 하나 사용하는 단순한 예다.

```
server {
   server_name .example.com;
   root /home/example.com/www;
   [...]
   location / {
      proxy_pass http://127.0.0.1:8080;
   }
}
```

다음은 upstream 블록을 사용해 다수의 서버를 지정하는 예다.

```
upstream apache {
   server 192.168.0.1:80;
   server 192.168.0.2:80;
   server 192.168.0.3:80 weight=2;
   server 192.168.0.4:80 backup;
```

```
}
server {
   server_name .example.com;
   root /home/example.com/www;
   [...]
   location / {
      proxy_pass http://apache;
   }
}
```

지금까지 구성한 결과로 모든 요청이 프록시에 의해 뒷단 서버로 전달된다. 이제 내용을 두 가지로 구분하려고 한다.

- **동적 파일:** 파일이 클라이언트로 보내지기 전에 처리돼야 한다. PHP, 펄[perl], 루비[Ruby] 스크립트는 아파치가 제공할 것이다.
- **정적 파일:** 다른 내용은 모두 추가적인 처리가 필요하지 않은 이미지, CSS 파일, 정적 HTML 파일, 기타 미디어 파일로 직접 엔진엑스가 제공할 것이다.

따라서 두 서버에 나눠 제공되도록 정적인 내용에서 동적인 부분을 분리할 방법이 필요하다.

내용 분리

단순하게 location 블록 두 개를 사용해서 하나는 동적 파일 확장자에 대응되게 하고 다른 하나는 기타 파일을 모두 다루게 하면 계획한 내용을 분리할 수 있다. 이 예는 .php 파일의 요청을 프록시에 전달한다.

```
server {
   server_name .example.com;
   root /home/example.com/www;
```

```
[...]
location ~* \.php.$ {
    # URI가 .php로 끝나는 모든 요청을 프록시로 처리
    # (PHP, PHP3, PHP4, PHP5 등 포함)
    proxy_pass http://127.0.0.1:8080;
}
location / {
    # 정적 파일을 위한 옵션은 이곳에 설정함
    # 예) 캐시 제어, 별칭 등
    expires 30d;
}
}
```

이 방법은 단순하지만 URL 재작성을 사용하는 웹 사이트에서는 문제가 일어날 것이다. 웹 2.0 웹 사이트 대부분은 http://example.com/articles/us-economy-strengthens/같이 파일 확장자를 숨기는 링크를 사용한다. 어떤 경우는 .html 같은 가짜 확장자를 추가하기도 한다. http://example.com/us-economy-strengthens.html처럼 말이다.

이 상황에 직면하면 다음 방법 중 하나로 해결할 수 있다.

- 좀 더 깔끔한 방법으로, 아파치 재작성 규칙rewrite rule을 엔진엑스에 맞게 변환하는 것이다. 아파치의 재작성 규칙은 보통 웹 사이트의 최상위 디렉터리에 .htaccess란 이름의 파일로 저장돼 있다. 이렇게 하면 엔진엑스가 요청이 가리키는 파일의 실제 확장자를 알 수 있어 이 요청을 아파치에 올바로 전달하게 된다.
- 아파치 재작성 규칙을 엔진엑스로 이전하기 싫다면 `try_files` 지시어를 사용해서 요청된 URI을 제공하려고 시도해보게 한 후에 엔진엑스에서 URI에 해당하는 파일을 찾을 수 없을 때 아파치에 재전송하게 할 수 있다. 또는 단순히 `error_page` 지시어를 통해 아파치가 "404" 응답을 처리하게 할 수 있다.

가장 적절한 방법은 try_files를 사용하는 방법이다. 요청된 URI를 직접, 또는 / 문자를 뒤에 붙여 대응하는 폴더로 만들어 제공하려고 시도할 것이다. 모두 실패하면 이 요청을 아파치에 전달한다.

```
server {
    server_name .example.com;
    root /home/example.com/www;
    [...]
    location / {
        # 요청된 파일을 제공하려고 시도하고, 안 되면 아파치에 전달
        try_files $uri $uri/ @proxy;
        # 정적 파일 관련 구성은 이곳에 추가
        expires 30d;
        [...]
    }
    location @proxy {
        # 요청을 아파치에 전달
        proxy_pass http://127.0.0.1:8080;
    }
}
```

다음은 error_page 지시어를 사용한 방식을 구현한 예다.

```
server {
    server_name .example.com;
    root /home/example.com/www;
    [...]
    location / {
        # 정적 파일 제공
        expires 30d;
        [...]
        # 404 오류가 발생하면 요청을 @proxy location 블록으로 전달
        error_page 404 @proxy;
```

```
    }
    location @proxy {
        # 요청을 아파치에 전달
        proxy_pass http://127.0.0.1:8080;
    }
}
```

대안으로 재작성[Rewrite] 모듈의 `if` 지시어를 사용한다.

```
server {
    server_name .example.com;
    root /home/example.com/www;
    [...]
    location / {
        # 요청된 파일 확장자가 .php로 끝나면
        # 요청을 아파치에 전달
        if ($request_filename ~* \.php.$) {
            break; # 재작성 규칙 추가 적용 중단
            proxy_pass http://127.0.0.1:8080;
        }

        # 요청된 파일이 없으면 요청을 아파치에 전달
        if (!-f $request_filename) {
            break; # 재작성 규칙 추가 적용 중단
            proxy_pass http://127.0.0.1:8080;
        }

        # 정적 파일은 여기에서 제공
        expires 30d;
    }
}
```

어떤 방법을 써도 뒷단에 보내는 요청의 수는 같기 때문에 성능상 차이는 많이 나지 않는다. 성능을 최적화하겠다면 아파치 재작성 규칙을 엔진엑스로 이전해야 한다.

고급 구성

지금까지는 프록시 모듈이 제공하는 지시어를 하나만 사용했다. 프록시 모듈에는 설계를 최적화하는 데 사용할 수 있는 기능이 더 많다. 다음 표는 개별적으로 검증이 필요하지만 역프록시 구성 대부분에 유효한 일부 설정의 목록이다. 이 설정은 여러 번 사용될 수 있기 때문에 location 블록에서 불러서 쓸 수 있도록 별도 구성 파일로 분리해두는 것도 좋다.

엔진엑스 구성 지시어를 넣을 proxy.conf 텍스트 파일을 만드는 것으로 시작하자. 다음 표에서 설명할 지시어를 이 파일에 넣자. 그리고 뒷단 서버나 업스트림 블록으로 요청을 전달하는 if 블록 위치마다 다음 줄을 proxy_pass 지시어 다음에 추가하자.

```
include proxy.conf;
```

일부 설정의 권장 값은 다음과 같다.

설정	설명
proxy_set_header Host $host;	뒷단 서버로 전달되는 요청의 Host HTTP 헤더는 기본값으로 구성 파일에 지정한 프록시의 호스트명이다. 이 설정은 엔진엑스가 클라이언트 요청의 원래 Host 값을 대신 사용하도록 설정한다.
proxy_set_header X-Real-IP $remote_addr;	뒷단 서버가 엔진엑스에서 오는 요청을 수신하는 이상, 통신하는 IP 주소가 클라이언트의 것이 아니다. 이 설정을 사용해서 클라이언트의 실제 IP 주소를 X-Real-IP라는 새로운 헤더에 담아 전달하자.
proxy_set_header X-Forwarded-For $proxy_add_x_forwarded_for;	X-Real-IP와 비슷하지만, 클라이언트가 이미 스스로 프록시를 사용하고 있다면 클라이언트의 실제 IP 주소는 X-Forwarded-For라는 요청 헤더에 들어 있을 것이다. 통신에 사용하는 소켓과 (프록시 뒤에 있는) 클라이언트의 원래 IP 주소 모두를 뒷단 서버에 확실히 전달하는 데 $proxy_add_x_forwarded_for를 사용하자.

(이어짐)

설정	설명
client_max_body_size 10m;	요청 본문의 최대 크기를 10메가바이트로 제한하자. 사실 이 설정은 참고일 뿐이고 뒷단 서버와 같은 수준으로 이 값을 조정하자. 아니면 엔진엑스가 정상적으로 받아 처리한 요청이 뒷단에 성공적으로 전달되지 못할 것이다.
client_body_buffer_size 128k;	요청 본문을 보관할 메모리 버퍼의 최소 크기를 정한다. 이 크기를 넘으면 데이터는 임시 파일에 저장된다. client_max_body_size처럼 이 값도 방문자가 보낼 것으로 예상되는 요청의 크기에 맞게 조정하자.
proxy_connect_timeout 15;	내부 네트워크상에 있는 뒷단 서버로 작업한다고 하면 이 값을 적절한 수준으로 낮추자. 예에서는 15초라고 했지만 평균 부하에 따라 달라진다. 이 지시어의 최댓값은 75초다.
proxy_send_timeout 15;	(뒷단 서버와 통신하는 동안 두 쓰기 작업 사이의 제한시간인) 쓰기 작업용 제한시간을 정한다.
proxy_read_timeout 15;	쓰기 작업용이란 점만 빼면 이전 지시어와 비슷하다.

다른 많은 지시어도 여기에 구성할 수 있지만 대부분 구성에는 기본값이 적절하다.

역프록시 아키텍처 개선

역프록시 아키텍처를 완벽하게 만들고자 할 때 흥미를 느낄만한 추가 작업이 몇 가지 남아 있다. 세 가지 주요 이슈를 여기에서 다룬다. IP 주소와 뒷단 서버가 올바른 IP 주소를 얻게 보장할 방법, 이런 구성에서 HTTPS 요청을 다룰 방법, 마지막으로 서버 제어 패널에 대한 짧은 이야기다.

올바른 IP 주소 전달

요즘에는 상당한 웹 사이트가 방문자의 IP 주소를 다양한 이유로 사용한다.

- 블로그나 게시판에 댓글을 다는 방문자의 IP 주소 저장
- 지리적 위치 기반 광고나 다른 서비스
- 특정 IP 주소 범위를 대상으로 서비스 제한

따라서 이런 웹 사이트에서는 웹 서버가 방문자의 IP 주소를 정확히 얻을 수 있게 만드는 게 중요하다.

앞에서 설명했듯이 아파치(더 일반적으로는 뒷단의 서버)는 통신하는 상대 소켓의 IP 주소를 사용하는데, 이 IP는 이 책의 설계에서 언제나 엔진엑스를 사용하는 서버의 IP가 될 것이다. 앞부분에서 `proxy_set_header X-Real-IP $remote_ addr;` 지시어를 구성에 언제나 추가해서 클라이언트의 IP 주소를 `X-Real-IP` 헤더에 담아 전달하는 해결 방법을 알아봤다.

불행히도 이것으로는 충분하지 않아서 어떤 웹 애플리케이션은 `X-Real-IP` 헤더를 사용하도록 구성이 되지 않았다. 클라이언트의 원격지 주소는 이 헤더의 값으로 어떤 식으로든 교체돼야 한다. 아파치의 `mod_rpaf` 모듈이 바로 이런 일을 하려고 만들어졌다. 이 모듈을 설치하고 구성하는 방법은 여기서 자세히 다루지 않겠다. 공식 웹 사이트(http://stderr.net/apache/rpaf/)에 방문하면 자세한 정보를 얻을 수 있다.

대안으로 `X-Real-IP` 헤더를 사용하도록 뒷단에서 실행되는 애플리케이션의 소스코드를 수정할 수도 있다. PHP에서는 다음 코드로 올바른 IP 주소를 얻을 수 있다.

```
$ip_address = $_SERVER["X_REAL_IP"];
```

SSL 문제와 해법

웹 사이트가 안전한 웹 페이지를 제공하게 하려면 방문자가 443 포트의 보안 소켓 계층SSL, Secure Sockets Layer을 통해 우리 인프라에 접속할 수 있게 만들어야 한다. 지금 시점에는 두 가지 방법을 사용할 수 있다. 엔진엑스를 전혀 쓰지 않고 아파치의 SSL 구성을 그대로 유지하거나 엔진엑스가 443 포트로 통신을 받도록 구성하는 것이다.

첫 번째 방법은 아파치의 가상 호스트 포트를 구성된 그대로 사용하기 때문에 분명 가장 단순하다. 뒷단의 서버가 내부 네트워크의 별도 컴퓨터에서 돌아가지 않는 한 웹 사이트가 여전히 외부에서 제한 없이 접근 가능해야 한다.

두 번째 방법은 5장에서 설명했듯이 SSL 모듈을 통해 엔진엑스가 보안 연결을 받도록 구성하는 것이다. server 블록을 한 번만 올바르게 구성하면 보안 요청을 아파치 서버로 전달하도록 프록시 구성을 수립할 수 있다. 뒷단 서버를 같은 기계에서 운영하면 앞단 서버와 뒷단 서버 간에 포트가 충돌되지 않도록 구성을 수정해야 한다.

서버 제어 패널 문제

제어 패널 소프트웨어가 서버 관리 업무를 도메인 관리, 이메일 계정, 네트워크 설정 등 여러 관점에서 단순하게 만들어주기 때문에 많은 관리자가 이에 의존한다. 패러럴즈 플레스크Parallels Plesk나 씨패널cPanel 같은 고급 소프트웨어 솔루션은 웹, 이메일, 데이터베이스 등 서버 애플리케이션용 구성 파일을 운영 중에 아무 때나 생성할 수 있다. 안타깝게도 이들 대부분은 유일한 웹 서버 애플리케이션으로 취급하면서 아파치만 지원하고 엔진엑스는 뒷전으로 미뤄두다가 최근에야 점차 지원하기 시작했다.

역프록시 구성 절차를 단계별로 따라 하다 보면 아파치 구성 파일을 직접 수정해야 하는 지점을 만나게 된다. 수신하는 포트를 바꾸기도 했고 몇 가지 구성 지시어를 수정하거나 추가했다. 당연히 제어 패널 소프트웨어는 생성한 구성 파일을 생성할 때 우리가 직접 수정한 변경 사항을 인지하지 못하고 지워버릴 것이다. 아파치를 재실행하면 오류 문구와 충돌 상황을 접하게 된다.

이때 자동으로 구성이 생성된 다음에 변경 사항을 하나씩 다시 적용하는 수밖에 없다. 엔진엑스가 점차 인기를 끌고 있으니 이런 소프트웨어가 엔진엑스를 전면적으로 지원하거나 최소한 구성에서 엔진엑스를 역프록시로 쓰게 하는 데 필요한 내용을 수정하도록 개발자가 구현할 것이라 기대한다.

엔진엑스의 인기를 보고 웹 제어 패널 개발자는 진짜로 엔진엑스를 본격적으로나 부분적으로 지원하도록 작업하기 시작했다. 패러렐즈 플레스크는 버전 11부터 프론트 서버로 엔진엑스를 쓰도록 지원한다.

요약

우리의 아키텍처에 맞게 엔진엑스를 역프록시로 구성하면 뒷단에 서버를 여러 대 운영할 수 있어서 전반적인 신뢰성뿐 아니라 페이지를 읽는 속도와 서버 부하 관점에서 많은 이점이 생긴다. 하지만 이 과정에는 몇 가지 난관이 있는데, 제어 패널 소프트웨어를 운영해서 서비스를 관리할 때가 특히 그렇다. 무엇보다 모든 요청을 엔진엑스로 처리하지 않는 이상 엔진엑스를 최대로 사용하지는 못한다.

더 나은 해결 방법을 찾고자 한다면 아파치를 엔진엑스로 완전히 대체하고 싶을 것이다. 7장에서는 이 과정을 단계별로 가상 호스트에서 재작성 규칙과 FastCGI까지 자세히 설명한다.

07

아파치에서 엔진엑스로 이전

경험 많은 시스템 관리자라면 웹 인프라가 잘 동작하고 클라이언트의 요청이 충분한 속도로 제공되고 나면 구성하는 데 며칠, 몇 주, 몇 달이 걸린 아키텍처를 손보고 싶어진다는 이야기를 이구동성으로 할 것이다. 현실적으로 아무리 신경 써서 서버의 초기 구성을 했더라도 웹 사이트가 점점 인기를 끌면 (흔히 일어나지 않아 문서화도 잘 안 되는) 문제도 불가피하게 증가한다. 결국에는 해결 방법을 찾아 나서야만 한다. 이런 상황에 기존 웹 서버 애플리케이션에 들어간 비용에도 불구하고 엔진엑스를 전면 도입하고자 하는 이유는 한두 가지가 아니다. 엔진엑스를 역프록시보다 단독 서버로 쓰는 것이 더 효율적이라고 판단했든지, 단순히 아파치를 단번에 제거해버리고 싶어서든지, 7장에서는 아파치를 엔진엑스로 교체하는 전체 과정을 안내한다.

7장에서 다루는 내용은 다음과 같다.

- 아파치와 엔진엑스의 개괄적 비교
- 아파치 구성의 상세 이전 지침
- 아파치 재작성 규칙, 엔진엑스 이전
- 일부 유명 웹 애플리케이션의 재작성 규칙 사례

엔진엑스와 아파치 비교

이번 절에서는 엔진엑스에 대해 가장 많이 나오는 질문의 답으로, 다른 서버와의 차별점이 무엇인지 알아본다. 이전부터 아파치를 사용했던지 현재의 웹 서버를 아파치로 교체하기로 결정했던지 간에 오랫동안 전 세계 웹 사이트의 과반수를 지탱하던 아파치 웹 서버를 버리면서까지 엔진엑스를 도입해야 할 이유가 뭘까?

특징

6장에서 자세히 다룬 역프록시 구성에서는 특정 기능이 있고 없고가 그리 큰 문제가 되지 않는다. 이 구성에서 엔진엑스는 정적인 내용과 동적인 내용을 구분해서 정적 파일 요청은 처리하고 동적 파일 요청은 뒷단 서버로 전달하기만 하면 됐기 때문이다.

하지만 엔진엑스를 현재 사용하는 웹 서버의 완전한 대체품으로 검토하려 한다면 엔진엑스가 제공하는 특징을 확실히 알아두는 것이 좋다. 계획한 아키텍처에 특정 구성 요소가 필요하다면 가장 먼저 애플리케이션의 특징을 확인해야 할 것이다. 다음 표는 몇 가지 주요 특징을 나열하고 엔진엑스가 아파치와 비교해 어떻게 동작하는지 설명한다.

핵심과 기능

엔진엑스와 아파치의 특징을 다음 표에서 볼 수 있다.

특징	엔진엑스	아파치
HTTP 요청 관리(클라이언트 요청을 웹 서버가 처리하는 방식)	**이벤트 구동 아키텍처:** 이 아키텍처에서는 요청을 비동기 소켓으로 받고 메모리와 CPU의 부가적인 부하를 줄이고자 별도 스레드에서 처리하지 않는다.	**동기 소켓, 스레드, 프로세스:** 각 요청은 별도 스레드나 프로세스에서 처리되고 동기식 소켓을 사용한다.
프로그래밍 언어(웹 서버를 만드는 데 사용된 언어)	**C:** C 언어는 확연한 저수준 언어로서 정확하게 메모리를 관리할 수 있다.	**C와 C++:** 아파치 자체는 C로 작성됐지만 다수의 모듈이 C++로 설계됐다.
이식성(지원하는 운영체제)	**다중 플랫폼:** 엔진엑스는 윈도우, GNU/리눅스, 유닉스, BSD, 맥OS X, 솔라리스에서 동작한다.	**다중 플랫폼:** 아파치는 윈도우, GNU/리눅스, 유닉스, BSD, 맥OS X, 솔라리스, 노벨 넷웨어(Novell NetWare), OS/2, TPF, OpenVMS, eCS, AIX, z/OS, HP-UX 등에서 동작한다.
공개 연도	**2002:** 엔진엑스는 아파치보다 젊어서 현대에 더 알맞다.	**1994:** 아파치는 90년대에 개시된 다수의 오픈소스 프로젝트 중 하나로, 오늘날의 월드와이드웹을 만드는 데 기여했다.

일반적인 기능

여기에서는 모든 유형의 특징을 나열하기보다 6장에서 이미 다룬 아파치와 엔진엑스의 차이점에 초점을 맞춘다.

특징	엔진엑스	아파치
HTTPS 지원: 웹 서버가 보안 웹 페이지를 전달할 수 있는지 여부를 명시한다.	**모듈로 지원:** HTTPS 지원이 필요하면 상응하는 모듈과 함께 엔진엑스를 컴파일해야 한다.	**모듈로 지원:** 아파치는 기본적으로 포함된 모듈을 통해 HTTPS를 지원한다.
가상 호스트: 웹 서버가 여러 웹 사이트를 동일한 컴퓨터에서 운영할 수 있는지 여부를 명시한다.	**자체 지원:** 엔진엑스는 자체적으로 가상 호스트를 지원하지만, 가상 호스트별 구성 파일을 기본적으로 수용하도록 구성돼 있지는 않다(더 자세한 내용은 7장 후반에 설명).	**자체 지원:** 아파치는 자체적으로 가상 호스트를 지원하고 폴더마다 하나의 구성 파일(.htaccess)을 포함하게 할 수 있다.
CGI 지원: 웹 서버가 CGI 기반 프로토콜을 지원하는지 여부를 명시한다.	**FastCGI, uWSGI, SCGI:** 엔진엑스는 (HTTP 프록시와 함께) FastCGI, uWSGI, SCGI를 컴파일할 때 기본적으로 포함되는 모듈로 지원한다.	**CGI, FastCGI:** 대부분의 CGI 프로토콜을 아파치에 통합할 수 있는 모듈을 통해 활용할 수 있다.
모듈 시스템: 웹 서버가 모듈을 처리하는 방법을 명시한다.	**정적 모듈 시스템:** 모듈은 내장된다. 모듈은 컴파일 시점에 포함돼야 한다. 1.9.11부터 일부 제한적인 동적 모듈을 제공한다.	**동적 모듈 시스템:** 모듈은 동적으로 구성 파일에서 통합하거나 제거할 수 있다.

일반적으로 아파치가 제공하는 것이 많고, 사용 가능한 모듈을 훨씬 많이 갖고 있다. 아파치의 기능은 핵심 엔진을 비롯해 대부분 모듈화됐다. 현 시점에 공식 아파치 모듈 웹 사이트에 의하면 다양한 버전 분기에 500개 이상의 모듈이 있는데, 엔진엑스는 100개 조금 넘는다.

유연성과 커뮤니티

유연성과 커뮤니티는 엔진엑스와 아파치 같은 두 애플리케이션을 공정하게 비교하는 데 또 다른 기준이 된다. 오늘날의 정보기술 업계에서는 다음과 같은 질문을 고려하지 않고 서버 애플리케이션의 기계적인 기능만 살펴서는 안 된다.

- 서버가 먹통일 때 어디에서 도움을 받을 수 있는가?
- 어느 한 서버에서 제공하는 특정 기능의 문서를 찾을 수 있는가?
- 앞으로 모듈이 더 많아질 것인가?
- 프로젝트가 만든 사람에 의해 여전히 활동적으로 개선되고 있는가?
- 서버의 보안이 충분히 많은 관리자에 의해 테스트됐는가?

일반적으로 서버가 인기를 충분히 얻은 것만으로도 이런 질문에 답이 된다. 아파치는 단순한 주류 애플리케이션이 아니다. 문서는 쉽게 찾을 수 있고, 개발자들은 다년간 수많은 모듈을 출시했으며, 지난 20여 년간 정기적으로 새 버전을 출시했다.

엔진엑스는 어떤가? 이런 질문에 어떤 답을 할 수 있을까? 이는 확실히 민감한 문제다. 우선 어느 정도 신뢰할 만한 웹 사이트인 http://www.Nginx.org가 있어서 공식 참조 문서 같은 정보가 중앙에 모여 있다. 아파치에서 문제가 생기면 간단한 검색엔진 질의만으로 스스로 품었던 질문에 정확히 답하는 여러 글을 충분히 찾을 수 있다. 엔진엑스에서는 지나치게 특별한 문제를 만나면 뉴스그룹, 메일링 리스트, 웹 게시판에 물어보는 수밖에 없다.

개선과 보안 측면에서 엔진엑스는 저작자인 이고르 시소에프Igor Sysoev와 그 팀에 의해 정기적으로 갱신된다. 서버가 시작할 때부터 견고하고 신뢰할 수 있는 기반 위에 구축됐기 때문에 갱신될 때 심각한 보안 수정 사항이 포함될 일이 거의 없다. 아파치처럼 많은 웹 사이트에서 사용되지는 않지만, 엔진엑스는 여전히 넷플릭스, 소스포지, 워드프레스, 이미지샤크 등 가장 유명한 온라인 플랫폼 몇 가지를 지탱하고 있다. 이런 사실로 인해 엔진엑스가 고성능 웹 서버 영역에서 부인할 수 없는 정통성을 부여받는다.

성능

일반적으로 특징과 커뮤니티 관련 문제가 중요하기는 하지만, 확연한 차이를 만들어내는 측면은 성능이다. 관리자는 원래 최종 사용자에게 최적의 안락함을 제공하는 서버를 선호하는 편이다. 이는 페이지 표시 시간 최소화와 전송 속도 극대화로 대표된다.

2장에서 HTTP 서버 성능을 테스트하는 첫 번째 방법을 제공했다. 직접적인 성능 비교를 위해 같은 테스트를 아파치에 적용할 수 있다. 사실 많은 관리 블로거와 기술자가 이미 성능을 비교했고 일반적인 흐름은 의문의 여지도 없이 모든 관점에서 다음과 같이 엔진엑스의 손을 들어준다.

- 초당 요청률RPS, Requests Per Second은 보통 엔진엑스가 훨씬 높아서 아파치에 비해 두 배 이상 오르기도 한다. 다시 말해 엔진엑스는 같은 시간에 아파치에 비해 두 배 많은 페이지를 제공할 수 있다.
- 엔진엑스에서는 응답 시간이 짧다. 요청 수가 증가할수록 아파치는 점차 느려지고 페이지 제공도 느려진다.
- 동일한 요청을 제공할 때에도 엔진엑스보다 아파치가 좀 더 많은 대역폭을 사용하는 편이다. 이는 두 가지 방식으로 해석이 가능하다. 아파치가 더 많은 통신 부하를 만들어내는 것이거나 데이터를 빠르게 전송할 수 있도록 가용한 대역폭을 점유하는 것일 수 있다(어느 쪽 가정이 더 적절한지는 여전히 분명치 않다).

결국 성능 관점에서는 말할 것도 없이 엔진엑스의 승리다. 이것이 이토록 많은 사람이 경량 러시아 웹 서버로 전환하는 주된 이유인 것이 명백하다.

사용처

성능 관점에서 엔진엑스가 아파치를 훨씬 앞서는 것은 바로 성능이 엔진엑스가 작성된 이유이기 때문이다. 원래 이고르 시소에프는 극도로 접속자가 많은 러시아의 웹 사이트(http://www.rambler.ru)를 지탱하려고 엔진엑스를 만들었다. 이 사이트는 요청을 매일 수억 건 받았다. 이런 처리량은 프로젝트 시작 시기가 90년대 초로 거슬러 올라가는 아파치의 설계자들이 원래 계획에 포함했던 사안은 아닐 것이다.

좀 더 일반적으로 엔진엑스는 C10K 문제를 해결하고자 설계했다고 한다. C10K 문제란 현 상태의 컴퓨터 기술과 네트워크 확장성이 운영체제와 소프트웨어의 한계 때문에 (주류 업계의) 컴퓨터 한 대에 네트워크 연결을 10,000개까지만 유지한다는 공통적인 관찰 결과를 나타낸다. 기술의 발전으로 이 숫자가 큰 의미는 없어졌지만, 당시에는 이 문제가 매우 심각하게 다뤄졌고, 이로 인해 , 체로키Cherokee, 마지막으로 엔진엑스 같은 주요 웹 서버가 개발되는 계기가 됐다.

결론

엔진엑스 커뮤니티 사이에 통용되는 유명한 인용문이 하나 있는데, 상황을 정확히 요약했다.

> 아파치는 마이크로소프트 워드 같아서 수많은 옵션이 있지만 필요한 것은 여섯 가지뿐이다. 엔진엑스는 여섯 가지를 지원하고 그중 다섯 가지는 아파치보다 50배나 빠르다.
>
> – 크리스 리(Chris Lea), https://ChrisLea.com

오랜 시간 엔진엑스의 평판을 구축하는 데 도움이 됐던 유명한 사용 평도 있다.

> 나는 역프록시로 동작하는 엔진엑스로 서버 하나에 천만 건이 넘는(초당 몇 백 건) HTTP 요청을 하루에 처리한다. 부하가 최대일 때 내가 구성한 FreeBSD 6에서 메모리는 15MB, CPU는 10% 정도만 사용한다. 비슷한 부하에서 아파치는 프로세스를 1,000여 개 정도 사용

> 하고 나서 동작을 멈췄다. 이때 메모리 사용량은 하나님만이 알 것이다. 파운드(Pound)는 지나치게 많은 스레드로 400MB 이상의 메모리를 온통 스레드 스택에 사용하고 동작을 멈췄다. 라이티(Lighty)는 그렇게 많지는 않았지만 더 많은 CPU를 사용했고, 시간당 20MB 이상의 메모리가 누출됐다.
>
> – 밥 이폴리토(Bob Ippolito), http://www.MochiMedia.com

대규모 프로젝트 시장에서 한정된 자원만 사용할 수 있다면 엔진엑스가 훌륭한 해법이다. 웹 서버와 호스팅의 지식이 부족할 때는 아파치가 프로젝트를 시작하기 좋지만, 서비스가 성공하자마자 우리, 서버, 방문자 모두 결국 안정적으로 운영되지 않는 상황에 직면하게 될 것이다.

아파치 구성 이전

아파치는 지금까지 충분히 썼고 이제 엔진엑스로 완전히 교체하기로 결정했다면 몇 단계 과정만 더 진행하면 된다. 첫 번째 단계는 교체 후에도 기존 웹 사이트와 완전히 동일하게 동작하도록 기존 구성을 수용하는 것이다.

지시어

이 절에서는 흔히 사용되는 아파치 구성 지시어 몇 가지를 정리하고, 엔진엑스의 동일한 대체 방법을 제공해본다. 다음 표는 기본 아파치 구성 파일의 순서대로 나열됐다.

아파치 지시어	동일 엔진엑스 지시어
ServerTokens: 응답 헤더에 전송되는 서버 OS와 소프트웨어의 이름과 버전 정보를 구성할 수 있다.	**server_tokens:** 엔진엑스에서 HTTP 모듈의 server_ tokens 지시어로 서버 정보를 전송하도록 허용하거나 금지할 수 있다.
ServerRoot: 구성과 로그 폴더가 들어 있는 서버의 최상위 디렉터리를 정할 수 있다.	**--prefix 컴파일 옵션:** 엔진엑스에서 이 옵션은 컴파일할 때 구성 스크립트의 --prefix 스위치나 실행할 때 -p 명령행 옵션으로 정의할 수 있다.
PidFile: 애플리케이션 PID 파일의 경로를 정한다.	**pid:** 정확히 동일한 지시어는 pid다.
TimeOut: 이 지시어는 세 가지 요소를 정의한다. • GET 요청의 최대 실행 시간 • POST와 PUT 요청에서 두 TCP 패킷 간에 허용되는 최대 지연 시간 • 두 ACK 패킷 간에 허용되는 최대 지연 시간	**여러 지시어:** 비슷하게 동작하는 지시어가 여러 가지 있다. **send_timeout:** 클라이언트의 두 읽기 동작 사이에 허용되는 최대 지연 시간을 정한다. **client_body_timeout:** 클라이언트 요청 본문을 읽을 때의 제한시간을 정한다. **client_header_timeout:** 클라이언트 요청 헤더를 읽을 때의 제한시간을 정한다.
KeepAlive, MaxKeepAliveRequests, KeepAlive Timeout: 이 세 지시어는 아파치의 연결 유지(keep-alive) 동작을 제어한다.	**keepalive_requests:** 이 두 지시어는 아파치의 지시어에 직접 대응된다. 다만 연결 유지 기능을 완전히 비활성화하려면 keepalive_timeout이나 keepalive_requests를 0으로 설정한다.
Listen: 아파치가 연결을 기다릴 인터페이스와 포트를 정한다.	**listen:** 엔진엑스에서 이 지시어는 가상 호스트 수준(server 블록)에서만 정의된다.
LoadModule: 이 지시어를 사용해서 아파치는 동적으로 여러 모듈을 읽는 기능을 제공한다.	**--with_****_module:** 엔진엑스는 모듈을 동적으로 읽을 수 없다. 모듈은 컴파일할 때 포함해야 한다. 엔진엑스에 일단 통합이 되면 비활성화할 수 없다.
Include: 다른 구성 파일을 포함하게 하는 지시어로 와일드카드를 지원한다.	**include:** 엔진엑스의 include 지시어는 완전히 동일하다.

(이어짐)

아파치 지시어	동일 엔진엑스 지시어
User, Group: 데몬(daemon)이 실행되는 데 사용될 사용자와 그룹을 정할 수 있다.	**user:** 이 엔진엑스의 user 지시어로 사용자와 그룹 모두 지정할 수 있다.
ServerAdmin, ServerSignature: 오류와 점검 페이지에 표시될 서버 관리자의 이메일 주소와 서명 문구를 지정할 수 있다.	동등한 지시어 없음 엔진엑스에는 해당하는 지시어가 없다. 오류 페이지에는 서버 운영자의 이메일 주소나 다른 정보가 표시되지 않는다. 사이트의 오류 페이지를 자신에게 맞게 수정하는 데 error_page 지시어를 사용하자.
UseCanonicalName: 아파치가 자기 참조(self-referential) URL을 만드는 방법을 정의한다.	직접 상응하는 지시어 없음 이 아파치 지시어에 직접 상응하는 지시어가 없지만, 자기 참조 URL을 만드는 방법은 (프록시, FastCGI 등) 모듈 고유 설정을 통해 정의할 수 있다.
DocumentRoot: 아파치가 제공할 파일이 저장된 루트 폴더를 정의한다. 이 지시어는 서버와 가상 호스트 수준에서 사용할 수 있다.	**root:** root 지시어는 문서 최상위 경로를 정의할 때 http, server, location, if 등 모든 수준에서 추가할 수 있다.
DirectoryIndex, IndexOptions, IndexIgnore: 디렉터리 색인과 파일 목록 옵션을 정의한다.	**index, autoindex, random_index, fancyindex (서드파티):** 엔진엑스도 다양한 색인 관리 옵션을 제공한다.
AccessFileName: 페이지 수행 시점에 동적으로 포함되는 .htaccess 파일명을 정의한다.	동등한 지시어 없음 엔진엑스는 .htaccess 파일 같은 기능이 없다. 뒤에서 좀 더 자세히 다룬다.
TypesConfig, DefaultType: MIME 타입 옵션을 정의한다.	**types, default_type:** 구문은 다르지만 엔진엑스에 있는 상응하는 지시어다.
HostNameLookups: 로그를 남기거나 접근을 제어하려고 클라이언트의 IP 주소로 호스트 이름을 찾게 할 수 있다.	동등한 지시어 없음 엔진엑스에는 상응하는 기능이 없다.
ErrorLog, LogLevel, LogFormat, CustomLog: 로그를 남기도록 활성화하고 형식을 설정한다.	**access_log, log_format:** 엔진엑스도 다양한 옵션을 줄 수 있지만 소수의 지시어로 통합했다.
Alias, AliasMatch, ScriptAlias: 디렉터리 별칭 옵션이다.	**alias:** alias는 엔진엑스가 제공하는 상응하는 지시어지만, 나머지 두 지시어에 대응하는 지시어는 없다.

모듈

1장에서 배운 것처럼 엔진엑스의 모듈Modules은 구성 설정으로 넣거나 뺄 수 없고 컴파일할 때에 포함시켜야 한다.

게다가 모듈은 컴파일 후에는 완전히 이진 파일로 통합되기 때문에 비활성화할 수도 없다. 결국 엔진엑스를 컴파일할 때에 주의해서 모듈을 선택해야 한다.

선택한 모듈 때문에 성능에 영향을 미칠까 우려된다면 필터 모듈만이 눈에 띌 만한 차이가 있을 뿐임을 알아두자. 필터 모듈은 요청이나 응답, 또는 양쪽 모두의 내용에 필터를 적용할 수 있는 모듈을 지칭한다. 내용을 처리하기 때문에 이들은 항상 동작한다. 첨가(Addition), 문자 세트(Charset), Gzip, SSI 등이 필터 모듈의 예다. 필터 모듈이 아닌 자동 인덱스(Autoindex), FastCGI, 하위 상태(Sub Status) 같은 모듈은 관련 지시어가 사용되지 않았다면 모듈 처리 로직은 실행되지 않을 것이다.

다음 표에서는 아파치와 엔진엑스의 공통적인 모듈 몇 가지를 나열했다. 서로 상응하는 모듈이겠지만 정확히 동일한 기능을 제공하지는 않으며, 지시어는 전혀 다를 것이다. 각 장의 모듈 문서를 확인하자.

아파치 모듈	엔진엑스 모듈	상태	구성 스위치
mod_auth_basic	auth_basic	기본 포함	--without-http_auth_basic_module
mod_autoindex	autoindex	기본 포함	--without-http_autoindex_module
mod_charset_lite	charset	기본 포함	--without-http_charset_module
mod_dav	dav	옵션	--with-http_dav_module
mod_deflate	gzip	기본 포함	--without-http_gzip_module
mod_expires	headers	기본 포함	비활성화 불가능
mod_fcgid	fastcgi	기본 포함	--without-http_fastcgi_module

(이어짐)

아파치 모듈	엔진엑스 모듈	상태	구성 스위치
mod_headers	headers	기본 포함	비활성화 불가능
mod_include	ssi	기본 포함	--without-http_ssi_module
mod_log_config	log	기본 포함	비활성화 불가능
mod_proxy	proxy	기본 포함	--without-http_proxy_module
mod_rewrite	rewrite	기본 포함	--without-http_rewrite_module
mod_ssl	ssl	옵션	--with-http_ssl_module
mod_status	stub_status	옵션	--with-http_stub_status_module
mod_substitute	sub	옵션	--with-http_sub_module
mod_uid	userid	기본 포함	--without-http_userid_module

가상 호스트와 구성 섹션

엔진엑스가 (http, server, location, if 등) 다양한 수준에서 구성을 정의할 수 있도록 하는 것처럼 아파치도 자체만의 섹션이 있다. 다음은 예제와 함께 섹션을 설명한 목록이다.

구성 섹션

다음 표는 아파치의 섹션이 엔진엑스의 어떤 구성 블록에 해당하는지 보여준다. 어떤 아파치 구역은 엔진엑스에 직접 해당하는 블록이 없지만, 대부분의 경우 동일한 행위를 약간 다른 구문으로 재구현할 수 있다.

아파치 섹션	엔진엑스 섹션	설명
(기본값)	http	아파치 구성 파일의 루트에 속한 설정은 엔진엑스 구성 파일의 루트에 속한 설정에 상응하며 (메일 서버 프록시 기능에 쓰이는 mail이나 imap 같은 다른 블록과는 반대로) http 블록의 설정에도 해당한다.
<VirtualHost>	server	<VirtualHost> 구역에 속한 아파치 설정은 엔진엑스 구성 파일의 server 블록에 속해야 한다.
<Location> <LocationMatch>	location	<Location>과 <LocationMatch>(정규식) 섹션의 행위는 엔진엑스의 location 블록으로 재구현할 수 있다.
없음	if	엔진엑스는 if 블록으로 동적인 조건 구조를 제공한다. 아파치에는 이에 정확히 일치하는 섹션이 없다. 가장 가까운 구성 방법은 재작성 모듈의 RewriteCond 지시어다.
<Directory> <DirectoryMatch> <Files> <FilesMatch>	없음	아파치는 로컬 파일 시스템의 특정 위치에 설정을 적용할 수 있게 해준다. 엔진엑스는 URI에만 설정할 수 있다.
<IfDefine>	없음	특정 조건이 만족되면 기동할 때에 이 섹션이 포함하는 지시어가 적용된다. 엔진엑스에는 없는 사양이다.
<IfModule>	없음	기동할 때에 특정 모듈이 있으면 이 섹션이 포함하는 지시어가 적용된다. 엔진엑스에 동적으로 모듈을 읽는 기능이 없는 이상, 이 사양은 불가능하다.
<Proxy> <ProxyMatch>	없음	와일드카드 URI나 정규식을 저장해서 프록시된 자원에 이 섹션이 포함하는 지시어가 적용된다. 엔진엑스에는 해당 사양이 없다.

가상 호스트 생성

아파치에서 가상 호스트는 옵션이다. 기본 서버의 설정은 구성 파일의 루트에 정의할 수 있다.

```
Listen 80
ServerName example.com
ServerAlias www.example.com
DocumentRoot "/home/example.com/www"
[...]
```

하지만 이런 식의 구성은 서버에 웹 사이트 하나만 운영할 때나 어떤 가상 호스트의 접근 규칙이 맞지 않는 요청을 처리하도록 기본 설정을 정의할 때나 유용하다.

아파치와 달리 엔진엑스에는 운영될 모든 웹 사이트가 가상 호스트를 생성하는 데 쓰이는 **server** 블록에 속해야 한다. 이 블록은 아파치의 **<VirtualHost>** 섹션에 해당한다. 다음 표는 아파치 <VirtualHost> 섹션을 엔진엑스 server 블록으로 변환하는 예를 설명했다.

아파치 가상 호스트	엔진엑스 가상 호스트
<VirtualHost 12.34.56.78:80>	server {
ServerName example.com:80 ServerAlias www.example.com	listen 12.34.56.78:80; server_name example.com www.example.com;
UseCanonicalName Off	# 해당 사항 없음
SuexecUserGroup user group	# 해당 사항 없음
ServerAdmin "admin@example.com"	# 해당 사항 없음
DocumentRoot /home/example.com/www	root /home/example.com/www;

(이어짐)

아파치 가상 호스트	엔진엑스 가상 호스트
CustomLog /home/example.com/logs/ access_log cust	access_log /home/example.com/logs/ access_log cust; # cust 양식은 log_format으로 # 미리 선언돼야 한다.
ErrorLog /home/example.com/logs/error_log	error_log /home/example.com/logs/ error_log;

<Location /documents/>
Options +Indexes
</Location>
	location /documents/ {
	autoindex on;
	}

<IfModule mod_ssl.c> SSLEngine off </IfModule>	# IfModule에 해당하는 것은 없음 ssl off;
<Directory /home/example.com/www> <IfModule mod_fcgid.c> <Files ~ (\.php)> SetHandler fcgid-script FCGIWrapper /usr/bin/php-cgi .php Options +ExecCGI allow from all </Files> </IfModule> Options -Includes -ExecCGI </Directory>	# Directory 섹션에 해당하는 것은 없다. # location 블록은 URI당 설정을 적용할 뿐이다. # location 블록은 모두 가상 호스트 루트 폴더의 # 상대 경로인 요청에 설정을 적용한다. # .php 파일에 설정을 적용하는 데 이 특성을 # 사용하겠다. location ~ \.php { # FCGI 설정을 입력 fastcgi_pass 127.0.0.1:9000; fastcgi_param SCRIPT_FILENAME /home/example.com/ www$fastcgi_script_name; fastcgi_param PATH_INFO $fastcgi_script_name; include fastcgi_params; # 추가 FastCGI # 설정 # 기타 지시어는 직접 대응되는 것이 없거나 # 엔진엑스에서는 필요 없다.
</VirtualHost>	}

이 변환 지침은 보안 웹 페이지를 제공하지 않는 일반 가상 호스트에 유효하다. SSL을 사용하는 보안 가상 호스트를 만들 때는 다른 점이 몇 가지 있다. 다음 표는 SSL 관련 지시어에 초점을 맞췄다. 이전 표에서 사용된 지시어가 여전히 사용된다.

아파치 가상 호스트	엔진엑스 가상 호스트
`<VirtualHost 12.34.56.78:443>`	`server {`
`ServerName example.com:443` `ServerAlias www.example.com`	`listen 12.34.56.78:443;` `server_name example.com www.example.com;`

`SSLEngine on`
`SSLVerifyClient none`
`SSLCertificateFile`
`/home/example.com/cert/certchL9435`
	`ssl on;`
	`ssl_verify_client off;`
	`ssl_certificate`
	`/home/example.com/cert/cert.pem;`
	`ssl_certificate_key`
	`/home/example.com/cert/cert.key;`

`<Directory /home/example.com/www>`
`SSLRequireSSL`
`</Directory>`
	`# 엔진엑스에서는 필요 없다`

`</VirtualHost>`	`}`

.htaccess 파일

이제 다소 까다로운 .htaccess 파일 문제와 공유 호스팅의 배경에 깔린 주제를 다룬다. 엔진엑스에는 사실 공유 호스팅을 제공하는 메커니즘 같은 것이 없다. 여러 이유가 있지만, 무엇보다 달성하기 어렵기 때문이다.

아파치 .htaccess 파일 요약

.htaccess는 독립적인 작은 서버 구성 파일로 웹 마스터가 웹 사이트의 폴더마다 만들어 둘 수 있다. 특정 폴더에 접근하는 요청이 들어오면 아파치는 이 파일이

있는지 확인해서 요청에 그 내용을 적용한다. 이 파일을 사용해서 웹 마스터는 설정을 여러 수준으로 분리해서 적용할 수 있다. 다음 그림을 보자.

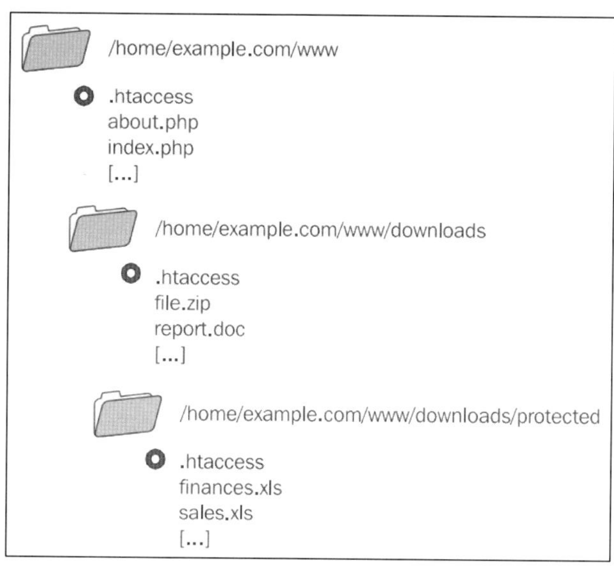

클라이언트가 /downloads/protected/finances.xls를 요청할 경우 세 .htaccess 파일이 다음과 같은 순서로 모두 적용된다.

1. /home/example.com/www/.htaccess
2. /home/example.com/www/downloads/.htaccess
3. /home/example.com/www/downloads/protected/.htaccess

마지막에 읽는 .htaccess 파일의 설정이 우선순위가 높다. /www/.htaccess와 /www/downloads/.htaccess에 같은 설정이 정의돼 있다면 두 번째 파일이 앞의 것보다 우선한다.

엔진엑스에서 .htaccess 대체

안타깝지만 엔진엑스에는 이런 장치가 없다. 하지만 사용할 수 있는 지시어를 동원하면 대체할 방법을 찾을 수 있다.

아파치에서 .htaccess 파일을 사용하는 이유는 다음과 같이 크게 세 가지다.

- 특정 디렉터리에만 접근 제한과 인증 규칙을 설정
- 최상위 폴더에 재작성 규칙을 정의(보통 특정 폴더에 한정하지 않음)
- mod_php, mod_perl, mod_python 같은 모듈의 플래그 설정

아파치 모듈로 전처리기가 설치돼 있어야 플래그를 사용할 수 있다. 서버가 PHP를 CGI나 FastCGI로 돌린다면 플래그를 인식할 수 없어서 500 내부 서버 오류를 일으킨다. 이 책에서는 엔진엑스가 이런 애플리케이션에 FastCGI나 HTTP로만 연결되기 때문에 플래그는 사용할 수 없다.

가상 호스트를 선언하는 방법에 따라 .htaccess처럼 동작하거나 적어도 그와 조금이라도 비슷한 무엇을 구현하는 두 가지 해결 방법이 있다.

첫 번째는 모든 가상 호스트를 개별 구성 파일로 관리한다고 할 때 server 블록에 include 지시어를 넣어 /www/ 폴더에 저장한 추가 구성 파일을 참조하게 하는 방법이다. 이 구성 파일은 클라이언트가 다운로드하지 못하게 숨겨야 하니 잊지 말자.

```
server {
   listen 80;
   server_name .example.com;
   root /home/example.com/www;
   [...]
   # 추가 구성 파일을 포함
```

```
    location / {
        include /home/example.com/www/.ngconf*;
    }
    # 추가된 구성 파일을 다운로드하지 못하게 접근 차단
    location ~ \.ngconf {
        return 404;
    }
}
```

이 설정은 가상 호스트의 /www/ 폴더에서 이름이 .ngconf로 시작하는 모든 파일을 포함한다. `include` 지시어의 * 문자에 주목하자. 와일드카드 없이 파일명만 지정하면 해당 파일이 없을 때 이 구성은 유효하지 않은 것으로 취급된다. 와일드카드를 사용하면 해당 파일이 없어도 아무 오류가 발생하지 않는다.

이제 .ngconfig 파일에 해당 가상 호스트에 관련된 지시어를 적는다.

```
autoindex off; # 파일 목록 표시 비활성화
location /downloads/ {
    autoindex on; # /downloads/ 속 파일 목록 표시 허용
}
[...]
```

이 방법은 웹 호스팅 제공자에게 상대적으로 안전한 것처럼 보인다. 웹 마스터가 (포트, 호스트 이름 등 중요한 설정을 다르게 바꾸지 못하고) 위치와 관련된 설정만 정의할 수 있기 때문이다. 하지만 웹 마스터가 잘못된 .ngconf 파일을 생성하면 엔진엑스는 이 문제가 해결될 때까지 변경된 구성을 다시 읽지 않는다. 이럴 때는 셸 스크립트에서 `nginx -t` 명령으로 구성 파일을 테스트해서 해결할 수 있다.

아니면 각 가상 호스트의 루트 폴더에 개별 파일로 가상 호스트를 선언하기로 하는 것도 방법이다. 이런 경우 엔진엑스의 주 구성 파일에는 다음 지시어만 필요하다.

```
include /home/*/www/.ngconf;
```

.ngconf 파일에는 이제 포트와 서버 이름을 포함한 전체 가상 호스트 선언이 인클루드돼야 한다. 이 해법은 전체를 혼자만 관리하는 서버에만 고려해야 한다. 외부 웹 마스터에게 지나친 서버 제어 권한이 넘어가지 않도록 해야 한다.

이미 말했듯 아파치와 엔진엑스 사이의 큰 차이가 한 가지 남아있다.

- 아파치는 .htaccess 파일의 설정을 클라이언트 요청을 처리할 때마다 적용한다.
- 엔진엑스는 .ngconf 파일의 설정을 (service nginx reload 같은 방법으로) 구성 파일을 읽을 때 적용한다.

아직까지 이 마지막 문제를 우회할 방법은 없다. 엔진엑스는 구성을 운영 중에 바꾸도록 허용하지 않는다.

PHP 스크립트를 주로 운영하는 웹 서버 관리자는 PECL 패키지의 htscanner에 관심이 있을 것이다. 이 확장 모듈은 PHP 설정을 담고 있는 .htaccess와 유사한 파일을 처리하는 기능을 제공한다. 더 자세한 내용은 이 패키지의 공식 페이지 http://pecl.php.net/package/htscanner를 참조하자.

재작성 규칙

HTTP 서버를 전환하면서 일반적으로 가장 우려하는 지점은 재작성 규칙이다. 엔진엑스는 두 가지 측면에서 아파치 재작성 규칙과 직접 호환되지 않는다.

- 보통 재작성 규칙은 앞에서 설명한 것처럼 .htaccess 파일에 적는다. 엔진엑스는 이런 메커니즘이 없으므로 재작성 규칙은 다른 위치에 둬야 한다.
- 재작성 명령과 조건의 구문이 매우 다르기 때문에 변경해야 한다. 다행히 정규식 구문은 그대로 같다.

여기에서는 규칙을 엔진엑스로 이전할 때 당면할 몇 가지 문제를 다룬다. 그러고 나서 두어 가지 주요 웹 애플리케이션용으로 미리 작성한 규칙을 제공하겠다.

총론

실제 예제를 공부하기 전에 엔진엑스의 재작성 규칙과 관련된 몇 가지 주요 비평으로 시작하겠다.

위치에 관해

엔진엑스에 대한 모든 이야기나 글에 의하면 엔진엑스는 공유 호스팅 서비스를 제공하는 웹 호스팅 회사에는 적합한 웹 서버가 아니라고 할 수 있다. .htaccess 파일이 없어서 자체 서버 설정이 필요한 웹 사이트를 호스팅할 수 없는데, 재작성 규칙도 그중 하나다. .htaccess의 대체 방법을 앞 절에서 제공하긴 했지만, 구성을 변경하면 자동으로 반영되지 않고 다시 읽어야 하는 엔진엑스는 공유 호스팅에 최적이 아니다. 게다가 구성 전체에서 오류가 하나라도 있으면 다시 읽지 못한다.

이 첫 번째 문제의 결론은 재작성 규칙의 위치를 옮겨야 한다는 것이다. 재작성 규칙은 어떤 파일에 가상 호스트 구성이 정의됐는지 상관없이 해당 가상 호스트의 `server`나 `location` 블록에 직접 적어야 한다. 아파치에서는 재작성 규칙이 /home/example.com/www/.htaccess 같은 곳에 있다면 엔진엑스에서는 재작성 규칙을 (예를 들어 /usr/local/nginx/conf/nginx.conf 같은) 가상 호스트 구성 파일에 통합해야 할 것이다.

구문에 관해

재작성 규칙을 엔진엑스로 이전할 때 중요한 아파치 지시어 두 가지가 있다. 다른 지시어는 해당하는 지시어가 없거나, 일부러 지원하지 않거나, 엔진엑스의 해당 지시어에서 이미 동일한 동작을 한다.

- **RewriteCond:** 요청 URI가 재작성되려면 충족해야 할 조건을 정의한다.
- **RewriteRule:** 정규식 패턴과 재작성될 URI와 플래그를 지정함으로써 요청 URI을 재작성한다.

두 지시어 중 첫 번째인 RewriteCond는 엔진엑스의 if에 해당한다. 이 블록은 재작성 규칙을 적용하기 전에 조건을 검사하는 데 사용된다. 다음 예제는 URI를 재작성하기 전에 요청된 파일이 존재하지 않는지 확인한다.

```
RewriteCond %{REQUEST_FILENAME} !-f
RewriteRule . /index.php [L]
```

엔진엑스에서는 동일한 설정을 if와 rewrite를 사용해서 다음과 같이 한다.

```
if (!-f $request_filename) {
   rewrite . /index.php last;
}
```

조건이 여러 개인 상황에서는 좀 더 복잡해진다. 엔진엑스의 if 구문은 한 가지 조건만 허용하며, 여러 if 블록을 중첩할 수도 없다. 다음과 같은 동작을 엔진엑스에서 재현할 때 난관에 봉착하게 된다.

```
RewriteCond %{REQUEST_FILENAME} !-f # 파일이 없어야 함
RewriteCond %{REQUEST_FILENAME} !-d # 디렉터리가 없어야 함
```

```
RewriteRule . /index.php [L] # URL 재작성
```

이 특정 문제를 논리적으로 간단히 우회할 방법이 있다. 여러 **if** 블록을 사용하면서 변수 값을 바꾸는 방법이다. 초기의 두 **if** 블록 후에 세 번째 **if** 블록은 이 변수가 앞선 두 **if** 블록에서 바뀌었는지 확인한다.

```
set $check "";
# 지정된 파일이 없으면 $check를 "A"로 설정
if (!-f $request_filename) {
   set $check "A";
}
# 지정된 디렉터리가 없으면 $check를 $check+"B"로 설정
if (!-d $request_filename) {
   set $check "${check}B";
}
# $check가 두 if 블록의 영향을 받았다면 재작성을 수행
if ($check = "AB") {
   rewrite . /index.php last
}
```

(파일 존재를 확인하는 -f와 폴더 존재를 확인하는 -d) 두 특정 재작성 조건과 관련해서 엔진엑스는 이미 이 두 검사를 합한 해결 방법 **-e**를 제공한다. 좀 더 빠른 해결 방법은 다음과 같다.

```
if (!-e $request_filename) {
   rewrite . /index.php last;
}
```

파일과 폴더가 있는지 검사하는 것에 더해 **-e**는 지정된 파일이 존재하는 심볼릭 링크에 대응하는지도 확인한다.

재작성 모듈의 일반적인 내용을 더 알려면 4장을 참조하자.

RewriteRule 아파치 지시어

RewriteRule 아파치 지시어는 엔진엑스의 rewrite에 직접 대응된다. 하지만 미묘한 차이가 있는데, 엔진엑스의 URI는 / 문자로 시작한다. 그래도 변환은 간단하다.

```
RewriteRule ^downloads/(.*)$ download.php?url=$1 [QSA]
```

이 아파치 규칙은 다음과 같이 변환된다.

```
rewrite ^/downloads/(.*)$ /download.php?url=$1;
```

[QSA] 플래그는 아파치에게 질의 인자query argument를 재작성된 URL에 추가하라고 지시한다. 하지만 엔진엑스는 기본이 그렇다. 엔진엑스가 질의 인자를 추가하지 않게 하려면 대체 URL의 끝에 ?를 추가하자.

```
rewrite ^/downloads/(.*)$ /download.php?url=$1?;
```

아파치 RewriteRule 지시어는 부가 플래그를 허용하는데, 이 플래그는 4장에서 설명하는 엔진엑스의 플래그 중 해당하는 것을 찾을 수 있다. 이제 유명한 웹 애플리케이션의 몇 가지 엔진엑스 규칙 예를 살펴보겠다.

워드프레스

워드프레스WordPress란 이름을 많이 들어봤을 것이다. 2015년 7월 기준으로, 큰 성공을 이룬 이 오픈소스 블로그 애플리케이션은 전 세계 6천만 웹 사이트에서 사용되고 있다. PHP와 MySQL로 동작되고 엔진엑스와 별다른 추가 작업 없이 호환된다. 다만 재작성 규칙을 더한다면 금상첨화가 된다.

워드프레스 웹 사이트의 루트 폴더에는 .htaccess 파일이 들어 있다.

```
# 워드프레스 시작
<IfModule mod_rewrite.c>
  RewriteEngine On
  RewriteBase /
  RewriteCond %{REQUEST_FILENAME} !-f
  RewriteCond %{REQUEST_FILENAME} !-d
  RewriteRule . /index.php [L]
</IfModule>
# 워드프레스 끝
```

이 첫 예제는 상대적으로 이해하기 쉽고 엔진엑스로 이전도 쉽다. 사실 재작성 절차 대부분이 다음과 같은 세 단계로 구성돼 있다.

1. 요청 URI에 해당하는 파일이 존재하는지 확인하고, 있다면 (요청 URI을 재작성하지 않고) 정상적으로 제공한다.
2. 요청 URI에 해당하는 폴더가 존재하는지 확인하고, 있다면 (요청 URI을 재작성하지 않고) 정상적으로 제공한다.
3. index.php로 재작성하면 워드프레스가 자체 PHP 스크립트로 원래 URI를 (`$_SERVER["REQUEST_URI"]` 변수를 검사함으로써) 분석한다.

신경 쓸 복잡한 규칙이 많지 않고, URI는 PHP 스크립트가 분석하기 때문에 엔진엑스로 변환하는 방법은 쉬운 편이다. 다음은 엔진엑스 가상 호스트의 전체 예다. 불필요한 지시어는 단순화하고자 제거했다.

```
server {
  listen 80;
```

```
    server_name blog.example.com;
    root /home/example.com/blog/www;
    index index.php;
    location / {
        # 요청된 URI에 맞는 파일이나 디렉터리나 심볼릭 링크가
        # 존재하지 않으면 URL을 index.php로 재작성한다.
        try_files $uri $uri/ index.php;
    }
    # 모든 PHP 요청은 FastCGI를 통해 PHP-FPM으로 전달된다.
    # 자세한 설명은 5장을 참조한다.
    location ~ \.php$ {
        fastcgi_pass 127.0.0.1:9000;
        fastcgi_param SCRIPT_FILENAME /home/example.com/blog/www$fastcgi_script_name;
        fastcgi_param PATH_INFO $fastcgi_script_name;
        include fastcgi_params; # include extra FCGI params
    }
}
```

미디어위키

이름에서 알 수 있듯이 미디어위키MediaWiki는 유명 온라인 공개 백과사전인 위키백과Wikipedia를 뒷받침하는 웹 엔진이다. 미디어위키는 지금 오픈소스 소프트웨어이므로 누구라도 자신의 서버에 다운로드해 설치할 수 있다. 이 애플리케이션은 **콘텐츠 관리 소프트웨어**CMS, Content Management Software로도 사용할 수 있어 노벨 같은 큰 회사가 신뢰도 높은 도구로 인정하고 사용 중이다. 워드프레스에 반해 미디어위키는 URL을 깔끔하게 만드는 용도의 .htaccess 파일이 포함돼 있지 않다. 대신 공식 미디어위키 웹 사이트에서 다양한 방법을 제공하는 데 모두 위키 문서 형태로 문서화돼 있다. 웹 마스터는 주 아파치 구성 파일을 수정하는 이런 해법을 구현할 수 있다. 하지만 이런 작업이 필요 없는 좀 더 단순한 해결 방법이 있다. 세 가지 단순한 엔진엑스 재작성 규칙으로 충분한 이상, 특정 아파치 해결 방법을 따를 필요가 없다.

- 첫 번째 규칙은 기본 요청의 경로를 **/wiki/Main_Page**로 재설정한다.
- 두 번째는 **/wiki/abcd** 형태의 모든 URI를 실제 URL인 **/w/index.php?title=abcd**로 재작성하고 나머지 매개변수는 반드시 URL 뒤에 추가해야 한다.
- 세 번째는 **/wiki**로 들어오는 요청은 경로를 홈 페이지인 /w/index.php로 재설정되게 한다.

다음은 재작성 규칙이 포함된 전체 가상 호스트 구성 예다.

```
server {
   listen 80;
   server_name wiki.example.com;
   root /home/example.com/wiki/www;
   location / {
      index index.php;
      # 경로를 메인 페이지로 영구 재설정
      rewrite ^/$ /wiki/Main_Page permanent;
   }
   # /wiki/ABC URI를 /w/index.php?title=ABC로 재작성
   rewrite ^/wiki/([^?]*)(?:\?(.*))? /w/index.php?title=$1&$2;
   # /wiki를 /w/index.php로 재작성
   rewrite ^/wiki /w/index.php;
   # 일반 FastCGI 구성
   location ~ \.php$ {
      fastcgi_pass   127.0.0.1:9000;
      fastcgi_index  index.php;
      fastcgi_param SCRIPT_FILENAME /home/example.com/wiki/www$fastcgi_script_name;
      include fastcgi_params;
   }
}
```

vBulletin

토론형 포럼 게시판은 21세기 초반에 대중화되기 시작해서 vBulletin, phpBB, 인비전 보드Invision Board 같은 다수의 유명 웹 애플리케이션이 등장했다. 포럼 소프트웨어 플랫폼 대부분은 시류에 편승해서 이제는 검색 엔진 최적화에 유리한 URL을 제공한다. 불행히도 재작성 규칙은 .htaccess 파일의 형태로 제공된다. 실제로 vBulletin 개발자는 재작성 규칙을 아파치 2와 IIS용으로 제공하기로 했고, 당연히 엔진엑스는 포함되지 못했다. 그들에게 교훈을 가르치자. 다음 표는 그들이 제공하는 아파치 재작성 규칙을 엔진엑스로 변환하는 방법을 설명한다.

아파치 규칙	엔진엑스 규칙
RewriteEngine on	# 불필요

RewriteCond %{REQUEST_FILENAME} -s [또는]
RewriteCond %{REQUEST_FILENAME} -l [또는]
RewriteCond %{REQUEST_FILENAME} -d
RewriteRule ^.*$ - [NC,L]
	# 요청된 URI가 시스템에 존재하는 파일, 폴더, 링크에 해당할 경우 재작성하지 않는다.
	if (-e $request_filename) {
	  break;
	}

RewriteRule ^threads/.* showthread.php [QSA]	rewrite ^/threads/.*$ / showthread.php last;
RewriteRule ^forums/.* forumdisplay.php [QSA]	rewrite ^/forums/.*$ / forumdisplay.php last;
RewriteRule ^members/.* member.php [QSA]	rewrite ^/members/.*$ /members.php last;
RewriteRule ^blogs/.* blog.php [QSA]	rewrite ^/blogs/.*$ /blog.php last;
ReWriteRule ^entries/.* entry.php [QSA]	rewrite ^/entries/.*$ /entry.php last;
RewriteCond %{REQUEST_FILENAME} -s [또는] RewriteCond %{REQUEST_FILENAME} -l [또는] RewriteCond %{REQUEST_FILENAME} -d RewriteRule ^.*$ - [NC,L]	# 어떤 이유인지 vBulletin에서 제공하는 .htacces에는 동일한 규칙이 두 번 반복된다. 엔진엑스에 같은 내용을 두 번 넣을 필요는 없다.

(이어짐)

아파치 규칙	엔진엑스 규칙
`RewriteRule ^(?:(.?)(?:/|$))(.|$)$ $1.php?r=$2 [QSA]`	`rewrite ^/(?:(.?)(?:/|$))(.|$)$ /$1.php?r=$2 last;`

요약

아파치에서 엔진엑스로 교체하는 작업이 처음에는 복잡해보일 것이다. 진행 과정에서 많은 단계를 거처야 하며, 확신과 준비가 부족하다면 해결할 수 없는 문제를 만날 것이다. 엔진엑스의 현재 한계를 이해해야 한다. 동작 중에 구성을 바꾸지 못하므로 .htaccess 파일이나 이와 비슷한 기능이 없다. 엔진엑스는 적어도 아직 아파치가 그런 것만큼 모듈이 많지는 않다. 마지막으로 중요한 것은 웹 사이트가 엔진엑스에서 동작하도록 모든 재작성 규칙을 변환해야 한다. 할일이 무척 많다. 하지만 서버가 오랜 시간동안 안정성과 확장성이 보장되는 것에 비하면 싼 가격이다. 일반적으로 웹 사이트를 읽는 속도와 응답 속도는 운영자나 방문자 모두 후회하지 않을 것이다.

08

부하 분산과 최적화

엔진엑스는 최대한 서버가 부하를 견디도록 돕는다. 그래도 단일 기기가 처리할 수 있는 일에는 한계가 있기 마련이다. 낡은 하드 드라이브이나 제한된 대역폭으로 언젠가는 병목이 발생할 것이고, 요청을 처리하는 시간이 길어지는 결과가 발생해 방문자가 실망하고 말 것이다.

웹 사이트가 점점 인기를 끌어 단일 기기로는 힘겨워지기 시작하면 단순하게 더 크고 비싼 서버를 구하고 싶어질 것이다. 하지만 이런 방식은 장기적으로 비용 효율적이지 않다. 무엇보다 서버가 피로에 노출이 될수록 하드웨어 장애를 겪을 가능성이 높아진다.

8장에서는 두 가지 개념을 살펴본다. 첫 번째는 부하 분산이다. 부하를 여러 서버에 거쳐 분산하고 이 분산 작업을 효율적으로 관리하는 기술이다. 두 번째 개념은 스레드 풀thread pool의 주제다. 요청을 조금 다른 방식으로 제공함으로써 부하가 심한 서버를 완화시키는 새로운 메커니즘이다.

8장에서 다루는 내용은 다음과 같다.

- 부하 분산 구조 소개
- 부하 분산의 공통 개념과 문제
- 세션 친화성session affinity 문제 처리
- MySQL을 사용한 부하 분산 시연
- 스레드 풀을 활용한 최적화 설정

부하 분산 개론

세계적으로 방문자가 많은 웹 사이트 대부분은 신중하게 계획한 서버 아키텍처 위에 구축됐다. 페이지를 읽고 다운로드하는 속도가 빨라야 한다는 요구 사항은 장기적으로 사용량을 증대하는 데 매우 중요하다. 부하 분산의 개념은 확장성, 가용성, 성능과 관련된 문제를 해결하는 데 도움이 될 수 있다. 간단히 개념을 설명하고 나서 이런 아키텍처를 엔진엑스로 어떻게 구현하는지 다루겠다.

부하 분산의 개념 이해

간단히 말해 부하 분산이란 방문자는 전혀 모르게 하면서 (CPU 부하, 하드디스크 부하 등) 작업 부하를 여러 서버에 걸쳐 분산하는 개념이다.

서버 하나만으로 운영되는 아키텍처에서는 클라이언트가 보내는 요청을 한 기기가 받아 처리한다. 기기 하나는 처리량에 한계가 있다. 예를 들어 웹 서버가 초당 1,000 HTTP 요청을 응답할 수 있다고 하자. 서버가 초당 1,000개 이상의 요청을 받으면

거의 동시에 들어온 1,001번째 클라이언트의 요청은 적시에 제공되지 못한다. 그리고 이때부터 페이지 제공 시간은 증가하기 시작하고, 결국 방문자의 경험 수준이 떨어지고 만다.

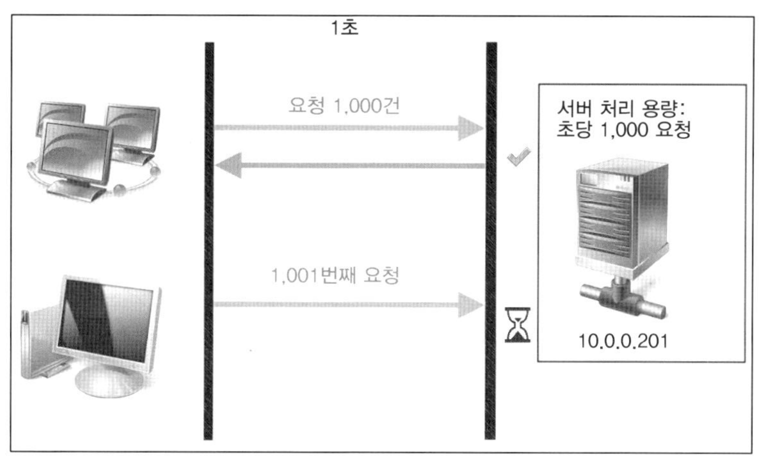

부하를 여러 서버에 분산하면 전반적으로 요청을 제공하는 용량이 향상된다. 가용할 수 있는 서버가 두 대라면 이론적으로 초당 2,000 HTTP 요청을 처리할 수 있다. 서버가 세 대라면 3,000 요청을 제공할 수 있고, 이런 식으로 계속 확대할 수 있다.

부하를 분산시키는 기술이 여러 가지인데, 그중에서 가장 단순한 방법은 DNS 부하 분산이다. 사용자가 우리 웹 사이트를 방문할 때 그들이 사용하는 웹 브라우저는 (example.com 같은) 도메인 이름을 (1.2.3.4 같은) IP 주소로 바꾼다. DNS 부하 분산을 하려면 간단히 도메인 이름에 여러 IP 주소를 할당하면 된다. 웹 사이트를 방문할 때 방문자의 운영체제는 도메인 이름에 할당된 여러 IP 주소 중 하나를 단순한 라운드로빈Round-robin 알고리즘에 따라 고르고, 전체적으로 모든 서버가 대충 비슷한 양의 네트워크 부하를 받게 된다.

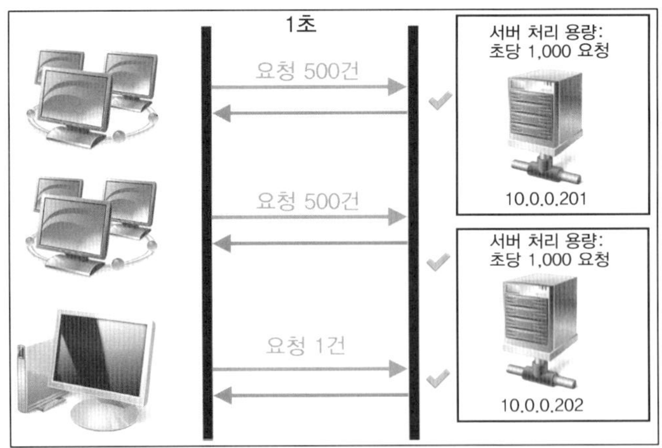

구현은 간단하지만 이 부하 분산 방법은 다음의 몇 가지 주요 문제를 해결할 수 없기 때문에 사용량이 매우 높은 웹 사이트에 무턱대고 적용할 수는 없다.

- 방문자의 운영체제가 선택한 IP 주소에 해당하는 서버가 잠시 동작 불능 상태라면?
- 여러 유형의 서버를 사용하는 아키텍처라서 일부 서버가 다른 서버보다 더 많은 요청을 처리할 수 있다면?
- 방문자가 특정 서버에 연결해서 자신의 사용자 계정으로 로그인했는데 10분 후에 다른 서버로 연결되고, 이 때문에 세션 데이터를 잃어버린다면?

이 문제 중 마지막 것은 세션 친화성session affinity 문제로도 알려졌다. 이에 대해 자세히 다루겠다.

세션 친화성

세션 친화성이란 부하 분산된 인프라스트럭처에서 클라이언트를 특정 서버에 영구적으로 배정하는 것을 가리키는 표현이다. 세션이란 용어는 클라이언트가 서버에 보내서 처리되는 여러 요청의 집합이다. 방문자가 웹 사이트에 접속하면 한 페이지 이상 방문하기 마련이다. 사용자 계정으로 로그인하고, 제품을 장바구니에 담고, 결제를 하는 식으로 말이다. 웹 브라우저(또는 탭)를 닫기까지 이어지는 모든 페이지 방문은 세션의 일부이고, 기간 내내 대부분 어떤 상태를 가진다. 상태란 서버가 보존하는 방문 기간 동안 수행되는 동작과 관련된 데이터다. 앞의 예에서 서버는 장바구니 내용과 로그인 자격증명 정보를 기억한다.

세션 중 어떤 시점에 방문자가 서버를 변경해 서버 B에 연결할 경우 방문자는 서버 A가 보관하는 세션 정보를 잃어버린다. 이 방문자는 장바구니의 내용과 로그인 자격증명을 잃어버리게 된다(로그아웃된다).

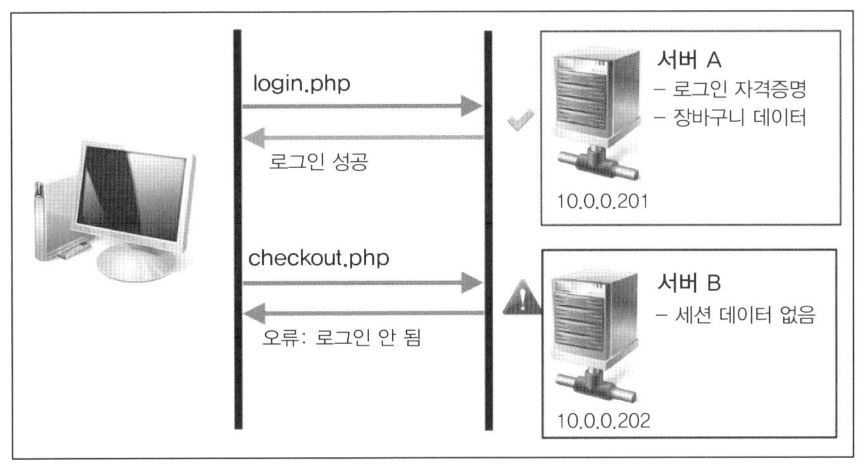

이런 연유로 세션 친화성을 유지하는 것은 매우 중요하다. 다시 말해 방문자가 특정 서버에 계속 배정된 채로 유지되도록 보장하는 것이다. DNS 부하 분산 방법은 세션 친화성을 보장하지 않지만, 다행히 엔진엑스는 이를 달성하는 데 도움이 된다.

업스트림 모듈

엔진엑스의 부하 분산 구현은 인프라스트럭처의 여러 수준에서 부하를 분산할 수 있어 특히 유용하다. 엔진엑스는 HTTP 요청을 뒷단 서버에게 전달하는 프록시로 동작할 뿐 아니라, (FastCGI, uWSGI, SCGI 같은) FastCGI 뒷단으로 요청을 분산하기도 하고 멤캐시디Memcached 서버로 질의를 분산하기도 한다. proxy_pass나 fastcgi_pass나 memcached_pass 같이 _pass로 끝나는 모든 지시어는 여러 서버의 그룹을 참조로 받는다.

첫 단계는 upstream 블록의 도움을 받아 서버 그룹을 선언하는 것이다. 이 블록은 http 블록 안에 위치해야 한다. upstream 블록 안에는 server 지시어를 사용해서 하나 이상의 서버를 선언한다.

```
http {
   upstream MyUpstream {
      server 10.0.0.201;
      server 10.0.0.202;
      server 10.0.0.203;
   }
   [...]
}
```

이제 서버 그룹이 선언됐으니 가상 호스트 구성에서 참조할 수 있다. 예를 들어 단순히 프록시로 처리함으로써 수신되는 HTTP 요청을 서버 그룹에 분산할 수 있다.

```
server {
   server_name example.com;
   listen 80;
   root /home/example.com/www;
```

```
    # 프록시로 모든 요청을 MyUpstream 서버 그룹에 전달
    proxy_pass http://MyUpstream;
    [...]
}
```

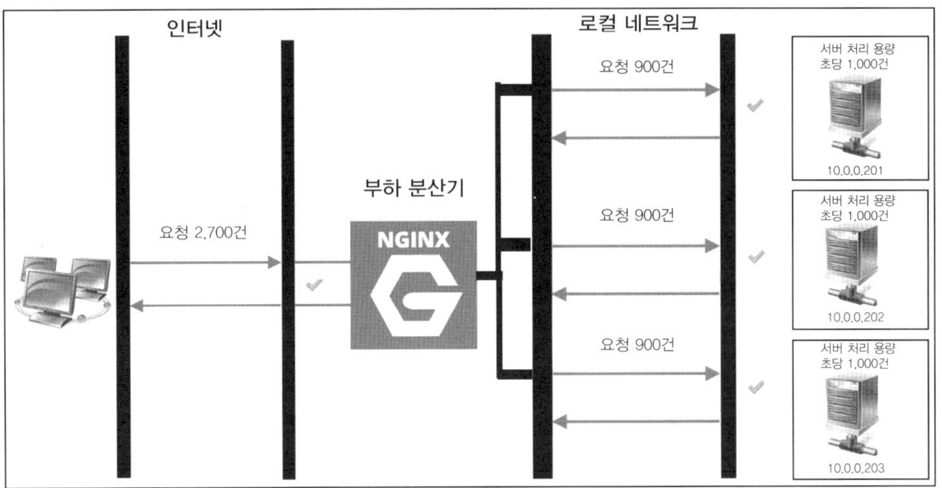

이 기본 구성에서 요청은 세션 친화성 없이 MyUpstream 그룹의 세 서버에 간단한 라운드로빈 알고리즘에 따라 분산된다.

요청 분산 메커니즘

이미 언급했듯이 엔진엑스는 이런 문제를 해결하는 여러 가지 방법을 제공한다. 첫 번째이면서 가장 단순한 방법은 가중치를 지정하는 weight 플래그다. 이 플래그는 서버 그룹 정의에서 활성화할 수 있다.

```
upstream MyUpstream {
    server 10.0.0.201 weight=3;
    server 10.0.0.202 weight=2;
```

```
    server 10.0.0.203;
}
```

기본적으로 서버는 다른 값을 지정하지 않는 한 가중치가 1이다. 이 구성 방법은 특정 서버에 중요성을 더 부여할 수 있게 해준다. 가중치를 높게 주면 더 많은 요청을 엔진엑스에서 받게 된다. 이 예에서 6건의 HTTP 요청을 받게 되면, 엔진엑스가 자동으로 다음과 같이 분산한다.

- 10.0.0.201 서버에 요청 셋을 할당(weight=3)
- 10.0.0.202 서버에 요청 둘을 할당(weight=2)
- 10.0.0.203 서버에 요청 하나를 할당(weight=1)

12건의 요청에 엔진엑스는 다음과 같이 분산한다.

- 10.0.0.201 서버에 요청 여섯을 할당(weight=3)
- 10.0.0.202 서버에 요청 넷을 할당(weight=2)
- 10.0.0.203 서버에 요청 둘을 할당(weight=1)

엔진엑스는 그룹에서 서버의 상태를 확인하는 메커니즘도 포함한다. 한 서버가 시간 내에 응답을 하지 않으면 이 요청을 그룹 안의 다음 서버에 다시 보낸다. upstream 블록에는 서버에 부여해서 이 메커니즘을 정밀하게 제어할 수 있는 몇 가지 플래그가 있다.

- **fail_timeout=N:** N은 요청이 실패했다고 판단하는 데 소요되는 시간으로, 초 단위다.
- **max_fails=N:** N은 엔진엑스가 요청을 처리하기를 포기하고 다음 서버로 전환하기 전에 하나의 서버에 수행할 시도 횟수다. 기본적으로 엔진엑스는 오직 한 번만 시도한다.

- **backup:** 특정 서버를 백업용이라고 표시해서 엔진엑스가 다른 서버가 실패할 때만 사용하도록 알린다. 이 서버는 다른 용도로는 사용되지 않는다.
- **down:** 특정 서버를 영구히 사용하지 않는다고 표시해서 엔진엑스가 더는 사용하지 않도록 알린다.

마지막으로 엔진엑스는 세션 친화성을 달성하기 위한 수많은 옵션을 제공한다. 옵션은 upstream 블록이 적는 지시어 형태로 제공된다. 그중 가장 단순한 것은 ip_hash다. 이 지시어는 엔진엑스에게 클라이언트 IPv4 주소에서 처음 세 바이트, 또는 IPv6 주소 전체로 해시 키를 계산해서 해시 키 값에 기반을 두고 클라이언트를 특정 서버에 계속 배정되게 한다.

```
upstream {
    server 10.0.0.201 weight=3;
    server 10.0.0.202 weight=2;
    server 10.0.0.203;
    ip_hash;
}
```

전 세계 인터넷 서비스 제공업자 대부분이 24시간마다 새로 갱신하는 동적 IP 주소를 제공한다는 사실을 고려할 때 어떤 관리자는 이런 방법을 매우 신뢰할 수 없다고 여길 것이다. 그러니 클라이언트의 IP 주소를 대신해 독자적인 분산 키를 사용해 우리가 선택한 기준으로 요청을 구분하지 않을 이유가 없다. 이럴 때 hash 지시어가 쓰인다. 이 지시어는 변수를 사용할 수 있으므로 쿠키 값으로 요청을 분리하기로 결정할 수 있다.

```
upstream {
    server 10.0.0.201;
    server 10.0.0.202;
    hash $cookie_username;
}
```

username 쿠키에 담긴 데이터에 따라 방문자는 upstream 그룹의 첫 번째나 두 번째 서버에 배정된다.

엔진엑스를 사용한 TCP 부하 분산

최근까지 오픈소스 버전의 엔진엑스는 HTTP 요청 상황에서만 부하 분산이 가능했다. 그사이 상용 버전인 엔진엑스 플러스는 이런 개념을 한 단계 발전시켰다. 즉, 엔진엑스를 TCP 부하 분산기로 사용하는 것이다. 이를 통해 활용 가능성이 훨씬 넓어졌다. 이제 어떤 형태의 네트워크 서버, 즉 데이터베이스 서버나 이메일 서버는 물론이고 문자 그대로 TCP를 통해 통신하는 모든 서버에 부하를 분산하도록 엔진엑스를 설정할 수 있다. 2015년 5월, 엔진엑스 제작자들은 TCP 부하 분산 기능이 오픈소스 버전의 일부가 돼야 한다고 결정했다. nginx.org에서 다운로드할 수 있는 엔진엑스에는 이 스트림[Stream] 모듈이 소스코드에 포함돼 있다.

스트림 모듈

엔진엑스에서 TCP 부하 분산이 동작하는 방식은 HTTP 부하 분산과 매우 비슷하다. 하지만 새 지시어를 제공하는 이 모듈이 기본 빌드에 포함되지 않기 때문에 엔진엑스를 컴파일하기 전에 `--with-stream` 플래그를 지정해 `configure` 명령을 실행해야 한다.

이 스트림 모듈은 `stream`이라고 부르는 새로운 블록을 제공하는데, 이 블록은 `http` 블록 밖의 구성 파일 최상단에 위치해야 한다. 이 블록에는 두 종류의 지시어를 선언해야 한다.

- **`server`:** 특정 포트로 수신하는 TCP 서버를 선언한다. 네트워크 인터페이스와 SSL 사용 유무는 옵션이다.

- **upstream:** 이미 server 블록에서 proxy_pass 지시어로 요청을 서버 그룹으로 보내게 했던 것과 비슷한 방식으로 서버 그룹을 정의한다.

MySQL 부하 분산 예

엔진엑스에서 HTTP 부하 분산이 어떻게 동작하는지 이미 이해한다면 다음 예제는 굉장히 단순해 보일 것이다. 엔진엑스가 MySQL 연결을 받게 구성해서 뒷단의 두 서버로 부하를 나누도록 해본다.

```
stream {
    upstream MyGroup {
        # IP 주소 기준 분산 사용
        hash $remote_addr;
        server 10.0.0.201 weight=2;
        server 10.0.0.202;
        server 10.0.0.203 backup; # 백업용으로만 사용
    }
    server {
        # 기본 MySQL 포트 수신
        listen 3306;
        proxy_pass MyGroup; # 요청을 업스트림으로 전달
    }
}
```

이 설정이 전부다. upstream 모듈이 제공하는 지시어와 옵션이 전부 그대로 있다. 하지만 세션 친화성을 이루는 데 (쿠키와 같은) HTTP 기반의 변수는 사용할 수 없다는 점을 유념하자. 이 스트림 모듈에는 더 많은 옵션과 플래그가 포함돼 있지만 HTTP 서버의 범위를 넘어서기에 여기에서는 자세히 다루지 않겠다. http://www.nginx.org에서 문서를 찾을 수 있다.

스레드 풀과 I/O 메커니즘

서버 하나 또는 둘을 더 구입한다거나 하는 중요한 재정적 결정을 내리기 전에 현재 설정을 최적화해서 기존 인프라스트럭처를 최대한 활용해야 한다.

작업자 프로세스 경감

파일을 올리거나 다운로드하는 등 I/O 작업이 과도한 웹 사이트의 경우 엔진엑스의 비동기 아키텍처가 어떤 약점을 보일 수 있다. 주 프로세스가 비동기로 들어오는 연결을 맺는 동안 작업자 프로세스worker process는 특정 작업에 의해 상대적으로 긴 시간동안 (데이터를 하드디스크 드라이브나 네트워크 드라이브에서 읽을 때 등) 차단될 수 있다.

두 작업자 프로세스가 있는 단순화된 구성을 살펴보자. 엔진엑스가 받는 각 HTTP 요청은 두 프로세스 중 하나에 배정된다. 프로세스 안에서는 작업이 순차적으로 실행된다. 요청을 받아 분석하고 요청된 파일을 저장된 위치에서 읽고 마지막으로 요청을 준비해서 클라이언트에 전송한다. 어떤 이유로 지연 시간이 약 100ms인 네트워크 드라이브에서 저장된 파일을 제공한다면 두 작업자 프로세스는 대부분의 시간을 파일을 기다리면서 허비한다. 결국 서버가 요청을 초당 18에서 20개밖에 처리하지 못하게 될 것이다.

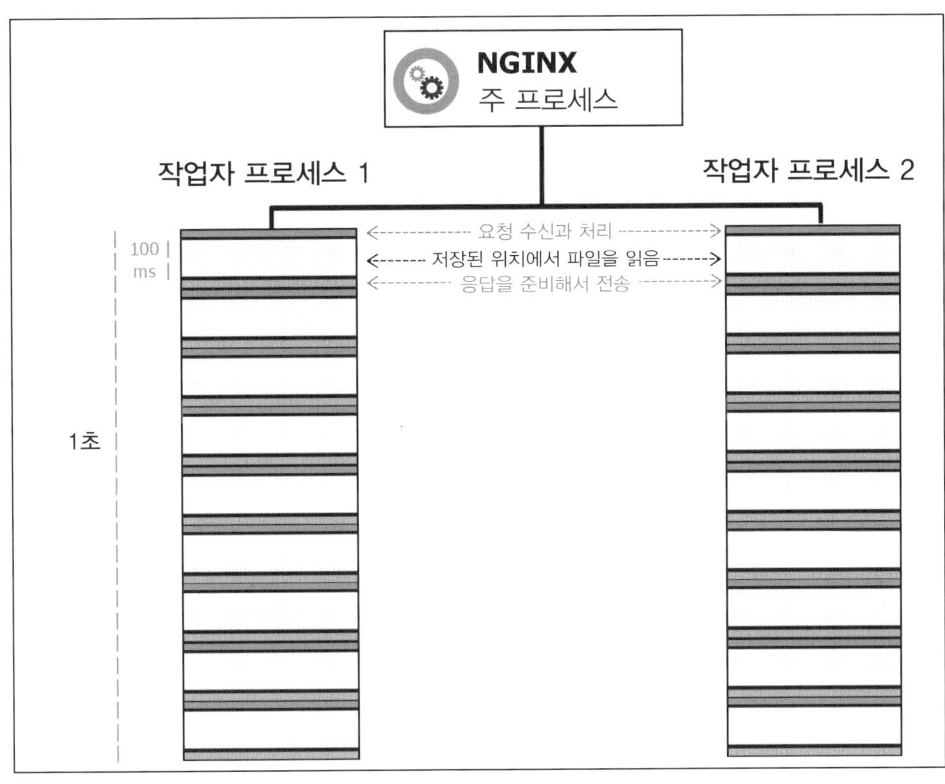

이 문제는 네트워크 드라이브에서만 일어나지 않는다. 일반 하드디스크 드라이브이더라도 캐시를 사용하지 않는다면 파일을 읽는 데 어느 정도 시간이 걸린다. 10ms는 1,000으로 곱했을 때 그리 무시할 만한 숫자가 아니다.

엔진엑스 1.7.11에서 사용할 수 있는 해결 방법을 스레드 풀이라고 한다. 이 방법의 이면에 있는 기본 원칙은 파일을 작업자 프로세스에서 동기로 읽는 대신 엔진엑스가 작업을 스레드에 위임하는 것이다. 이렇게 하면 작업자 프로세스가 즉시 자유롭게 돼 작업 대기열queue에 있는 다음 요청으로 이동할 수 있다. 위임받은 스레드가 작업을 끝낼 때마다 작업자 프로세스는 작업을 마무리하고 응답을 클라이언트에게 전송한다. 스레드 풀은 매우 이해하기 쉬운 개념이고, 고맙게도 구성도 매우 간단하다.

AIO, Sendfile, DirectIO

스레드 풀을 활성화하려면 엔진엑스를 --with-threads 매개변수로 컴파일해야 한다. 이 기능이 기본이 아니기 때문이다. 구성의 첫 단계는 구성 파일 최상단에서 thread_pool 지시어로 스레드 풀을 정의하는 것이다.

```
구문: thread_pool name threads=N [max_queue=Q];
```

name은 스레드 풀에 지어주고 싶은 이름, N은 생성할 스레드 수, Q는 대기열이 허용하는 최대 작업 수다. 기본으로 이름이 default이고 32스레드, 최대 65,536 작업 대기열을 가진 스레드 풀이 존재한다.

스레드 풀이 필요한 location 블록에는 단순하게 aio 지시어를 추가하고 스레드 풀 이름을 지정한다.

```
thread_pool MyPool threads=64;
[...]
location /downloads/ {
   aio threads=MyPool;
}
```

기본 스레드 풀을 사용하고 싶다면 aio threads를 스레드 풀의 이름 없이 적는다. sendfile과 aio 모두를 같은 위치에 사용할 수도 있다.

```
location /downloads/ {
   aio threads;
   directio 8k;
   sendfile on;
}
```

클라이언트가 요청한 파일이 (directio 지시어로 지정한 값인) 8k가 넘으면 aio가 사용된다. 아니면 이 파일은 sendfile로 전송된다.

요약

더 많아지는 양을 처리하도록 인프라스트럭처를 바꾸기 전에 언제나 현재 사용 중인 도구가 제공하는 해법을 찾아봐야 한다. 느린 디스크 읽기 작업 같은 블로킹 작업으로 서버가 응답을 할 수 없는 상태가 되면 스레드 풀을 시도해야 한다. 스레드 풀이 충분하지 않다고 결론나면 그다음은 부하 분산이 최선이다. 고맙게도 8장에서 알게 된 것처럼 엔진엑스로 부하 분산 아키텍처를 구현하는 것은 매우 쉽다. 심지어 엔진엑스를 사용해서 MySQL, 이메일 같은 다른 서버 애플리케이션의 부하도 분산할 수 있다.

엔진엑스가 제공하는 최고급 메커니즘의 기본적이면서도 포괄적인 접근 방법을 살펴봤으므로, 이제는 계속해서 네 가지 사례 연구를 살펴보겠다.

09

사례 연구

지금까지는 정적 웹 페이지 제공 방법에서 시작해 부하 분산 같은 고급 사양까지 엔진엑스의 다양한 측면을 살펴봤다. 엔진엑스를 서버에 설치하는 방법과 웹 사이트의 필요에 맞게 구성하는 방법을 배웠다. 복잡한 기능을 제공하는 다수의 고급 모듈도 알게 됐다.

이제 실생활에서 접할 만한 서너 가지 예를 살펴봄으로써 습득한 지식을 사용해 볼 것이다. 먼저 맨바닥에서 워드프레스WordPress 사이트를 완전히 설정하면서 최적화와 캐시를 포함해 엔진엑스 구성의 모든 측면을 다룬다. 그리고는 HTTPS 지원과 HTTP/2를 활성화하고, 모바일 기기에서 웹 사이트를 방문하는 클라이언트를 다루는 방법을 알아본다.

9장의 마지막은 오운클라우드ownCloud를 설정하는 데 할애한다. 오운클라우드는 문서를 서버에 저장했다가 다양한 플랫폼에서 가져다 쓸 수 있게 해주는 오픈소스 소프트웨어다. 오운클라우드 드라이브에 자가 서명 인증서를 설정해서 안전하게 접속하는 방법도 알아본다.

9장에서 다루는 내용은 다음과 같다.

- 워드프레스 사이트를 설정하는 자세한 지침
- HTTPS를 활성화하는 데 사용할 SSL 인증서 취득과 설정
- HTTP/2 활성화와 테스트
- 기본적인 모바일 클라이언트 처리
- 오운클라우드로 보안 클라우드 드라이브 생성

워드프레스 사이트 배치

7장에서 언급했듯이 워드프레스는 현재 전체 웹에서 가장 성공한 콘텐츠 관리 시스템이다. 최근 http://www.builtwith.com에서 조사한 바에 따르면 워드프레스는 경쟁 제품을 따돌리고 시장 점유율 52% 가량을 차지했다. 줌라Joomla는 시장의 3%만 점유하고 그 뒤를 이어 드루팔Drupal이 2%를 넘지 못한다. 많은 웹 서버 관리자에게 개인적으로나 업무로나, 워드프레스 사이트나 블로그를 설정하는 작업은 일상이 됐다.

서버 준비와 워드프레스 얻기

이제 서버를 준비하고 워드프레스 애플리케이션을 다운로드해서 설치하겠다. 워드프레스가 무난하게 동작하도록 하려면 일부 구성 파일을 다뤄야 한다.

시스템 요구 사항

새 서버에 워드프레스를 설정하는 데 필요한 첫 번째 단계는 필요한 구성 요소가 설치됐는지, 그리고 최신 버전인지 확인하는 것이다. 설치할 최신 워드프레스 5.3은 최소한 PHP 7.4에 MySQL 서버 5.6이나 마리아DB[MariaDB] 10.1이 실행돼야 한다. 아직 이 요구 사항을 충족하지 못했다면 다음 명령을 실행해서 최소한의 PHP 확장이 준비된 기본 작업 환경을 만들 수 있다. 다음 명령을 데비안 기반의 리눅스 운영체제에서 사용하라. 최신 데비안 배포본이 아니면 기본 php 버전이 낮아서 별도 저장소를 추가해야 할 것이다.

```
# apt-get install mysql-server php-fpm php-mysql php-gd php-dev
```

서버에서 레드햇 기반 OS가 실행 중이라면 다음 명령을 실행한다.

```
# yum install mysql-server php-fpm php-mysql php-gd php-dev
```

오래된 버전이 시스템에 설치돼 있다면 `apt-get update && apt-get upgrade`나 `yum upgrade` 명령을 사용해서 가능한 한 최신 버전으로 업그레이드하기를 권한다.

지금 사용하는 리눅스 배포본이 최신 워드프레스에서 요구하는 PHP나 MySQL을 제공하지 않는다면 배포본을 업그레이드하거나 사용할 워드프레스 버전을 오래된 것으로 선택하자.

PHP 구성

서버의 구성 요소가 최소한의 요구 사항에 맞도록 만든 후에 워드프레스가 문제없이 동작하도록 몇 가지 설정을 수정해야 한다. PHP 구성 중 살펴봐야 할 부분은 크게 두 곳이다. 첫 번째는 기본 PHP 구성 파일인 php.ini다. 이 파일에는 다음과 같은 지시어가 들어있는데, 수정하고 싶을 것이다.

- **cgi.fix_pathinfo:** 5장에서 설명했듯이 보안을 위해 이 값을 0으로 지정한다.
- **post_max_size:** 기본적으로 POST 요청 본문의 최대 크기는 8메가바이트다. 필요하다면 이 값을 높인다. 파일은 POST 요청으로 서버에 전송된다는 점을 염두에 두자.
- **upload_max_filesize:** 기본적으로 2메가바이트로 설정하되 더 큰 파일을 올리게 하기 원한다면 이 값을 키워야 한다.
- **date.timezone:** 이 지시어를 공백으로 두면 경고가 발생할 것이다. http://php.net/manual/en/timezones.php를 참조해서 자신의 상황에 적절한 값을 찾는다.

두 번째는 구성할 부분이 PHP-FPM 쪽이다. 주 구성 파일인 php-fpm.conf는 지금 당장 바꿀 필요가 없다. 하지만 아직 하지 않았다면 구성 풀pool을 생성해야 한다. 구성 풀이란 특정 웹 사이트나 애플리케이션에 적용되는 지시어를 모아 놓은 것이다. 이를 통해 PHP 프로세스가 특정 사용자 계정으로 동작하게 할 수 있고, 선택적으로 엔진엑스와 특정 네트워크 인터페이스로 통신하게 구성할 수 있다.

풀 이름을 대괄호로 감싸 선언해서 새로운 풀을 생성한다.

```
[wordpress]
```

다음 구성 지시어를 추가하자.

```
; 풀에 쓰일 사용자 계정과 그룹 지정
; wordpress란 사용자와 그룹을 생성했다고 가정함
user=wordpress
group=wordpress
```

```
; 네트워크 인터페이스와 수신 포트
; 엔진엑스가 같은 기기에서 동작한다면 127.0.0.1 사용
listen=127.0.0.1:9000

; 같은 컴퓨터에서만 연결을 허용
; 엔진엑스가 다른 기기에서 운영된다면 이 값을 변경한다.
allowed_clients=127.0.0.1
```

옵션이지만 chroot를 활성화할 수 있다. chroot는 이 풀의 PHP 프로세스가 사용할 루트 디렉터리를 지정한다. 예를 들어 chroot를 /home/wordpress/www로 지정하면 PHP 스크립트들은 지정한 경로 안의 파일과 디렉터리만 읽을 수 있게 된다. /home/wordpress/www 밖의 파일이나 디렉터리를 읽거나 쓰려고 하면 시스템에서 오류를 발생시킨다. 이 특징은 가능한 한 활성화하자. 보안 결함이 워드프레스 코드에서 발견되더라도 공격자들이 PHP 프로세스가 접근할 수 있는 파일만 공격할 수 있어서 서버의 나머지 파일은 안전할 것이다.

```
chroot=/home/wordpress/www;
```

나머지 구성 지시어는 PHP-FPM에서 제공하는 기본 풀 파일에서 상세히 문서화됐고, 기본값은 대부분의 경우 적합하다.

PHP에서는 반드시 수행해야 할 마지막 구성이 있는데, 젠드Zend OpCache를 활성화하는 일이다. 이 PHP 확장 기능은 opcode를 캐싱해서 스크립트 처리 시간을 극적으로 개선하는 메커니즘을 제공한다. 이 작업은 프로그래머와 방문자가 전혀 인식할 수 없고 php.ini 구성 파일에서 활성화하기만 하면 된다.

PHP 5.5나 그 이상부터 이 확장 기능은 기본적으로 확장 폴더에 들어있다. 젠드 OpCache를 활성화하려면 zend_extension=경로 지시어 하나만 추가하면 되는데, 경로는 확장 파일의 전체 경로, 또는 기본 확장 폴더를 기준으로 한 상대 경로다.

```
zend_extension=opcache.so
```

MySQL 구성

MySQL 서버를 설치할 때 관리자(root) 자격증명을 설정하는 단계를 거친다. 이 자격증명을 사용하면 모든 데이터베이스의 권한을 포함해 SQL 서버에 제약 없이 접근할 수 있기 때문에 어떤 PHP 애플리케이션에서든 이 자격증명을 사용해서는 안 된다. 별도 MySQL 사용자를 생성해서 애플리케이션에서 사용할 데이터베이스의 권한만 할당하게 하는 방식이 가장 좋다. 다음 명령으로 컴퓨터에 설치된 MySQL 서버에 로그인하자.

```
# mysql -u root -p
```

새 SQL 데이터베이스를 생성한다.

```
mysql> CREATE DATABASE wordpress;
```

SQL 사용자를 생성하고 wordpress 데이터베이스의 모든 권한을 승인한다. 이때 충분히 복잡한 비밀번호를 지정하는 것을 잊지 말자.

```
mysql> GRANT ALL PRIVILEGES ON wordpress.* TO 'wordpress'@'localhost'
IDENTIFIED BY 'password';
```

이제 사용을 종료했다가 새로 만든 계정을 사용해 로그인해보자.

```
mysql> exit
# mysql -u wordpress -p
mysql> SHOW DATABASES;
```

방금 생성한 wordpress 데이터베이스가 보여야 한다.

워드프레스 설치

마지막 단계로 최신 버전의 워드프레스를 다운로드해서 이미 지정한 위치에 압축을 푼다. 이 위치는 /home/wordpress/www다. 최신 버전은 https://wordpress.org/latest.tar.gz에서 다운로드할 수 있다.

```
/home/www# wget https://wordpress.org/latest.tar.gz
/home/www# tar xzf latest.tar.gz
```

사용자와 그룹이 적절히 설정되게 만들고 wordpress 사용자 계정이 애플리케이션 파일 전체에 쓰기가 가능하도록 권한을 준다.

```
/home/www# chown -R wordpress wordpress
/home/www# chgrp -R wordpress wordpress
/home/www# chmod -R 0644 wordpress
```

엔진엑스 구성

사용하기 쉬운 웹 설치 도구로 워드프레스를 설정하기 전에 엔진엑스 서버 구성을 마무리해야 한다. 마지막 세부 구성으로 깊이 들어가서 8코어 인텔 C2750(아발론)에 8GB 메모리와 일반 HDD의 보급형 서버 하드웨어에 적합한 구성을 제안할 것이다. 지시어 값은 사용할 하드웨어에 맞게 조절해야 한다.

http 블록

최상위 수준인 `http` 블록부터 시작해서 여러 블록을 차례로 다룰 것이다. `http` 블록은 전체 서버에 영향을 미치는 지시어를 포함한다. 이는 이 블록에 있는 지시어가 같은 엔진엑스에서 제공되는 웹 사이트 모두에 영향을 미친다는 의미다. 엔진엑스의 주 구성 파일인 nginx.conf를 열어 다음 지시어를 추가하고 수정한다.

```
# 작업자 프로세스가 실행될 사용자와 그룹을 설정한다.
# 다음 값은 서버가 한 가지 웹 사이트만 호스팅한다고 가정한 값이다.
user wordpress wordpress;

worker_processes 8; # 코어당 한 프로세스
pid /var/run/nginx.pid;

events {
   # 서버 하드웨어에 맞게 이 값을 수정
   worker_connections 768;
}

http {
   # I/O에 영향을 미치는 핵심 설정
   sendfile on;
   tcp_nopush on;
   tcp_nodelay on;

   # 기본 엔진엑스 값
   keepalive_timeout 65;
   types_hash_max_size 2048;

   include /etc/nginx/mime.types;
   default_type application/octet-stream;

   # 접근 로그와 오류 로그 경로 설정
   access_log /var/log/nginx/access.log;
   error_log /var/log/nginx/error.log;
```

```
    # 주어진 마임타입에 부합하는 파일에 gzip 압축 활성화
    gzip on;
    gzip_disable "msie6"; # IE 6 사용자는 gzip 압축 비활성화
    gzip_types text/plain text/css application/json application/x-javascript
          text/xml application/xml application/xml+rss text/javascript;

    # 가상 호스트 구성 파일 포함
    # 적절한 경로로 수정
    include /etc/nginx/sites-enabled/*;
}
```

server 블록

다음 단계로 앞서 지정한 디렉터리에 새 파일을 생성해야 한다. 예를 들어 wordpress.conf라는 이름의 파일을 /etc/nginx/sites-enabled/ 폴더에 만든다. 다음 지시어를 추가하거나 수정해서 가상 호스트 구성을 정의한다.

```
server {
    # 모든 네트워크 인터페이스의 80 포트에서 수신
    listen 80;

    # 이 사이트와 매치될 호스트 이름을 지정
    # 다음 값은 www.과 하위 도메인이 생략된 경우 모두 허용함
    server_name .example.com;

    # 워드프레스 파일의 경로를 설정
    root /home/www/wordpress;

    # 자동으로 index.php를 찾음
    index index.php;

    # 클라이언트 요청의 본문을 파일에 저장한 후에 제거
    client_body_in_file_only clean;
    client_body_buffer_size 32K;
```

```
    # 최대 300메가바이트까지 파일 업로드 허용
    client_max_body_size 300M;

    # 10초간 아무런 데이터도 클라이언트에 전송되지 않으면
    # 연결을 자동으로 종료
    send_timeout 10s;

    # 나머지 구성(location 블록)은 이어서 설명
    [...]
}
```

location 블록

마지막으로 location 블록을 설정하자. 여기의 지시어는 사이트의 특정 위치에만 적용된다.

```
# 이미지, CSS, 자바스크립트 같은 정적 파일에만 적용되는 설정
location ~* ^.+\.(jpg|jpeg|png|gif|webp|ico|css|js)$ {
    access_log off; # 접속 로그 비활성화

    # 클라이언트 브라우저가 장기간 파일을 캐시하도록 허용
    expires 180d;
}

# 모든 요청에 적용되는 설정
location / {
    # 요청된 URI를 제공하도록 시도
    # - 파일이 없으면 /를 추가
    # - 디렉터리가 없으면, 요청 URI와 다른 인자를
    #   /index.php로 전달하게 경로 재설정
    try_files $uri $uri/ /index.php?q=$uri&$args;
}

# 모든 PHP 파일에 적용되는 설정
location ~ \.php$ {
```

```
    # 파일이 없으면 404 오류 발생
    if (!-e $request_filename) {
        return 404;
    }
    # 요청을 PHP-FPM 뒷단으로 전달
    fastcgi_pass 127.0.0.1:9000;
    fastcgi_index index.php;
    fastcgi_param SCRIPT_FILENAME $document_root$fastcgi_script_name;

    include fastcgi_params;
}
```

워드프레스 구성

엔진엑스 구성을 마무리해서 저장하고 나면 `service nginx reload`나 (엔진엑스 설치 경로는 다를 수 있지만) `/usr/local/nginx/sbin/nginx -s reload` 같은 명령을 통해 엔진엑스가 변경된 구성을 다시 읽게 해야 한다.

모두 이상 없이 끝나면 http://example.com/wp-admin/install.php에 방문해서 웹 기반의 워드프레스 설치 도구를 실행할 수 있다. 여기서 example.com은 각자의 도메인 이름으로 바꾼다. 설치 도구를 실행하면 다음 정보를 요청 받을 것이다.

- 앞서 생성한 데이터베이스의 이름, 여기 예에서는 `wordpress`
- 앞서 생성했던 SQL 사용자 이름, 여기 예에서는 `wordpress`
- 사용자의 비밀번호
- 데이터베이스 주소, MySQL 서버가 같은 서버에서 운영된다면 127.0.0.1
- 워드프레스가 생성하는 모든 SQL 테이블의 접두사

Below you should enter your database connection details. If you're not sure about these, contact your host.

Database Name	wordpress	The name of the database you want to run WP in.
User Name	wordpress	Your MySQL username
Password	password	...and your MySQL password.
Database Host	127.0.0.1	You should be able to get this info from your web host, if localhost does not work.
Table Prefix	wp_	If you want to run multiple WordPress installations in a single database, change this.

Submit

설치 도구가 일을 끝내면 워드프레스 사이트를 구성하고 사전 준비를 할 수 있는 상태가 된다. URL을 보기 좋게 만들려면 Settings ➤ Permalinks 메뉴 항목을 확인해야 한다. http://example.com/post-name/이나 http://example.com/year/month/post-name/ 같은 다양한 URL 방식을 제공한다.

HTTPS를 통한 안전한 통신

최신 웹에서는 HTTPS을 적용하는 것이 점차 중요한 요구 사항이 되고 있다. 방문자가 안전하게 통신하지 않는 온라인 상점을 더는 믿지 않기 때문에 사업계의 주요 업체들은 모두 평문 전송을 점차 없애고 있다. 페이스북, 구글, 트위터 모두 이제 HTTPS가 기본이다. 구글은 자사의 검색 엔진이 HTTPS를 지원하는 웹 사이트를 더 상위에 노출한다고 공표하기도 했다. 앞으로 설명할 내용을 소홀히 여기고 넘어갈 이유가 없을 뿐더러 엔진엑스는 이런 작업을 매우 쉽게 처리해준다. 따라서 앞에서 설명한 예제에 더해 우리의 워드프레스 사이트에 HTTPS 지원을 활성화할 것이다.

자가 서명 인증서와 인증기관

HTTPS를 활성화하려면 SSL 인증서를 취득해야 한다. 인증서는 안전하게 만들고 싶은 도메인 이름과 관련된 정보를 보유한다. 웹 사이트에 설정할 인증서에는 두 가지 유형이 있다.

- **자가 서명 인증서:** 자신이 소유한 서버에서 스스로 인증서를 생성할 수 있다.
- **신뢰할 수 있는 인증기관의 서명으로 한 단계 더 안전한 인증서:** 별도 기관이 웹 사이트에 연결하려는 방문자에게 서버의 진위 여부를 확인해준다.

테스트 환경이나 제한된 수의 방문자만 대상으로 운영되는 웹 사이트에는 자가 서명 인증서를 선택할 만하다. 하지만 방문자가 사이트를 열어 볼 때면 경고 메시지가 웹 브라우저에 표시될 것이니 이를 명심하자.

The site's security certificate is not trusted!

You attempted to reach **192.168.17.129**, but the server presented a certificate issued by an entity that is not trusted by your computer's operating system. This may mean that the server has generated its own security credentials, which Chrome cannot rely on for identity information, or an attacker may be trying to intercept your communications.

You should not proceed, **especially** if you have never seen this warning before for this site.

Proceed anyway | Back to safety

▶Help me understand

워드프레스 예제 사이트에는 가능한 한 많은 사람이 방문하기를 바란다고 보고, 별도 기관에서 서명한 인증서를 설정하는 것이 최선의 선택이다. 자가 서명 인증서는 9장 후반에 다룬다.

신뢰할 수 있는 인증서를 얻으려면 온라인에서 쉽게 찾을 수 있는 유료 서비스를 사용해야 한다. 가격은 안전하게 보호하려는 도메인의 수에 따라 달라진다. (하위 도메인이 전혀 없는) 단일 도메인은 1년에 미화 70달러 정도가 적정하다.

SSL 인증서 취득

구매할 인증서 상품을 정했으면 엔진엑스 구성에서 HTTPS를 활성화하기 전에 몇 가지 단계를 수행해야 한다. 그중 첫 번째는 개인 암호 키를 생성하는 것이다. 이론적으로 개인 키를 획득한 보안 공격자는 가짜 서버로 서버인척 할 수 있기 때문에 가능한 한 안전하게 보관해야 한다. 이 키는 openssl이라는 프로그램으로 생성한다. openssl은 HTTPS를 활성화하려면 시스템에 설치돼 있어야 한다. 다음 명령으로 설치한다.

```
# apt-get install openssl
```

반면 레드햇 기반의 운영체제에서는 다음 명령을 사용한다.

```
# yum install openssl
```

다음 명령을 실행해 2,048비트의 RSA 개인 키를 생성한다. 여기서 example.com은 실제 도메인 이름으로 바꿔야 한다.

```
# openssl genrsa -out example.com.key 2048
```

example.com.key라는 이름의 파일이 현재 작업 디렉터리에 생긴다. 이 파일을 안전한 위치로 옮기기 전에 인증기관에 보낼 인증서 서명 요청 파일을 생성해야 한다. 다음 명령으로 생성할 수 있다.

```
# openssl req -new -key example.com.key -out example.com.csr
```

이 명령을 실행하면 소속 회사나 기관에 대해 여러 가지를 자세히 물을 것이다. 가장 중요한 부분은 "Common Name (e.g. server FQDN or YOUR name):"이라고 표시된 일반 이름 항목이다. 이 항목에는 실제 도메인 이름을 입력해야 한다. 예제에서는 example.com이다. 다 끝나면 인증기관에서 인증서를 생성하는 데 필요한 정보가 담긴 .csr 파일이 남을 것이다. 인증기관 웹 사이트에 로그인해서 .csr 파일이나 그 내용을 올린다. 제공된 인증서 서명 요청을 인증기관이 검토하고 처리하고 나면 바로, 또는 인증기관에 따라 얼마 후에 인증서 파일이 제공된다.

엔진엑스 구성에서 HTTPS 활성화

이제 인증기관에서 두 개의 파일을 받았다. 사이트 인증서 파일(.crt)과 인증기관 관련된 정보가 담긴 부가 인증 파일이다. 이 두 파일을 다음 명령을 사용해 하나의 파일로 합쳐야 한다.

```
# cat 사이트_인증서.crt 인증_기관.crt > example.com.crt
```

순서를 꼭 지켜야 한다. 사이트 인증서가 먼저이고 인증기관의 인증서가 다음이다. 이제 작업이 끝났으니 다음과 같은 두 파일이 엔진엑스 구성을 마무리하는 데 필요하다.

- 첫 단계에서 생성한 개인 키 파일(example.com.key)
- 방금 생성한 인증서 파일(example.com.crt)

두 파일을 안전한 위치에 저장하되 엔진엑스가 정상적으로 동작되게 하려면 엔진엑스에 읽기 권한이 있어야 함을 잊지 말자. 이제 HTTPS를 활성화하도록 엔진엑스 구성을 수정하겠다.

해당 도메인에 속한 기존 server 블록을 열어 다음의 listen 80; 줄 이하 지시어를 모두 추가한다.

```
# SSL을 사용해 443 포트를 수신하고 기본 서버로 만듦
listen 443 default_server ssl;

# .crt와 .key 파일의 경로를 지정
ssl_certificate      /etc/ssl/private/example.com.crt;
ssl_certificate_key  /etc/ssl/private/example.com.key;

# 세션을 캐싱하고 세션 제한시간을 키움
ssl_session_cache shared:SSL:20m;
ssl_session_timeout 60m;

# 더 안전한 TLS를 사용하고 SSL은 비활성화
ssl_protocols TLSv1 TLSv1.1 TLSv1.2;
```

수정된 구성을 저장하고 엔진엑스가 다시 읽게 한다. 이제 사이트를 (HTTP도 여전히 가능하면서) HTTPS로 접속해서 사용할 수 있다. 하지만 워드프레스는 아직 사이트 URL이 바뀐 것을 모른다. 워드프레스 사이트 관리 화면을 열어 Settings ➤ General 메뉴로 들어간 다음에 사이트 주소를 바꾸자.

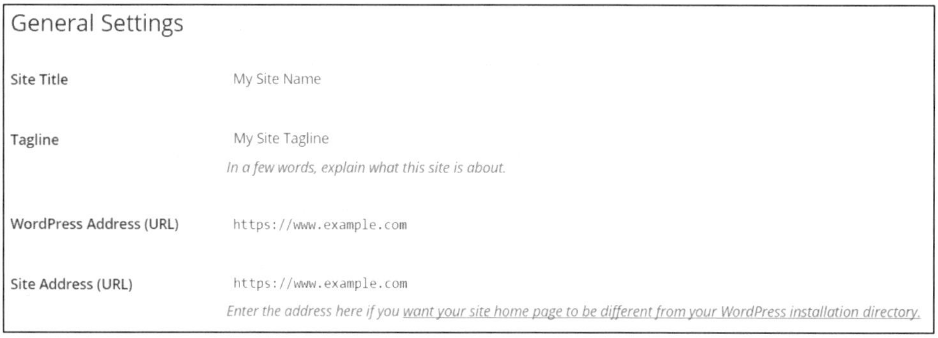

General Settings

Site Title	My Site Name
Tagline	My Site Tagline *In a few words, explain what this site is about.*
WordPress Address (URL)	https://www.example.com
Site Address (URL)	https://www.example.com *Enter the address here if you want your site home page to be different from your WordPress installation directory.*

뿐만 아니라 자작 테마가 정적으로 연결된 요소를 포함한다면 이 URL의 `http`를 `https`로 바꾸는 것이 좋다. 아예 URL에서 프로토콜을 모두 제거하는 것도 좋은 방법이다. 최신 웹 브라우저라면 충분히 똑똑해서 적절한 프로토콜을 자동으로 사용할 것이다.

HTTP/2 설정과 테스트

4장에서 자세히 설명했지만 HTTP/2는 구글이 다양한 기술(데이터 압축, 요청 멀티플렉싱 등)을 통해 방문자가 페이지를 읽는 시간을 개선하게 설계한 SPDY 기술을 대체하는 새로운 표준 프로토콜이다. HTTP/2는 엔진엑스 빌드에 해당 모듈이 존재하기만 한다면 `listen` 구성 지시어에 플래그를 추가하는 것만으로 간단히 활성화할 수 있다.

엔진엑스를 컴파일할 때 HTTP/2 모듈이 포함됐는지 잘 모르겠다면 `nginx -V` 명령을 실행해서 찾아보라. 모듈이 포함돼 있지 않다면 `--with-http_v2_module` 명령행 인자를 사용해 엔진엑스를 다시 컴파일해야 한다. HTTP/2가 가능하다면 `server` 블록 구성을 열어 `listen` 지시어를 갱신하라.

```
listen 443 default_server ssl http2;
```

엔진엑스가 변경된 구성을 다시 읽게 한 후에 (구글 크롬, 파이어폭스 등) HTTP/2를 지원하는 웹 브라우저로 웹 사이트에 다시 접속하라. 속도가 빨라졌다고 느낄 수도 있고 아닐 수도 있다. HTTP/2가 올바로 활성화됐다면 브라우저 확장을 사용해 이 사실을 확인할 수 있다. 구글 크롬에서는 HTTP/2 and SPDY indicator라는 확장을 크롬 웹 스토어에서 무료로 다운로드할 수 있다. 모든 것이 정상이라면 다음 그림처럼 보일 것이다.

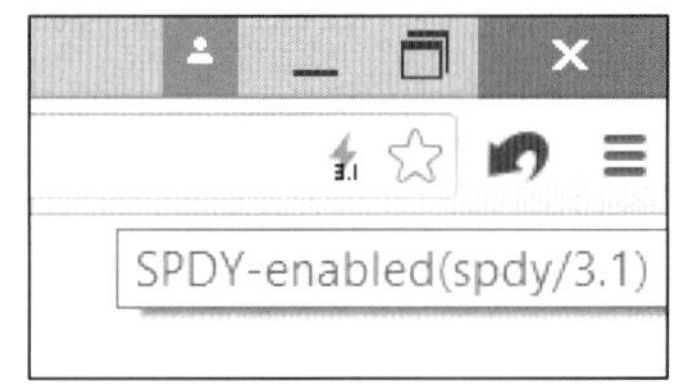

엔진엑스는 1.9.4까지 SPDY를 지원하며, 그 후부터 SPDY 대신 HTTP/2를 지원한다.

오운클라우드 드라이브 생성

요즘은 드롭박스나 유사한 서비스에 대해 대부분 들어봤을 것이다. 이 서비스들은 온라인으로 파일을 저장했다가 이동 전화와 태블릿은 물론 모든 종류의 기기에서 쉽게 꺼내 쓸 수 있게 해준다. 드롭박스가 중요한 파일을 쉽고 안전하게 저장할 수 있는 것으로 잘 알려지긴 했지만, 유료이고 저장 용량에 제한이 있다. 파일을 저장하는 서버가 각자의 것이 아니며 정당한 근거를 제시하기만 한다면 (정부 기관 같은) 제 3자가 우리 문서를 검토할 수 있음을 보여주는 사건도 최근에 있었다. 드롭박스나 다른 상용 서비스와 나란히 오운클라우드ownCloud라는 무료 오픈소스 플랫폼이 개발됐다. 이제부터 엔진엑스로 구동되는 서버에 오운클라우드를 설치하고 자가 서명 인증서를 사용해 안전하게 통신하도록 해보겠다.

오운클라우드 설치

오운클라우드를 서버에 설치하기 전에 앞에서 다룬 단계를 따라야 한다.

1. 서버에 PHP 7.1 이상과 최소 MySQL 서버 버전 8이나 마리아DB 10이 돌아가는지 확인한다.

2. PHP 구성 파일을 적절히 수정한다. 특히 최대 파일 업로드 용량 관련 지시어에 주의한다.
3. 오운클라우드 전용 PHP-FPM 풀을 생성한다.
4. SQL 데이터베이스와 사용자를 설정한다.

위 단계를 모두 거치고 나면 오운클라우드를 다운로드해서 압축을 풀 차례다. http://www.ownCloud.org에서 최신 버전의 URL을 얻은 후 아래 명령을 실행시킨다.

- /home/www# wget https://download.owncloud.org/community/owncloud-10.3.2.zip
- /home/www# unzip owncloud-10.3.2.zip

적절한 사용자와 그룹으로 바꾸고 owncloud 계정에 모든 오운클라우드 파일의 쓰기 권한을 부여한다.

- /home/www# chown -R owncloud owncloud
- /home/www# chgrp -R owncloud owncloud
- /home/www# chmod -R 0644 owncloud

엔진엑스 구성

이제 오운클라우드를 운영하도록 엔진엑스를 구성할 준비가 됐다. 이 애플리케이션의 특성과 다중 접속 메커니즘 때문에 지금은 구성이 조금은 복잡해 보일 것이다. 처음에는 오운클라우드 서버에 HTTP로 접속하지만, 설명 마지막은 클라우드 드라이브를 HTTPS로 사용하게 자가 서명 SSL 인증서를 구현하는 데 할애하겠다.

가상 호스트 구성 폴더에 새로운 구성 파일을 만드는 것으로 시작하자. 예에서는 /etc/nginx/sites-enabled/이다. 이 파일에 다음 지시어를 추가한다. 오운클라우드에서 제공하는 기본 엔진엑스 구성을 구해 필요에 따라 수정해도 좋다.

```
server {
  # 일단은 HTTPS를 활성화하지 않음
  listen 80;

  # 호스트 이름과 최상위 문서 위치를 여기에 추가
  server_name cloud.example.com;
  root /home/www/owncloud;

  # 허용 가능 최대 업로드 파일 크기 지정
  client_max_body_size 42G;

  # ETag 헤더가 삭제되지 않게 gzip 비활성화
  gzip off;

  # DAV 접근용 재작성 규칙
  rewrite ^/caldav(.*)$ /remote.php/caldav$1 redirect;
  rewrite ^/carddav(.*)$ /remote.php/carddav$1 redirect;
  rewrite ^/webdav(.*)$ /remote.php/webdav$1 redirect;

  # 색인과 오류 페이지 지정
  index index.php;
  error_page 403 /core/templates/403.php;
  error_page 404 /core/templates/404.php;

  # 접근 거부할 파일과 폴더
  location ~ ^/(?:\.htaccess|data|config|db_structure\.xml|README){
    deny all;
  }

  location / {
    # 오운클라우드 재작성 규칙
    rewrite ^/.well-known/host-meta /public.php?service=host-meta last;
    rewrite ^/.well-known/host-meta.json /public.php?service=host-meta-json last;
    rewrite ^/.well-known/carddav /remote.php/carddav/ redirect;
    rewrite ^/.well-known/caldav /remote.php/caldav/ redirect;
```

```
        rewrite ^(/core/doc/[^\/]+/)$ $1/index.html;

        # 요청된 URI를 제공하려고 시도해보고
        # 안 되면 index.php를 요청하도록 경로를 재설정한다.
        try_files $uri $uri/ /index.php;
    }

    # .php로 끝나는 URI에 적용되는 지시어
    location ~ \.php(?:$|/) {
        # URI 경로 정보 준비
        fastcgi_split_path_info ^(.+\.php)(/.+)$;

        # 기본 FastCGI 매개변수 읽기
        include fastcgi_params;
        fastcgi_param SCRIPT_FILENAME $document_root$fastcgi_script_name;
        fastcgi_param PATH_INFO $fastcgi_path_info;

        # 중요: HTTPS를 당분간 비활성화한다.
        fastcgi_param HTTPS off;
        fastcgi_buffers 64 4K;
        fastcgi_pass 127.0.0.1:9000;
    }

    # 방문자가 정적 파일을 캐시하도록 허용한다.
    location ~* \.(?:jpg|jpeg|gif|webp|bmp|ico|png|css|js|swf)$ {
        expires 30d;
        access_log off;
    }
}
```

수정한 구성을 저장하고 엔진엑스가 다시 읽게 하고 나면 웹 브라우저를 열어서 오운클라우드의 첫 페이지를 읽는다. 예에서는 http://cloud.example.com이다. 이제 관리자 계정을 생성하고 파일 저장소 설정을 정의하게 요구하는 설정 페이지가 보일 것이다.

오운클라우드의 설치를 계속 진행하자. 초기 설정 화면 후에 SQL 데이터베이스 정보와 접속 정보를 입력하는 화면이 보일 것이다. 이 지점을 지나면 바로 온라인 드라이브를 사용할 수 있지만, 아직 서버와 클라이언트 간의 통신이 안전하지 않다는 점을 기억하자. 다음은 자가 서명 인증서를 설정하는 단계다.

자가 서명 인증서 설정

오운클라우드 드라이브는 개인적인 용도로 사용될 것이기도 하고, 예제의 의미도 있어서 우리는 자가 서명 인증서를 사용할 것이다. 자가 서명 인증서는 상대적으로 절차가 번거롭지 않고 비용도 들지 않는다. 다음 명령을 실행하면 인증서가 생성된다.

```
# openssl genrsa -out owncloud.key 2048
# openssl req -new -key owncloud.key -out owncloud.csr
# openssl x509 -req -days 1000 -in owncloud.csr -signkey owncloud.key -out
owncloud.crt
```

이제 필요한 파일이 손 안에 있으니 (server 블록이 포함된) 가상 호스트 구성 파일을 열어 다음과 같이 수정한다.

- listen 80을 listen 443 ssl로 교체
- ssl_certificate /etc/cert/owncloud.crt;을 listen 지시어 다음에 삽입(실제 인증서 파일 경로 사용)
- ssl_certificate_key /root/cert/owncloud.key;을 위 지시어 다음에 삽입(실제 개인 키 파일 사용)
- fastcgi_param HTTPS off;을 fastcgi_param HTTPS on;으로 교체

구성 파일을 저장하고 엔진엑스가 파일을 다시 읽게 하자. 이제 오운클라우드 드라이브를 HTTPS로 사용할 수 있다. 하지만 인증서를 자가 서명했기 때문에 애플리케이션에 접속하기 전에 경고 화면을 보게 될 것이다.

요약

9장에서 다룬 사례에서 봤겠지만 웹 애플리케이션 설정 과정은 때로 길고 복잡하다. 그러나 엔진엑스와 관련된 부분은 구성이 대개 상당히 간단하고 직관적이다. server 블록의 몇 가지 지시어와 구성 파일을 다시 읽게 하는 것이 전부다.

불행히도 어떤 경우에는 초기 구성이 마법을 부리는 듯하다가도 시간이 지나면서 방문자가 다양한 문제를 겪거나 예상 못한 오류 페이지를 만나게 된다는 것을 깨닫게 된다. 10장에서는 웹 서버 문제를 해결하다 보면 항상 필요한 내용을 살펴보고 이러한 문제에 직면하더라도 당황하지 않도록 준비시킬 것이다.

10

문제 해결

이 책의 단어 하나하나를 아무리 주의해서 읽는다고 하더라도 단순한 구성 오류에서부터 한두 모듈의 예상치 못한 동작까지 다양한 유형의 문제를 완전히 피할 수는 없다. 10장에서는 이제 막 엔진엑스를 시작한 관리자가 흔히 접하는 몇 가지 문제의 해결책을 제공한다.

10장에서 다루는 내용은 다음과 같다.

- 엔진엑스 문제 해결의 공통 조언을 담은 기본 지침
- 가장 공통적인 몇 가지 설치 문제의 해법
- "403 접근 금지"와 "400 잘못된 요청" HTTP 오류 처리
- 구성이 적절하게 적용되지 않는 것 같아 보이는 이유
- `if` 블록 동작에 대한 간단한 언급

문제 해결의 일반적인 조언

시작하기 전에 엔진엑스에서 어떤 문제가 발생할 때마다 앞으로 설명할 권고 사항을 잘 지키는지 확인할 필요가 있다. 이 권고 사항은 보통 해결책을 찾기에 좋은 원천이다.

접근 권한 확인

엔진엑스 관리자가 대면하는 많은 오류가 잘못된 접근 권한 때문에 발생한다. 엔진엑스 작업작 프로세스가 실행되는 데 사용될 사용자와 그룹을 지정하는 방법은 다음 두 가지다.

- configure 명령으로 컴파일 옵션을 구성할 때 기본으로 사용될 사용자와 그룹을 지정할 수 있다(1장 참고).
- 구성 파일에서 user 지시어로 사용자와 그룹을 지정할 수 있다. 이 지시어로 컴파일 단계에서 어떤 값을 정의했더라도 재정의할 수 있다.

엔진엑스가 적절한 권한 없이 파일에 접근하려 한다면, 다시 말해 지정된 사용자와 그룹으로 읽을 수 없다면 엔진엑스는 해당 파일을 올바로 제공하지 못할 것이다. 마찬가지로 임시 파일을 보관할 디렉터리에는 저장할 수 있어야 한다. 아울러 웹 애플리케이션에 파일이나 디렉터리 접근 권한과 관련된 오류가 발생할 경우 FastCGI나 다른 뒷단 서버가 동작하는 사용자와 그룹도 확인해봐야 한다.

구성 파일 테스트

지나친 자기 확신에 빠진 관리자에 의해 실수가 자주 발생한다. 이들은 (대개 백업도 없이) 구성 파일을 수정하고 나서 새로운 구성을 적용하려고 엔진엑스가 다시 구성을 읽도록 reload 명령을 내린다. 구성 파일에 구문이나 의미상 오류가 있다면 해당 애플리케이션은 구성 파일을 다시 읽지 않으려고 할 것이다. 심지어 (예를 들어 서버를 완전히 재시작해서) 엔진엑스가 동작을 멈춘 상태였다면 전혀 시작하려 하지 않을 것이다. 이런 상황에서는 언제나 다음 권고 사항을 명심해야 한다.

- 잘못될 수 있는 상황에는 언제나 정상 동작하는 구성 파일을 백업해서 보관해야 한다.
- 엔진엑스를 재시동하거나 구성을 다시 읽게 하기 전에 간단한 `nginx -t` 명령으로 현재 구성 파일이 올바른지 점검하거나 특정 구성 파일을 확인하는 `nginx -t -c /구성/디렉터리/파일.conf` 명령을 실행해야 한다.
- `service nginx restart`나 `nginx -s stop && nginx` 명령으로 엔진엑스를 재시동하지 말고 `service nginx reload`나 `nginx -s reload` 명령으로 구성 파일을 다시 읽도록 하라. 후자가 기존에 살아 있는 연결을 유지하기 때문에 전송 중인 파일을 중단하지 않는다.

이런 일이 얼마나 자주 일어나는지 알면 놀랄 것이다. 가장 복잡한 상황도 아주 단순하게 해결하는 방법이 있기 마련이다. 머리를 쥐어뜯거나, 질문 게시판으로 달려가거나, IRC에 도움을 청하기 전에 아주 간단한 검증을 먼저 하자.

구성 파일을 다시 읽었는가?

매우 복잡한 상황이 아주 단순한 방법으로 해결되는 일이 얼마나 자주 일어나는지 알면 놀랄 것이다. 머리를 쥐어뜯거나, 질문 게시판으로 달려가거나, IRC에 도움을 청하기 전에 간단한 검증 먼저 해보자.

두 시간을 들여 가상 호스트 구성을 막 만들었다고 하자. 이 파일을 정상적으로 저장했고, 결과를 확인하려고 웹 브라우저를 실행시켰다. 그러나 변경한 구성이 반영되려면 남은 절차가 있다. 엔진엑스는 아파치와 달리 .htaccess 파일 같은 것을 사용해 실시간으로 구성을 변경하는 기능을 지원하지 않는다. 그러니 service nginx reload나 /etc/init.d/nginx reload나 /usr/local/nginx/sbin/nginx -s reload 명령으로 엔진엑스가 구성을 다시 읽게 하고, 그 전에 구성에 문제가 없는지 점검하는 것도 잊지 말아야 한다.

로그 확인

보통은 문제의 답을 인터넷에서 찾을 필요가 없다. 엔진엑스가 벌써 그 답을 로그 파일에 남겼을 것이다. 확인해야 할 로그 파일은 두 가지다. 먼저 접근 로그access log를 확인하라. 이 로그 파일에는 요청 자체에 대한 정보가 담겨 있어 요청 방법과 URI, 엔진엑스가 만든 HTTP 응답 코드, 그 외의 정의된 로그 포맷에 따라 다양한 정보가 남는다.

```
error log
1 2015/09/12 06:46:19 [error] 10164#0: *221161 open() "/home/example.com/wp-content/plugins/contactformgenerator/documentati
2 2015/09/12 06:46:25 [error] 10164#0: *221162 open() "/home/example.com/wp-content/plugins/seo-interlinking/js/quicksearch.
3 2015/09/12 06:46:25 [error] 10164#0: *221163 open() "/home/example.com/wp-content/plugins/Premium_Gallery_Manager/sprites/
4 2015/09/12 06:46:30 [error] 10164#0: *221164 open() "/home/example.com/wp-content/plugins/rock-form-builder/admin/js/rock-
5 2015/09/12 06:46:30 [error] 10164#0: *221165 open() "/home/example.com/wp-content/plugins/maxbuttons-pro/js/maxbuttons.js"
6 2015/09/12 07:32:23 [error] 10164#0: *221206 open() "/home/example.com/robots.txt" failed (2: No such file or directory),
7 2015/09/12 07:44:08 [error] 10164#0: *221207 open() "/home/example.com/robots.txt" failed (2: No such file or directory),
8 2015/09/12 10:05:14 [error] 10164#0: *221298 open() "/home/example.com/favicon.ico" failed (2: No such file or directory),
```

이보다 더 중요한 것은 문제 해결에 필요한 정보의 보고인 오류 로그다. 정의한 수준에 따라(자세한 설명은 error_log와 debug_connection 지시어 참조) 엔진엑스는 내부 기능과 관련된 자세한 내용을 제공한다. 예를 들어 실제 파일 시스템의 경로로 변환된 요청 URI를 볼 수도 있다. 이는 재작성 규칙을 디버깅하는 데 큰 도움이 된다. 오류 로그는 엔진엑스가 설치된 디렉터리의 /logs/ 디렉터리에 저장될 것이고, 이 디렉터리는 기본적으로 /usr/local/nginx/logs나 /var/log/nginx이다.

설치 문제

엔진엑스를 설치하거나 처음으로 실행하려고 할 때 발생하는 오류의 원천은 통상 다음과 같은 네 가지다.

- 사전 구성 요소의 일부가 누락됐거나 이들의 경로가 잘못 지정됐다. 사전 구성 요소의 상세 설명은 1장에서 찾을 수 있다.
- 엔진엑스를 올바로 설치한 후 보안 웹 사이트를 운영하기 위한 SSL 관련 지시어를 사용할 수 없다. 컴파일 단계에서 SSL 모듈을 올바로 포함하게 구성했는지 확인하자. 더 상세한 설명은 1장에 있다.
- 엔진엑스가 시동되지 않고 `[emerg] bind() to 0.0.0.0:80 failed (98: Address already in use)` 같은 문구를 출력한다. 이 오류는 80번 네트워크 포트를 다른 애플리케이션이 활용하고 있음을 알린다. 이는 같은 기기에 아파치 같은 다른 웹 서버가 돌아가고 있거나 이 포트에 서버 소켓을 열 적절한 권한이 없음을 뜻한다. 이런 일은 권한이 부족한 시스템 계정으로 엔진엑스를 실행할 때 일어난다.
- 엔진엑스가 시동되지 않고 `[emerg] 3629#0: open() "/path/to/logs/access.log" failed (2: No such file or directory)` 같은 문구를 출력한다. 이 경우에 엔진엑스가 열려고 하는 파일 중 하나인 로그 파일 같은 파일에 접근이 안 된다. 이 문제는 접근 권한을 잘못 설정했거나 디렉터리 경로를 잘못 지정해서 생길 수 있다. 예를 들어 로그 파일을 존재하지 않는 디렉터리에 저장하도록 지정했을 때다.

403 접근 금지 오류 페이지

allow와 deny 지시어를 사용해서 서버의 자원에 접근을 허용하거나 거부하기로 결정했다고 하자. 접근이 거부된 클라이언트에는 보통 "403 접근 금지[403 Forbidden]" 오류 페이지가 대신 전송되므로 고객이 접근 거부된 이유를 이해하도록 403 오류 페이지를 사용자 친화적으로 조심스럽게 설정한다. 불행히도 우리가 만든 오류 페이지가 고객에게 보이는 대신 여전히 기본 엔진엑스 403 오류 페이지가 제공된다. 이 일에 추가한 코드는 다음과 같다.

```
server {
   [...]
   allow 192.168.0.0/16;
   deny all;
   error_page 403 /error403.html;
}
```

문제는 단순하다. 엔진엑스가 새로 추가한 403 오류 페이지에도 접근을 거부한 것이다. 이런 경우 우리의 오류 페이지에 해당하는 location 블록의 접근 규칙을 재정의해야 한다. 우리의 403 오류 페이지에만 접근이 허용되도록 다음 코드를 사용할 수 있다.

```
server {
   [...]
   location / {
      error_page 403 /error403.html;
      allow 192.168.0.0/16;
      deny all;
   }

   location = /error403.html {
      allow all;
```

```
    }
}
```

오류 페이지를 하나 이상 만들려고 한다면 모든 오류 페이지의 파일명에 맞게 location 블록을 지정할 수 있다.

```
server {
    [...]
    location / {
        error_page 403 /error403.html;
        error_page 404 /error404.html;
        allow 192.168.0.0/16;
        deny all;
    }

    location ~ "^/error[0-9]{3}\.html$" {
        allow all;
    }
}
```

이제 모든 방문자가 오류 페이지를 볼 수 있게 됐다.

400 잘못된 요청

이따금 일부 웹 사이트에서 반복적으로 문제가 발생할 수 있다.

엔진엑스가 "400 잘못된 요청400 Bad Request" 오류 페이지를 무작위로 방문자에게 노출하는데, 방문자가 캐시와 쿠키를 삭제해야만 이 현상이 멈춘다. 이 오류는 지나치게 큰 헤더 필드가 클라이언트에서 전송되기 때문에 발생한다. 대부분 이런 일은 쿠키 데이터가 특정 크기를 넘어설 때 일어난다. 이 문제가 더는 일어나지 않게 더 큰 쿠키 데이터를 허용하려면 large_client_header_buffers 지시어의 값을 키우기만 하면 된다.

```
large_client_header_buffers 4 16k;
```

잘리거나 잘못된 FastCGI 응답

AJAX가 매우 많이 사용되는 웹 사이트의 앞단에 엔진엑스를 사용하면서 뒷단에 PHP 같은 FastCGI 서버를 둘 때 다른 유형의 문제에 직면하게 된다. 뒤가 잘린 AJAX 응답이나 잘못된 JSON 값이나 빈 응답을 서버가 반환하면 구성 파일을 열어 다음 요소를 확인하자.

- 임시 FastCGI 파일을 저장할 디렉터리를 설정했는가? fastcgi_temp_path 지시어로 설정할 수 있다.
- fastcgi_buffering이 off로 정해졌다면 모든 FastCGI 응답은 (fastcgi_buffer_size로 결정되는) 특정 크기의 데이터 덩어리로 클라이언트에 동기식으로 전달된다.
- 어떤 경우에는 FastCGI 응답을 저장할 버퍼의 크기와 수를 키우면 응답이 잘리지 않게 예방된다. 예를 들어 8kb 버퍼 256개를 할당하려면 fastcgi_buffers 256 8k;을 사용하라.

location 블록 우선순위

같은 server 블록 안에 여러 location 블록을 사용할 때 구성이 생각대로 적용되지 않는 문제가 빈번하게 발생한다.

예를 들어 클라이언트가 요청하는 모든 이미지 파일에 적용되게 할 동작을 정의하려고 한다고 가정하자.

```
location ~* \.(gif|jpg|jpeg|png)$ {
    # GIF/JPG/JPEG/PNG에 대한 모든 요청에 적용
    proxy_pass http://imageserver; # 뒷단 서버로 프록싱
}
```

나중에 /images/ 디렉터리에 자동으로 색인을 만들기로 결정했다. 따라서 새로운 /images/로 시작하는 모든 요청에 적용될 `location` 블록을 만들기로 했다.

```
location ^~ /images/ {
    # /images/로 시작하는 모든 요청에 적용
    autoindex on;
}
```

이 구성에서는 클라이언트가 /images/square.gif 파일을 요청할 때 엔진엑스는 두 번째 `location` 블록만 적용한다. 첫 번째가 적용되지 않는 이유는 `location` 블록이 특별한 순서로 처리되기 때문이다. `location` 블록의 우선순위에 대한 더 자세한 정보는 3장의 'location 블록' 절을 참조하자.

if 블록 문제

항상은 아니지만 어떤 상황에서는 `if` 블록을 사용하지 말아야 한다. 사용하는 엔진엑스 빌드와 상관없이 `if`를 사용하면 발생하는 두 가지 문제가 있다.

비효율적인 구문

if를 잘못 사용해서 쓸모없는 확인 작업으로 저장 장치를 포화 상태로 만드는 몇 가지 경우가 있다.

```
location / {
   # 요청된 파일을 찾지 못하면 index.php로 우회
   if (!-e $request_filename) {
      rewrite ^ index.php last;
   }
}
```

위와 같은 구성에서 엔진엑스에 요청이 하나 들어올 때마다 요청된 파일의 전체 디렉터리 트리 검증 작업이 일어나는데, 이 작업에는 저장 디스크 접근 시스템 호출이 여러 번 필요하다. /usr/local/nginx/html/hello.html 파일이 있는지 확인한다고 하면 엔진엑스는 /, /usr, /usr/local, /usr/local/nginx 같은 식으로 하나씩 확인한다. 어느 경우든 미리 파일 유형으로 걸러내서 이런 구문에 의존하지 않게 해야 한다. 예를 들어 이런 확인 작업을 요청된 파일이 특정 파일 확장자와 일치할 때만 수행되도록 한다.

```
location / {
   # 파일 확장자를 먼저 필터링
   if ($request_filename !~ "\.(gif|jpg|jpeg|png)" {
      break;
   }
   if (!-f $request_filename) {
      rewrite ^ index.php last;
   }
}
```

예상치 못한 동작

if 블록은 어떤 경우에 예상치 못한 동작을 하기 때문에 단순한 상황에서 사용하는 것이 좋다. if 구문이 중첩되지 않는다는 점 외에도 다음 상황은 문제가 될 수 있다.

```
# 동일한 조건을 가진 연속되는 두 구문
location / {
    if ($uri = "/test.html") {
        add_header X-Test-1 1;
        expires 7;
    }
    if ($uri = "/test.html") {
        add_header X-Test-1 1;
    }
}
```

이 경우에는 첫 번째 if 블록이 무시되고 두 번째 블록이 처리된다. 하지만 rewrite, break, return 같은 재작성 모듈 지시어를 첫 블록에 추가하면 이 블록이 처리되고 두 번째 블록은 무시된다.

if를 사용해서 문제가 생기는 사례는 다음과 같이 다양하다.

- try_files가 있다면 if 구문을 동일한 location 블록에 사용하는 것은 권하지 않는다. 대부분의 경우 try_files 지시어가 무시될 것이기 때문이다.
- 일부 지시어는 이론적으로 if 블록 안에서 사용될 수 있지만, 심각한 문제를 일으킬 수 있다. 예컨대 proxy_pass와 fastcgi_pass가 그렇다. 이 지시어들은 location 블록에 둬야 한다.
- 조정 부호 내에서 정규식 패턴을 캡처하는 location 블록 안의 if 블록은 사용을 피해야 한다.

이런 문제는 엔진엑스 구성이 선언적 언어와 비슷하게 작성되는 반면에 if, rewrite,

return, break 같은 재작성 모듈의 지시어는 이벤트 기반 프로그래밍처럼 보인다는 사실에 기인한다. 일반적으로 다른 모듈의 지시어는 if 블록에서 최대한 사용하지 않아야 한다.

▌요약

구성 초기 단계에 만나는 문제는 대부분 운영 전에 검증하면서 발생한다. 이런 문제는 사용자가 이러한 도전에 대응할 준비가 돼 있고 엔진엑스가 구문이나 구성 오류를 시동하는 중에 집어내주기 때문에 보통은 처리하기 쉽다. 반면에 웹 사이트가 실제 운영 단계에 있으면서 정상 동작하지 않을 때 해당 원인을 밝혀내는 것은 훨씬 어렵다. 하지만 다시 한 번 엔진엑스는 시간을 절약해준다. 로그 파일(접근과 오류 로그 모두)을 올바로 구성하고 이들을 정기적으로 읽는 습관을 들인다면 문제 해결이 쉽다는 사실을 알게 될 것이다.

엔진엑스와 함께한 여정을 끝낼 시간이다. 그동안 HTTP 서버의 기본 메커니즘에서 웹 애플리케이션 배포와 문제 해결까지 많은 주제를 다뤘다. 진짜 엔진엑스 전문가가 되는 데 관심이 있다면 디미트리 아이발리오티스[Dimitri Aivaliotis]의 『Mastering Nginx』(Packt, 2013)와 라울 샤르마[Rahul Sharma]의 『NGINX High Performance』(Packt, 2015)를 계속 읽기를 권한다. 자신만의 엔진엑스 모듈을 개발할 수도 있는데, 유서마 다르[Usama Dar]의 『Nginx Module Extension』(Packt, 2013)은 시작하는 데 도움이 되는 훌륭한 책이다.

| 찾아보기 |

기호/숫자

ㄱ

ㄴ

ㄷ

ㄹ

ㅁ

ㅂ

ㅅ

ㅇ

ㅈ

ㅊ

ㅋ

ㅌ

ㅍ

ㅎ

A

B

C

M

N

O

P

Q

R

S

T

U

V

W

X

Z

Nginx HTTP 서버

HTTP 서버를 사용한 고성능 웹 서비스 구축

발 행 | 2020년 3월 31일

지은이 | 끌레망 네델꾸
옮긴이 | 박 성 철 · 구 인 본

펴낸이 | 권 성 준
편집장 | 황 영 주
편 집 | 이 지 은
디자인 | 윤 서 빈

에이콘출판주식회사
서울특별시 양천구 국회대로 287 (목동)
전화 02-2653-7600, 팩스 02-2653-0433
www.acornpub.co.kr / editor@acornpub.co.kr

ISBN 979-11-6175-401-7
http://www.acornpub.co.kr/book/nginx-http-server3e

이 도서의 국립중앙도서관 출판시도서목록(CIP)은 서지정보유통지원시스템 홈페이지(http://seoji.nl.go.kr)와
국가자료공동목록시스템(http://www.nl.go.kr/kolisnet)에서 이용하실 수 있습니다.(CIP제어번호: CIP2020011302)

책값은 뒤표지에 있습니다.